Original illisible

NF Z 43-120-10

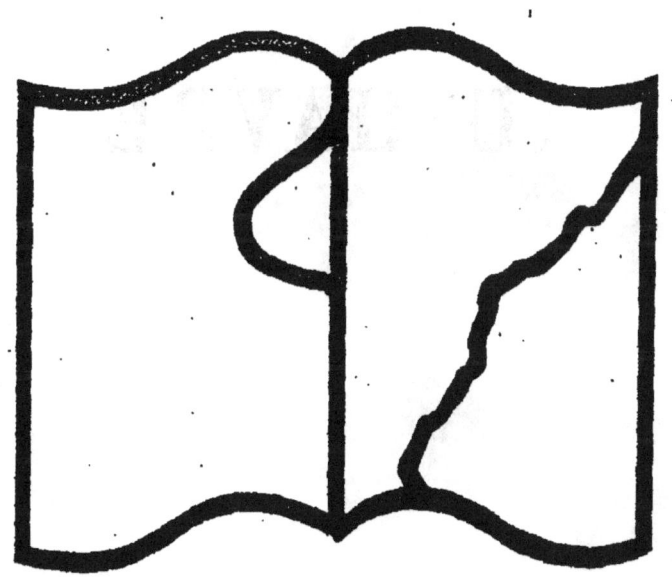

Texte détérioré — reliure défectueuse

NF Z 43-120-11

"VALABLE POUR TOUT OU PARTIE DU DOCUMENT REPRODUIT".

DES ANDELYS

AU HAVRE.

TYPOGRAPHIE

LACRAMPE ET COMPAGNIE,

RUE DAMIETTE, 2.

DES ANDELYS

1843

DES ANDELYS
AU HAVRE

ILLUSTRATIONS DE NORMANDIE

TEXTE
DE MADAME AMABLE TASTU

50 DESSINS

par MM. Rossignoux, Godefroy et Lemercier

GRAVÉS PAR M. BRUGNOT

PARIS
P.-C. LEHUBY, LIBRAIRE-ÉDITEUR,
RUE DE SEINE, 53, CI-DEVANT 48.

1843

AVERTISSEMENT

DE L'ÉDITEUR.

Le goût toujours croissant du public et surtout de la jeunesse pour les livres à gravures a multiplié dans ces derniers temps les éditions illustrées. La confiance dont les mères de famille ont jusqu'à ce jour honoré notre Librairie nous faisait un devoir de chercher à les satisfaire sous le rapport du luxe de nos publications comme sous tous les autres ; mais nous avons voulu que ce luxe même tournât au profit de l'instruction, espérant que les parents et les enfants nous en sauraient également gré.

Faire connaître à nos jeunes lecteurs les richesses naturelles et artistiques de notre belle France est une entreprise qui nous a paru digne des habiles crayons et de la plume exercée auxquels nous l'avons confiée. La Normandie a dû la première attirer notre attention. Si le volume que nous publions aujourd'hui sous ce titre : DES ANDELYS AU HAVRE, obtient le succès que nous en attendons, nous continuerons nos excursions dans les autres provinces de France.

Le talent des dessinateurs, MM. Rossigneux, Godefroy et Lemercier, le nom de madame Amable Tastu attaché au texte, l'impression confiée aux presses de Lacrampe et Cⁱᵉ, seront, nous l'espérons, aux yeux de nos lecteurs, autant de garanties du zèle consciencieux que nous apporterons toujours à rendre nos publications de plus en plus dignes de la bienveillance qui leur a été accordée.

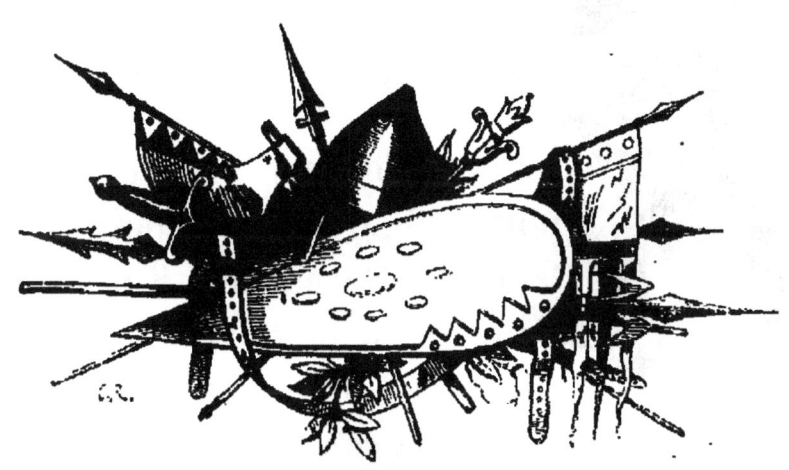

DES ANDELYS AU HAVRE.

Ceci est le journal d'un voyage, ou plutôt d'une course pédestre dans la Haute-Normandie, à partir des Andelys jusqu'au Havre, pendant le printemps de cette année 1842. Théophile R... et son ami Fulbert ont essayé de glaner après tant d'artistes célèbres qui ont consacré leurs crayons à retracer les beaux sites et les vieux monuments de cette contrée, si favorisée de la nature et si riche en glorieux et touchants souvenirs. En quittant Paris, Théophile avait promis à sa sœur Élise, âgée d'une quinzaine d'années, de la faire participer, autant

Du Petit-Andely, 9 mai.

Depuis ce matin huit heures que notre bateau à vapeur, *la Dorade*, n° 1, s'est éloigné du pont du Pec, emportant ton frère Théophile et son ami Fulbert, en compagnie de quelques centaines de passagers, je n'ai pas cessé un instant de songer à toi, ma chère Élise. Ton visage était triste et tu cachais mal l'inquiétude que te donnait pour les destins d'un frère la terrible machine dont le tuyau vomit une si noire et si abondante fumée. Ta crainte partait d'un bon cœur ; elle m'a touché vivement. Cependant, il faut être raisonnable, se rendre compte des choses : tout, dans ce monde, a ses inconvénients et offre des chances de danger. La machine peut faire explosion, cela est vrai ; mais il suffit de la moindre prudence pour rendre le cas excessivement rare et les résultats moins terribles. Les anciens coches qui naviguaient sur nos rivières étaient bien autrement dangereux vraiment ! Chaque saison était signalée par le naufrage de plusieurs d'entre eux, sans compter que ces pesantes masses, remorquées par des chevaux, marchaient avec une lenteur désespérante, recevaient difficilement la direction, faisaient à chaque instant fausse route, s'engravaient sur un bas-fond, ou, impuissantes à lutter contre le courant s'entr'ouvraient si elles venaient à se heurter contre un obstacle, ce qui arrivait souvent. Le bateau à vapeur, au contraire, obéit avec intelligence et vivacité au gouvernail ; il vire et lutte contre le courant le plus rapide avec autant d'habileté et d'énergie que le brochet, lorsqu'il monte et se joue à la surface de l'eau. Cite-t-on beaucoup de bateaux à vapeur de nos rivières qui aient coulé bas ou se soient brisés sur une arche de pont? *La Dorade* élégante, qui navigue entre le Pec et Rouen, est à l'ancien coche ce qu'un cheval de race parfaitement dressé serait à la rosse poussive, sans bouche et sans jambes, qui s'abat à chaque pas et blesse ou tue son cavalier. Si *la Dorade* a contre elle la chance presque incalculable de l'explosion, elle est du moins affranchie de la plupart de celles des naufrages. Quiconque se fût embarqué sur un coche sans pâlir doit fouler avec confiance le pont de *la Dorade*. Tu me répondras, car je te connais poltronne, que tu n'aurais pas eu plus de foi dans le coche que dans *la Dorade*, et que tout ce qui est bateau te fait également peur : là-dessus je me tais. Il ne me reste qu'à te remercier pour l'intérêt que tu veux bien prendre à la conservation de ma personne.

Malgré la joie qu'on éprouve à voyager, je me suis ressenti longtemps du chagrin que j'ai eu de te quitter. J'étais plus porté à la rêverie qu'à la contemplation. D'ailleurs, qu'aurais-je regardé? le château de Saint-Germain et sa terrasse, que toi et moi, ainsi que tous les Parisiens, nous connaissons autant qu'un des faubourgs de notre Paris, et qui, vus d'où j'étais, ne me représentaient qu'un long mur maussade enfermant un parc. Cependant Fulbert parvint à éveiller ma curiosité en m'indiquant du doigt, à son extrémité, le château de Maisons, qui est d'un très-bon effet. C'est un des chefs-d'œuvre de Mansard. Il fut construit pour René de Longueil, surintendant des Finances. Il appartenait, lors de la révolution de 1789, au comte d'Artois. Sous l'Empire, il fut la propriété du maréchal Lannes. Sous la Restauration, le célèbre banquier, M. Laffitte, devint possesseur de ces ombrages, où l'un de nos plus grands poëtes, Béranger, a trouvé, dit-on, plusieurs de ses patriotiques inspirations.

Poissy, qui est une ville fort laide à visiter, surtout le jour du marché aux bœufs, n'offre pas, même de loin, un coup d'œil fort agréable. En approchant de son vieux pont, aux petites arches innombrables (car la rive est basse et les eaux débordent à la moindre crue), il me sembla entendre glapir plusieurs meutes de chiens : c'était le bruit des moulins à farine ; chaque pile du pont a le sien, qui fonctionne nuit et jour pour alimenter ce Gargantua que l'on nomme Paris. A toutes les arcades sont établis de grands filets à la mécanique, destinés à la pêche. Tous les itinéraires t'apprendront que, dès la première race de nos rois, il exista un château de *Pisciacum* (dont on a fait Poissy), nom qui correspondrait à celui de poissonnerie. Charles le Chauve tint là un parlement en 860. Saint Louis y naquit le 25 avril 1215. Dans une chapelle de l'église paroissiale, à droite de la nef, on montre encore les fonts sur lesquels fut baptisé ce grand et pieux roi. Ce sont quelques pierres empilées les unes sur les autres, dont la plus haute est creusée en forme de petite auge. Une abbaye de femmes, construite par Philippe le Bel, et qui compta huit princesses du sang pour abbesses, a disparu, ainsi que le château, sous le marteau des démolisseurs de 1789. Les matériaux ont été employés, depuis quelques années, à construire une maison de détention.

Je te suppose suivant sur la carte la navigation de notre *Dorade*, devant laquelle les deux rives fuient en déroulant un riche panorama. Figure-toi le gros bourg de Triel, solidement assis au pied d'une colline vineuse et bocagère et trafiquant de son vin et de son plâtre, en face des deux châteaux de Villeneuve et de Vernouillet. Le coquet village de Vaux présente ensuite son château et ses jolies maisons de campagne, qui s'élèvent sur plusieurs étages de terrasses. Plus loin, la ferme de Thim se fait remarquer par son élégance. Fulbert me disait qu'il s'en accommoderait volontiers en guise de château.

Une partie de la ville de Meulan se développe en amphithéâtre sur le penchant d'une gracieuse colline; les maisons s'entassent dans une île appelée le Fort, nom provenant d'un ancien fort dont il n'existe plus de vestige. Les conducteurs de ces lourds bateaux, destinés à l'approvisionnement de Paris, aiment peu à passer sous l'arche du pont, où ils ont à lutter contre un courant d'une force extrême. De temps immémorial il était d'usage que la population du faubourg vînt s'atteler aux cordes de halage pour aider aux chevaux. Les hommes recevaient un salaire de trois sous, celui des femmes était de deux. Cette branche d'industrie a cessé d'exister depuis une douzaine d'années; des spéculateurs fournissent aujourd'hui des chevaux de renfort, moyennant quinze francs par bateau. Un jour viendra peut-être où l'on remplacera le vieux pont par un pont suspendu.

En face de Meulan est l'Ile-Belle, où l'abbé Bignon, bibliothécaire de Louis XV, s'était créé une retraite enchantée. Ce roi daignait parfois l'y visiter. Un jour, un homme se présente seul au batelier pour passer à l'Ile-Belle. Il entre dans le bateau en demandant d'un ton dégagé : « L'abbé y est-il ? » — « L'abbé ! répond le batelier, il est bien assez *monsieur* pour vous apparemment ? » Or, cette leçon de politesse s'adressait au roi en personne, qui s'était égaré en chassant. Il se prit à rire et fut le premier à se vanter de l'avoir reçue. Des marchands de bois ont acheté l'Ile-Belle et ont porté la hache sur les plus vieilles futaies. La maison de plaisance de l'abbé et le vieux château royal ont également disparu en grande partie.

Les châteaux de Mezi, Juziers, Hancucourt, Issou, sont autant de séjours qui doivent être délicieux.

Mantes-la-Jolie est fière à bon droit d'un pont construit en 1765 par le célèbre ingénieur Perronet. Ce pont, jeté sur l'un des bras du fleuve, se compose de trois arches, dont l'ouverture est de cent vingt pieds. Fulbert et moi nous soupirâmes en laissant derrière nous, sans avoir pu descendre pour les visiter, l'église Notre-Dame, dont les deux tours se découvrent à neuf lieues de dislance, et la tour de Saint-Maclou, d'une légèreté exquise.

Un sentiment de tristesse s'est emparé de nous lorsque, arrivés en face de Rosny, nous avons vu des pierres dispersées sur le sol, et le marteau des démolisseurs frappant sans pitié un monument si vénérable. Je demandai à Fulbert s'il ne croyait pas, ainsi que moi, voir se promener sur ces vastes terrasses l'ombre de l'austère Sully, précédée et entourée, à distance, comme le voulait l'étiquette, par une douzaine de hallebardiers, marchant tant qu'il marchait, s'arrêtant dès qu'il s'arrêtait, ce qui ne l'empêchait pas de se livrer à la méditation. Les hommes d'État de cette époque, me répondit mon ami, devaient avoir une forte tête et comprenaient d'une singulière façon les plaisirs de la promenade. Nous autres artistes, où en serions-nous s'il ne nous était loisible de faire un pas et de rêver que sous les yeux d'une douzaine d'estafiers? Vive la pauvreté indépendante!

Le marteau épargnera-t-il du moins certaines parties de l'édifice? par exemple, la chambre de Sully, que la duchesse de Berri, tout récemment encore propriétaire de Rosny, avait consacrée à un cabinet d'histoire naturelle, riche surtout en oiseaux? Qu'est devenu le tour élégant qui servait à cette princesse à oublier parfois les soucis de la grandeur, en exécutant de ses mains divers ouvrages de tabletterie? Qu'est devenue la princesse elle-même? Quelque jeune qu'on soit, on ne peut aujourd'hui faire un pas sur cette terre de France sans y trouver les ruines d'une gloire de la veille, les traces d'une puissance fugitive ou déchue. C'est de nos jours surtout qu'il faut lever les yeux au Ciel et répéter avec l'orateur chrétien : « Dieu seul est grand! » La chapelle renferme un tombeau de marbre blanc azur surmonté de la statue de saint Charles Borromée, patron du duc de Berri. Cette statue est l'œuvre de Rutchiel; dans ce tombeau est déposé le cœur du prince. Qu'adviendra-t-il du tombeau, de la statue et de la chapelle?

Les sociétés humaines, à la première époque de leur formation, ont presque toutes creusé leurs habitations dans le roc : les Grecs donnaient à ces peuplades dans l'état sauvage le nom de Troglodytes. Si tu es jamais curieuse de voir des Troglodytes, viens à Rolleboise. Il y a là de pauvres gens n'ayant pour demeure qu'une grotte creusée dans l'escarpement de la colline. Ton bon cœur te portera à prier Dieu pour que notre France, si riche en civilisation, compte de jour en jour moins d'indigents et soit délivrée de ce reste de sauvages.

Je ne me sentais plus le courage de regarder les beaux châteaux qui continuent à border les deux rives. Je n'ai plus eu d'yeux que pour le paysage et pour la charmante église gothique de la Roche-Guyon.

Vernon eut jadis ses seigneurs et par conséquent son château ; il n'en reste plus qu'une grosse tour qui s'élève du centre de la ville. Je regrette de n'avoir point vu les colonnes torses qui supportent la tribune, dans la petite église d'un hospice fondé par saint Louis.

Enfin nous découvrons la Roche-Gaillard, couronnée des ruines d'un château-fort, et nous débarquons au bourg du Petit-Andely. C'est le terme de notre voyage par eau. C'est ici que nous avons arrêté de commencer notre pèlerinage à quelques vieux monuments de la Haute-Normandie. Disons adieu à la foule bruyante et animée des passagers de *la Dorade*, à son restaurant, où nous avons fait un fort bon déjeuner, et aux musiciens nomades qu'elle prend chaque jour à son bord. Ces bonnes gens exécutent des fanfares dont l'intention est excellente et dont l'effet peut être agréable pour ceux qui les entendent de loin sur la rive et n'en jouissent qu'un instant. Quant à nous, qui, en qualité de passagers, venons, pendant des heures entières, de subir cette assourdissante musique, nous ne sommes pas fâchés d'y échapper.

Je ne quitterai cependant pas *la Dorade* sans accorder un souvenir à un personnage qui voyageait avec nous, portant sous le bras, je te donne en mille à deviner quoi : un livre? un calepin? son manteau? point : une énorme botte de radis, qu'il couvait de l'œil avec le regard complaisant d'un ours qui viendrait de dévaster un jardin. M. Sans-Gêne, c'est le nom, ou, plus probablement, le sobriquet du personnage, est un riche paysan des environs de Caudebec, qui, après avoir visité la capitale, n'avait pas voulu la quitter sans emporter ce souvenir. Il se faisait une grande fête de manger, dans son village, au fin fond de la Normandie, des radis de Paris.

Une fois à terre, je te laisse à penser si nous avons perdu le temps à prendre notre course vers la Roche-Gaillard. Fulbert et moi, nous nous sommes escrimés à qui mieux mieux du crayon jusqu'à ce que la nuit fût venue nous interrompre. Nous nous promettons bien de reprendre le travail demain à la pointe du jour.

10 mai.

Conçois-tu notre malheur? il pleut à verse depuis ce matin, et nous en avons probablement pour toute la journée! Heureusement nous recevons l'hospitalité chez un ami de Fulbert. C'est un antiquaire, et il possède une belle bibliothèque. Nous y pouvons lire l'histoire fort curieuse du château de la Roche-Gaillard. Un savant célèbre, M. Achille Deville, grand compulseur de chroniques et écrivain sagace, a publié à ce sujet, il y a une douzaine d'années, un livre excellent. C'est un in-quarto peut-être un peu trop grave pour espérer qu'une jeune fille comme toi se détermine à le lire en entier. J'en ai fait un extrait pour mon instruction ; je te recommande la lecture au moins de l'extrait.

Mais pour te mettre en état de prendre plus d'intérêt à la chose, j'appellerai d'abord ton attention sur quelques points de notre histoire, et principalement sur l'établissement des Normands en France. Dans le cas où ton professeur d'histoire t'en aurait déjà dit quelque chose, il n'y a pas de mal à t'en rafraîchir la mémoire. La bibliothèque de notre hôte va me servir.

Ce nom de Normands, qui vient de *Nord-man, homme du Nord*, fut dans l'origine appliqué sans distinction, dans la langue tudesque, aux peuples de la Scandinavie et aux habitants de la Mer Baltique. M. Augustin Thierry nous apprend que ce nom de Normands appartenait surtout à ceux qui venaient du pays de Norwège ; ceux qui venaient des îles de la mer Baltique s'appelaient Danois. Dès le quatrième siècle, ils se mêlèrent aux flots des autres barbares qui portèrent la désolation jusqu'à Rome et en Afrique. Contenus par la puissance militaire et la vigilance de Charlemagne, ils trouvèrent sous ses successeurs tous les passages ouverts... Les forêts dont leurs pays étaient couverts leur fournissaient le bois pour construire leurs grandes nefs à voiles et à rames. Une centaine d'hommes s'embarquait dans chacune. On côtoyait le littoral, on remontait le cours des fleuves, mettant pied à terre là où le pays était mal gardé, et l'on revenait chargé de butin.

En l'an 845, ils entrèrent en France par l'embouchure de la Seine, et mirent la ville de Rouen au pillage ; une autre flotte, remontant la Loire, vint également dévaster la Touraine. On les voit, l'année suivante, descendre presque à la fois en Angleterre, en France et en Espagne. L'année d'après encore, une flotte de six cents bateaux, portant une véritable armée, avec un roi de Danemarck nommé Éric, pille Hambourg et pénètre dans l'Allemagne. Régnier, son lieutenant, se détache de nouveau vers l'embouchure de la Seine, pille encore Rouen, et cette fois remonte jusqu'à Paris.

Cette ville se composait alors de la seule île qui porte encore aujourd'hui le nom de Cité. Sur les deux bords du fleuve, il y avait des faubourgs, celui du Sud (rue de la Harpe, Saint-Jacques, etc.), et celui du Nord (place du Châtelet, rue Saint-Denis). A quelque distance étaient les bourgs de Saint-Marcel, Sainte-Geneviève, Saint-Germain-des-Prés, du côté du Sud ; Saint-Germain-l'Auxerrois, Saint-Martin-des-Champs, vers l'Ouest.

Comme Paris n'avait que peu ou même point de fortifications, les habitants, à l'arrivée des Normands, se sauvèrent. Tout ce qu'ils ne purent emporter devint la proie de ces pirates, dont Charles le Chauve acheta la retraite moyennant 7000 livres d'argent qu'il leur paya.

Les mêmes scènes se renouvelèrent en 856 et 861 ; mais cette fois ils ne bornèrent par leur course à Paris, ils voulurent remonter la Seine plus haut. Les deux ponts qui réunissaient la ville aux faubourgs s'opposèrent à cette navigation, parce que les piles de ces ponts, trop rapprochées, ne permettaient point à leurs vastes barques de passer ; ils rompirent le grand pont nommé aujourd'hui Pont-au-Change et passèrent par le bras septentrional de la Seine. Charles le Chauve fit ensuite reconstruire le pont et le fit fortifier, ainsi que le petit pont, par des châteaux.

Lorsque en 886, les Normands revinrent, ils ne purent ni aborder dans la Cité, qui avait également été mise en état de défense, ni démolir les ponts munis de châteaux. Il fallut donc se résoudre à former le siége de Paris. Quoiqu'ils fussent au nombre de 30,000 combattants, ils trouvèrent une héroïque résistance. Le comte de Paris (tu vois que ce titre date de loin et que sa récente application a une raison historique) avait nom Eudes, et sa valeur devait l'élever peu après sur le trône de France. Il mit dans la ville un ordre qui raffermit les courages. Un évêque le secondait, c'était le brave Goslin, qui chaque jour, après avoir donné la bénédiction à son peuple, se plaçait sur la brèche, le casque en tête, le carquois sur le dos et une hache à la ceinture, et combattait à l'ombre de la croix plantée sur le rempart. Après un siége d'un an et demi, Charles le Gros, appelé alors du trône d'Allemagne à celui de France, jugea plus convenable d'imiter la prudence de Charles le Chauve, en achetant le départ des barbares, qui s'en furent alors assiéger Sens et piller la Bourgogne.

« Au neuvième siècle, dit M. Thierry, l'homme du Nord se glorifiait encore du titre de fils d'Odin, et traitait de bâtards et d'apostats les Germains enfants de l'Église; il ne les distinguait point des populations vaincues dont ils avaient adopté le culte. Francs ou Gaulois, Longobards ou Latins, tous étaient également odieux pour l'homme demeuré fidèle aux anciennes divinités de la Germanie. Une sorte de fanatisme religieux et patriotique s'alliait ainsi dans l'âme des Scandinaves à la fougue déréglée de leur caractère et à une soif de gain insatiable. Ils versaient avec plaisir le sang des prêtres, aimaient surtout à piller les églises, et faisaient coucher leurs chevaux dans les chapelles des palais. Quand ils venaient de dévaster et d'incendier quelque canton chrétien : « Nous leur avons chanté, disaient-ils par dérision, la messe des lances ; elle a commencé de grand matin et elle a duré jusqu'à la nuit. »

« Les soldats de chaque flotte obéissaient, pour l'ordinaire, à un chef unique, dont le vaisseau se distinguait des autres par quelque ornement particulier. C'était le même chef qui commandait encore lorsque les pirates débarqués marchaient en bataillons, soit à pied, soit à cheval ; on le saluait du titre germanique *Kong* ou *King*, que les langues du Midi rendent par le mot *roi* ; mais il n'était roi que sur mer et dans le combat ; car, à l'heure du festin, toute la troupe s'asseyait en cercle, et les cornes remplies de bière passaient de main en main, sans qu'il y eût premier ni dernier. Le *roi de mer*, *See-King* (comme l'on dirait encore aujourd'hui en anglais), était partout suivi avec fidélité et toujours obéi avec zèle, parce que toujours il était renommé comme le plus brave entre les braves, comme celui qui n'avait jamais dormi sous un toit de planches, qui n'avait jamais vidé la corne auprès d'un foyer abrité.

« Il savait gouverner le vaisseau comme un bon cavalier manie son cheval ; il courait pendant la manœuvre sur les rames en mouvement, lançait en jouant trois piques au sommet du mât et alternativement les recevait dans sa main, les lançait de nouveau et les recevait encore sans les manquer une seule fois. Égaux sous un pareil chef, supportant légèrement leur soumission volontaire et le poids de leur armure de mailles, qu'ils se promettaient d'échanger bientôt contre un égal poids d'or, ces pirates cheminaient gaiement sur la *route des cygnes*, comme disent leurs vieilles poésies nationales. Tantôt ils côtoyaient la terre et guettaient leur ennemi dans les détroits, les baies et les petits mouillages, ce qui leur fit donner le nom de *Vikings* ou *enfants des anses*; Tantôt ils se lançaient à sa poursuite à travers l'Océan. Les violents orages des mers du Nord dispersaient et brisaient leurs frêles navires; tous ne rejoignaient point le vaisseau du chef au signal du ralliement; mais ceux qui survivaient au naufrage n'en avaient ni moins de confiance, ni plus de souci ; ils se riaient des vents et des flots qui n'avaient pu leur nuire : La force de la tempête, chantaient-ils, aide le bras de nos rameurs; l'ouragan est à notre service, il nous jette où nous voulions aller.

« Attaquant à l'improviste, dit ailleurs le même écrivain, et lorsqu'ils étaient prévenus, faisant retraite avec une extrême facilité, ils parvinrent à dévaster des contrées entières, au point que, selon l'expression des contemporains, on n'y entendait plus un chien aboyer. Les châteaux et les lieux forts étaient le seul refuge contre eux; mais à la première époque de leur irruption, il y en avait peu, et les murs mêmes des anciennes villes romaines tombaient en ruines. Pendant que les riches seigneurs de terres flanquaient leur manoir de tours crénelées et l'entouraient de fossés profonds, les habitants du plat pays émigraient en masse de leurs villages, et allaient à la forêt voisine camper sous des huttes défendues par des abattis et des palissades. Mal protégés par les rois, les ducs et les comtes du pays, qui, souvent traitaient avec l'ennemi pour eux seuls et aux dépens des pauvres, les paysans s'animaient quelquefois d'une bravoure désespérée, et avec de simples bâtons ils affrontaient les haches des Normands. D'autres fois, voyant toute résistance inutile, abattus et démoralisés, ils renonçaient à leur baptême pour détourner la fureur des païens; et en signe de leur iniation au culte des dieux du Nord, ils mangeaient de la chair d'un cheval immolé en sacrifice. Cette apostasie ne fut point rare dans les lieux les plus exposés au débarquement des pirates; leurs bandes même se recrutèrent de gens qui avaient tout perdu par leurs ravages; et d'anciens historiens assurent que le fameux roi de mer Hasting était fils d'un laboureur des environs de Troyes. »

La monarchie française, sous Charles le Simple, roi de nom seulement, était encore plus démembrée par les ducs, comtes ou barons français, que par l'étranger, lors-

qu'un de ces barbares du Nord, Rolf ou Roll, dont les

historiens ont fait plus tard Rollon, à la tête d'une flotte nombreuse, après avoir ravagé les rives de l'Escaut, quitta ce fleuve, et descendant au Sud, entra dans la Seine et la remonta jusqu'à Jumièges, à cinq lieues de Rouen. Dans son histoire des expéditions maritimes des Normands, M. Depping nous apprend que le Norwégien Roll était d'une taille si haute, que ne trouvant dans la petite race de son pays aucun cheval à son usage, il cheminait toujours à pied, ce qui le fit surnommer *Gang-Roll*, *Roll-le-Marcheur*. Depuis quelque temps les petits États de la Norwège avaient disparu pour se fondre en un seul royaume sous la main puissante d'un guerrier habile, Harald, surnommé *Harfagher*, c'est-à-dire aux beaux cheveux. Les mécontents et les chefs dépossédés n'avaient eu pour ressource que de monter sur leurs vaisseaux et de pirater. Harald leur avait fait une rude guerre sur mer, les avait chassés de ses parages, et par des lois sévères avait interdit dans son royaume la piraterie et toute espèce d'exaction à main armée. Roll était le fils d'un des chefs qui vivaient à la cour d'Harald. Un jour qu'il revenait d'une croisière dans la Baltique, avant d'aborder en Norwège, il relâcha dans la province de Vighen, et, comme il avait besoin de vivres, il enleva de force des troupeaux sans les payer. Le hasard voulut que le roi Harald se trouvât dans les environs, et reçût les plaintes des paysans. Sans considérer quel était l'auteur du délit, il fit assembler un *thing*, ou grand conseil de justice, pour juger Roll devant la loi. La sentence fut prononcée. Roll se voyant banni à perpétuité, assembla quelques vaisseaux et cingla vers les Hébrides. Ces îles avaient servi de refuge à une partie des Norwégiens émigrés par suite des conquêtes du roi Harald. Presque tous étaient gens de haute naissance et d'une grande réputation militaire. Le nouvel exilé s'associa avec eux pour des expéditions de pirateries. Ils réunirent tout ce qu'ils avaient de vaisseaux, et en formèrent une flotte assez nombreuse, qui n'obéissait point à un seul chef, mais à tous les confédérés, et où Roll n'avait d'autre prééminence que celle de son mérite et de son nom. Cela s'était passé entre les années 895 et 898.

« Le bruit des dévastations commises par l'armée de Roll, qui campait à Jumièges, dit M. Thierry, parvint bientôt à Rouen et y jeta la terreur. Les habitants n'attendaient aucun secours et désespéraient de pouvoir défendre seuls leurs murailles, ruinées dans les invasions précédentes. Au milieu de ce découragement général, l'archevêque de Rouen, nommé Franke ou Francon, homme prudent et ferme, prit sur lui de sauver la ville, en capitulant avec l'ennemi avant la première attaque. Sans s'inquiéter de la haine, souvent cruelle, que les païens du Nord témoignaient pour le clergé chrétien, l'archevêque se rendit au camp près de Jumièges, et parla au chef normand avec le secours d'un interprète. Il dit et fit si bien, tant promit, tant donna, raconte un vieux chroniqueur, qu'il conclut une trêve avec Roll et ses compagnons, leur garantissant l'entrée dans la ville et recevant d'eux, en retour, l'assurance de n'y faire aucun mal. Ce fut près de l'église Saint-Morin, à l'un des ports de la Seine, que les Norwégiens abordèrent, d'une façon toute pacifique. Après qu'ils eurent amarré leurs vaisseaux, tous les chefs parcoururent la ville en différents sens. Ils en examinèrent avec attention les remparts, les quais, les fontaines, et la trouvant à leur gré, ils résolurent d'en faire leur place d'armes et le chef-lieu de leur nouvel établissement. »

Après cette prise de possession, le principal corps de troupes continua à remonter la Seine. Arrivés au confluent de l'Eure, ils y établirent un camp fortifié, car un certain Raghenold ou Regnauld, qui avait le titre de duc de France, conduisait des troupes contre eux, d'après l'ordre du roi Charles. Dans cette armée du duc de France se trouvait un païen converti, le fameux roi de mer Hasting (le même dont nous avons déjà parlé). Las de courir les aventures, Hasting avait fait depuis vingt ans sa paix avec le royaume de France, en acceptant le comté de Chartres. Lui et deux personnes qui savaient la langue danoise furent envoyés pour parlementer avec Roll. Les chroniqueurs, dans leur latin du temps, nous ont conservé ce colloque, dont la traduction est de M. A. Thierry.

« Holà! cria le comte de Chartres, braves guerriers, quel est le nom de votre seigneur?—Nous n'avons point de seigneur, répondirent les Normands; nous sommes tous égaux. — Mais pourquoi êtes-vous venus dans ce pays? et qu'y voulez-vous faire? — En chasser les habitants ou les soumettre à notre puissance, et nous faire une patrie. Mais qui es-tu, toi qui parles si bien notre langue? » Le comte reprit : « N'avez-vous pas entendu parler de Hasting, le fameux pirate qui courut les mers avec tant de vaisseaux, et fit tant de mal à ce royaume? — Sans doute, répliquèrent les Normands. Hasting a bien commencé; mais il a fait une mauvaise fin. — N'avez-vous donc pas envie de vous soumettre au roi Charles, qui vous offre des fiefs et des honneurs sous condition de foi et de service?—Nullement! nullement! nous ne nous soumettrons à personne, et tout ce que nous pourrons conquérir nous appartiendra sans réserve. Va le dire au roi, si tu veux. »

Hasting rapporta cette réponse, et prédit que l'on serait battu si l'on attaquait le camp des Normands. C'est un conseil de traître! lui fut-il répondu, et l'on attaqua. Les Normands furent vainqueurs, le duc de France périt de la main d'un pêcheur de Rouen, qui servait dans l'armée normande. Quant à Hasting, il s'était retiré avant le combat. Il abandonna même son comté de Chartres, sans qu'on sût où il était allé.

Roll, victorieux, vint mettre le siège devant Paris. Un des chefs normands ayant été pris par les assiégés, on se décida, pour le racheter, à conclure avec le roi Charles une trêve d'un an, durant laquelle on s'en fut ravager les provinces du Nord qui avaient cessé d'être françaises.

La trêve expirée, les Normands revinrent à Rouen, s'emparèrent de Bayeux, d'Évreux, et de plusieurs autres villes. Songeant à se créer un établissement durable (car le retour en Norwège était interdit à ces bannis), ils investirent Rollon d'une autorité permanente. Ils en firent leur *roi*, dit une chronique; mais, comme le remarque M. Thierry, ce titre qu'on lui donnait peut-être dans la langue du Nord ne tarda pas à être remplacé par les titres français de *duc* ou de *comte*.

Une fois assis sur les rives de la Seine, les Normands organisèrent contre le roi de France une guerre plus méthodique. D'autres Scandinaves, probablement Danois d'origine, occupaient l'embouchure de la Loire. On s'entendit pour piller simultanément tout le pays compris entre les deux fleuves. La dévastation s'étendit jusqu'en Bourgogne et en Auvergne. Enfin, en l'an 912, seize ans après l'occupation de Rouen, Charles le Simple, par l'entremise de l'archevêque de Rouen (Roll, quoique païen, avait respecté les rapports de religion et n'avait rien changé à l'organisation de l'Église), offrit sa fille en mariage au banni norwégien, avec la seigneurie héréditaire de tout le pays situé entre la rivière d'Epte et la Bretagne, s'il consentait à devenir chrétien et à vivre en paix avec le royaume. Roll voulait davantage. On proposa la Flandre, qu'il dédaigna comme un mauvais pays boueux et plein de marécage. On lui offrit le fief de Bretagne, qu'il accepta, ne se doutant pas que la Bretagne était à conquérir, la suzeraineté des rois de France ne s'y étendant guère que sur le comté de Rennes.

La ratification du traité eut lieu au village de Saint-Clair. Charles et Roll vinrent planter leurs tentes sur les deux rives de l'Epte. Roll, debout, plaça ses deux mains entre celles du roi assis, et prononça ces paroles : « Dorénavant je suis votre féal et votre homme, et jure de conserver fidèlement votre vie, vos membres et votre honneur royal. »

« Après une courte instruction, Roll reçut le baptême des mains de l'archevêque, dont il écouta les conseils avec une extrême docilité. Au sortir des fonts baptismaux, le néophyte s'enquit du nom des églises les plus célèbres et des saints les plus révérés dans son nouveau pays. L'archevêque lui nomma six églises et trois saints, la Vierge, saint Michel et saint Pierre. — Et dans le voisinage, lui dit le duc, quel est le plus puissant protecteur? — C'est saint Denis, répondit l'archevêque. — Eh bien! avant de partager ma terre entre mes compagnons, j'en veux donner une part à Dieu, à sainte Marie et aux saints que vous venez de me nommer. » En effet, durant sept jours qu'il porta l'habit blanc des nouveaux baptisés, chaque jour il fit présent d'une terre à l'une des sept églises qu'on lui avait désignées.

« La cérémonie semblait terminée, et le nouveau comte allait se retirer, lorsque les Français lui dirent : « Il est convenable que celui qui reçoit un pareil don s'agenouille devant le roi et lui baise le pied. » Mais le Normand répondit : « Jamais je ne plierai le genou devant aucun homme, ni ne baiserai le pied d'aucun homme. » Les seigneurs insistèrent sur cette formalité, qui était un dernier reste de l'étiquette observée jadis à la cour des empereurs franks; et Roll, avec une simplicité malicieuse, fit signe à l'un de ses gens de venir et de baiser pour lui le pied du roi. Le soldat norwégien, se courbant sans plier le genou, prit le pied du roi et le leva si haut pour le porter à sa bouche, que le roi tomba à la renverse. Peu habitués aux convenances du cérémonial, les pirates firent de grands éclats de rire, et il y eut un moment de tumulte; mais ce bizarre incident ne produisit rien de fâcheux.

« Le pays fut divisé au cordeau : c'était la manière d'arpenter usitée en Scandinavie. Toutes les terres désertes ou cultivées, à l'exception de celles des églises, furent partagées de nouveau sans égard aux droits des indigènes. Les compagnons de Roll, chefs ou soldats, devinrent, selon leur grade, seigneurs des villes et des campagnes, propriétaires, souverains de domaines, grands ou petits. Les anciens propriétaires étaient contraints de s'accommoder à la volonté des nouveaux venus, de leur céder la place s'ils l'exigeaient, ou de tenir d'eux leur propre domaine à ferme ou en vasselage. Ainsi, les serfs du pays changèrent de maîtres, et beaucoup d'hommes libres tombèrent dans la servitude de la glèbe. De nouvelles dénominations géographiques résultèrent même de cette répartition de la propriété territoriale, et l'usage attacha dès lors à un grand nombre de domaines les noms propres des guerriers scandinaves qui les avaient reçus en lot. Ainsi, par exemple, Angoville, Borneville, Grimonville, Hérouville, étaient les possessions territoriales d'Ansgod, Biern, Grim, Harald, etc. Les anciennes chartes présentent ces noms sous une forme plus ou moins correcte. Quoique l'état des gens de métier et des paysans différât peu en Normandie de ce qu'il était en France, l'espoir d'une plus complète sécurité, et le mouvement de vie social qui accompagne d'ordinaire une domination naissante, engagèrent beaucoup d'artisans et de laboureurs à émigrer, pour aller s'établir sous le gouvernement du duc Roll. Son nom, que les Français prononçaient Rou, devint populaire au loin : il passait pour le plus grand ennemi des voleurs et le plus grand justicier de son temps.

« Profitant avec habileté des circonstances, les Normands ne tardèrent pas à agrandir leur territoire vers l'est, presque jusqu'au lieu où la rivière d'Oise se réunit à la Seine; ils s'étendirent au nord jusqu'à la petite rivière de Bresle et jusqu'à celle de Coësnon au sud-est. Les étrangers donnèrent le nom de Normand indistinctement à tout ce qui habitait dans ces limites; mais, dans le pays même, ce nom n'appartint longtemps qu'aux personnages de race et de langue scandinave. Tous les Normands de nom et de race étaient égaux en droits civils, bien qu'inégaux en grades militaires et en dignités politiques. Nul d'entre eux n'était taxé que de son propre consentement; nul n'était assujetti au péage pour le charroi de ses denrées ou pour la navigation sur les fleuves; tous enfin jouissaient du privilége de chasse et de pêche, à l'exclusion des vilains et des paysans, termes qui désignaient en fait la masse de la population indigène. Quoique la cour des ducs de Normandie fût organisée à peu près sur le modèle de celle des rois de France, le haut clergé n'en fit point partie dans les premiers temps, à cause de son origine française; plus tard, quand un grand nombre d'hommes de race norwégienne ou danoise eurent pris l'habit ecclésiastique, une certaine distinction de rang et de privilége continua d'exister, même dans les monastères, entre eux et le reste des élèves. »

La Normandie avait porté sous les rois francs le nom de *Neustrie*, corruption des deux mots *neoster-rike*; en langue franque : *occidental royaume*. Sous la domination romaine, elle avait été la *seconde Lyonnaise*. Du temps de César, ce territoire était occupé par la *ligue des onze cités*, parce qu'il nourrissait *onze populations différentes*.

Voici la liste des seize ducs qui ont successivement gouverné la Normandie comme fief, ne relevant que de la couronne de France :

910 Roll ou Raoul, que les historiens appellent aussi Robert Ier;

917 Guillaume Ier, dit Longue-Épée;

944 Son fils, Richard Ier, dit sans Peur;

996 Son fils, Richard II, dit le Bon;

1026 Son fils, Richard III;

1028 Son frère, Robert II, dit le Magnifique;

1035 Son fils, Guillaume, dit le Bâtard, roi d'Angleterre;

1087 Son fils, Robert III, dit Courte-Heuse ou Courtes-Bottes *;

1106 Son fils, Henri Ier, roi d'Angleterre.

Ici finissent les princes normands; après eux viennent :

1136 Eustache, de la maison de Blois, fils d'Étienne de Blois, roi d'Angleterre,

Puis les princes de la maison d'Anjou :

1143 Henri II, dit Court-Mantel, roi d'Angleterre;

1189 Richard IV, dit Cœur de Lion, roi d'Angleterre;

1189 Jean sans Terre, roi d'Angleterre.

---

* Les heuses étaient des espèces de bottines ou de guêtres, de là est venu le mot *houseaux*, qui s'emploie encore proverbialement :

Mais le pauvret, ce coup, y laissa ses houseaux.

LA FONTAINE.

PRINCES DE LA MAISON DE FRANCE.

1330 Jean II, dit le Bon, depuis roi de France.
1355 Charles Ier, dit le Sage, depuis roi de France, sous le nom de Charles V.
1446 Charles II, dernier duc de Normandie.

Si tu veux quelques détails sur les premiers ducs de la race normande, car la vie des autres appartient à l'histoire d'Angleterre ou de la France proprement dite, je te raconterai la mort de Guillaume Ier, dit Longue-Épée, assassiné par Arnould, comte de Flandre; cela te donnera une juste idée des mœurs de l'époque.

Le duc de Normandie et le comte de Flandre s'étaient fait longtemps la guerre; Arnould, désirant y mettre fin, envoie des ambassadeurs au duc Guillaume lui dire de sa part qu'il est prêt à oublier tous leurs différends; que, sans la goutte dont il était tourmenté, il serait venu en personne lui demander son amitié; qu'il le priait d'accorder une trêve de trois mois, et de convenir d'un lieu commode, sur la frontière, où ils pussent s'entretenir. Péquigny, sur la rivière de Somme, au-dessous d'Amiens, fut le lieu marqué, et chacun s'y rendit avec son camp. Ils se logèrent l'un d'un côté de la Somme, l'autre de l'autre. Au milieu de la rivière était une île dans laquelle ils devaient conférer ensemble, accompagnés chacun de douze chevaliers. Le comte de Flandre, pour inspirer plus de confiance à Guillaume, ne se présenta qu'avec quatre chevaliers, au lieu de douze, et deux valets, sur lesquels il s'appuyait, sous prétexte de goutte; tout cela dans un seul bateau. On arrêta tous les articles du traité, on échangea des marques d'une réconciliation sincère; après quoi, chacun se rembarqua pour gagner son rivage respectif. A peine le duc Guillaume fut-il à quelque distance de l'île (il était seul dans un bateau et ses douze chevaliers dans un autre), que le comte Arnould aborde de nouveau dans l'île et rappelle le duc, comme ayant oublié de lui dire quelque chose. Le duc ordonne à son batelier de revirer vers l'île, et à ses chevaliers, qui étaient dans l'autre bateau, de continuer leur trajet. Il met pied à terre sans défiance; mais aussitôt les quatre chevaliers du comte le poignardent. Le comte repassa ensuite tranquillement la rivière et regagna la Flandre avec tout son monde. Cela se passa le 18 décembre de l'an 942.

Les premières années du fils de Guillaume, le jeune duc Richard, qui plus tard gagna le surnom de Sans Peur, fourniraient le sujet d'un roman intéressant.

Louis IV, roi de France, qui croyait la minorité du duc de Normandie une occasion favorable pour réunir cette province à son domaine, alla à Rouen, sous prétexte de conférer avec les seigneurs normands sur la manière dont on pourrait venger la mort du duc Guillaume; mais le véritable motif de sa démarche était de s'emparer du jeune duc et de le garder en son pouvoir. Il vint donc à Rouen, où on ne fit nulle difficulté de le recevoir. Il témoigna beaucoup d'affection au duc Richard, le fit manger à sa table et coucher dans son appartement. Le lendemain, Bernard le Danois, vicomte de Rouen, et l'un des trois tuteurs du duc, voulut ramener Richard à son palais; le roi le retint. Pareille chose eut lieu le lendemain, ce qui donna lieu de se méfier des desseins du roi. Le bruit s'en répandit dans le peuple et occasionna un soulèvement. Tous s'assemblèrent et environnèrent le palais où logeait le roi, qui, pour se tirer du danger, rendit Richard, et, quelques jours après, lui donna l'investiture du duché de Normandie. Le roi néanmoins persuada si bien les seigneurs, qu'ils accordèrent que leur duc serait élevé à la cour de France, d'autant plus que Louis annonçait la résolution bien arrêtée de tirer vengeance de la mort de Guillaume. Peu après cependant, le comte de Flandre, par ses ambassadeurs, sut gagner le roi et le ramener à son premier dessein, qui était de dépouiller le jeune Richard de son héritage. Les seigneurs normands en étant avertis, l'un d'eux, du nom d'Osmond, travesti en pèlerin, se rendit dans la ville de Laon, où l'on gardait Richard, parvint à l'enlever du château et à le faire sortir de la ville en le cachant sous une charge de foin ; il le confia à Bernard, comte de Senlis, son oncle maternel.

Le commencement du règne de Richard II, dit le Bon, fut marqué par une tentative de soulèvement que M. Thierry raconte à sa manière chaleureuse et pittoresque, enchaînant avec art les détails fournis par les différentes chroniques.

« Moins d'un siècle après l'établissement des hommes du Nord sur le sol de l'ancienne Neustrie, la population primitive, qui se sentait violemment opprimée par la race conquérante, eut la pensée de détruire l'inégalité des races, de manière que le duché de Normandie ne renfermât qu'un seul peuple, comme elle ne portait qu'un seul nom.

« Dans la plupart des cantons de la Normandie, les habitants des villes et des bourgs et ceux des hameaux et des bocages, le soir, après l'heure du travail, commencèrent à se réunir et à parler ensemble des misères de leur condition. Ces groupes de causeurs politiques étaient de vingt, de trente, de cent personnes, et souvent l'assemblée se rangeait en cercle pour écouter quelque orateur qui l'animait par des discours violents contre la tyrannie des comtes, des barons et des chevaliers. Une vieille chronique en vers, le roman de Rou, nous a conservé la substance de ces harangues.

« Les seigneurs ne nous font que du mal ; avec eux nous n'avons ni gain, ni profit de nos labeurs ; chaque jour est pour nous jour de souffrance, de peine et de fatigue ; chaque jour on nous prend nos bêtes pour les corvées et les services. Puis, ce sont des justices vieilles et nouvelles, des plaids et des procès sans fin, plaids de monnaies, plaids de marchés, plaids de routes, plaids de forêts, plaids de moutures, plaids d'hommages. Il y a tant de prévôts et de baillis que nous n'avons pas une heure de paix ; tous les jours ils nous courent sus, prennent nos meubles, et nous chassent de nos terres. Il n'y a nulle garantie pour nous contre les seigneurs et leurs sergents, et nul pacte ne tient avec eux.

« Pourquoi nous laisser faire tout ce mal et ne pas sortir de peine ? Ne sommes-nous pas des hommes comme eux ? N'avons-nous pas la même taille, les mêmes membres, la même force pour souffrir ? Il nous faut seulement du cœur. Lions-nous donc ensemble par un serment, jurons de nous soutenir l'un l'autre ; et s'ils veulent nous faire la guerre, n'avons-nous pas pour un chevalier trente ou quarante paysans jeunes, dispos et prêts à combattre à coups de flèches, à coups de haches, ou à coups de pierres s'ils n'ont point d'armes ? Sachons résister aux chevaliers, et nous serons libres de couper des arbres, de courir le gibier et de pêcher à notre guise, et nous ferons notre volonté sur l'eau, dans les champs et aux bois.

« Beaucoup de gens de métier, surtout laboureurs et paysans, se promirent par serment de tenir ensemble et de s'aider contre qui que ce fût. On désignait alors ce genre d'association par le mot de *commune*, qui devint si célèbre dans les villes de France environ un siècle après. Mais ce qu'il y eut de très-remarquable, ce qui ne se reproduisit nulle part, c'est que la *commune* de Normandie, en 997, ne se borna point à une seule ni même à plusieurs villes, qu'elle s'étendit sur les campagnes et embrassa toutes les classes du peuple indigène dans une grande affiliation. Les affiliés étaient partagés en différents cercles que les historiens originaux désignent par le nom latin de *conventiculum*. Il y en avait au moins un par comté, et chacune de ces assemblées choisissait plusieurs de ses membres pour composer le cercle supérieur ou l'assemblée centrale.

« Lorsqu'à la cour de Normandie vint la nouvelle, dit le roman du Rou, que les vilains tenaient des *parlements* et se formaient en commune, l'alarme fut grande parmi les seigneurs, qui se voyaient menacés de perdre d'un seul coup leurs droits et leurs justices. Le duc Richard, qui était encore trop jeune pour prendre conseil de lui-même, fit venir son oncle, le comte d'Évreux. « Sire, dit celui-ci, demeurez en paix et laissez-moi ces paysans; ne bougez pas d'un pied, mais envoyez-moi tout ce que vous avez de chevaliers et de gens d'armes. »

Sur les rapports de ses espions, il fit marcher ses troupes et arrêter partout au même jour tous les chefs de l'affiliation, les uns pendant qu'ils tenaient séance, les autres pendant qu'ils recevaient dans les villages les serments des paysans. Sans se donner la peine d'une enquête et d'un jugement, il les condamna tous à des tortures atroces : les uns eurent les yeux crevés, les poings coupés et les jarrets brûlés ; d'autres furent empalés, d'autres cuits à petit feu et arrosés de plomb fondu. Le peu d'hommes qui survécurent à ces tourments furent renvoyés à leurs familles et promenés tout mutilés dans les villages pour y répandre la terreur.

Richard III ne régna que deux ans et périt empoisonné par son frère, Robert II, dit le Magnifique.

Robert ne se maria point ; il devint épris d'une jeune fille appelée *Harlette*, de laquelle il eut un fils nommé Guillaume. Harlette avait pour père un pelletier de Falaise, d'autres disent un nommé Foubert, maître d'hôtel du duc.

Robert confia son fils au roi de France pour le faire élever à sa cour, laissant le gouvernement de la Normandie, pendant son absence, au duc de Bretagne ; car Robert, malgré tout ce que purent lui représenter les seigneurs de sa cour, ne voulut point se dispenser d'aller à Jérusalem, croyant que nulle pénitence n'égalait celle-là, et voulant, assure-t-on, expier le crime commis sur la personne de son frère.

Les chroniqueurs lui ont donné le surnom de Magnifique, et leurs récits prouvent qu'il le méritait en effet. « Parti pour les lieux saints, dit l'un d'eux, il passa à Rome, reçut la croix et le bourdon de la main du pape Benoît IX, et, sortant de la ville, comme il aperçut la statue de Constantin le Grand, monté sur un cheval de bronze, il commanda qu'on mît le plus riche de ses manteaux sur les épaules de la statue, disant tout haut que : *Les Romains portaient peu d'honneur à leur seigneur, puisqu'ils ne lui donnaient pas tous les ans une robe.* — Voici une autre chose que Robert fit pour leur laisser la mémoire de sa magnificence, laquelle parut très-grande dans la cour de l'empereur à Constantinople; car, ayant fait ferrer sa mule de quatre fers d'or, et la coutume étant en Orient de laisser tomber le manteau lorsqu'on abouchait l'empereur, il défendit à ceux de sa suite de rompre cette coutume et de reprendre leurs manteaux. Néanmoins, comme sur le départ, un chambellan lui voulait relever et rendre son manteau, il dit que *l'habit*

lequel avait une fois touché la terre ne servait jamais aux Normands. Un autre jour, l'empereur, ayant traité à dîner le duc et les seigneurs de sa cour, et les ayant fait servir sur des tables basses, sans aucuns siéges, le duc et sa noblesse dépouillèrent leurs robes, et les ayant amoncelées, prirent séance chacun sur la sienne, et les laissèrent après le dîner sans vouloir les remettre, alléguant, le duc, que *ce n'était point la coutume des Normands de porter des siéges sur leurs épaules.*

Cependant, comme ce long pèlerinage se faisait à pied, Robert finit par succomber à une telle fatigue; on fut contraint de le faire porter par quatre Maures. Un Bas-Normand, qui revenait de Jérusalem et qui le vit dans cet état, lui demanda s'il n'avait rien dont il voulût le charger pour la Normandie. « *Non*, répondit le duc, *tu diras seulement que tu m'as vu porter en paradis par quatre diables,* » entendant par le paradis la Terre-Sainte et par les quatre diables les Maures qui le portaient. Il visita tous les lieux saints, et, à son retour, il mourut à Nicée en Bithynie, le 28 de juin. On dit que ce fut de poison, qu'un de ses domestiques lui donna.

Ce Robert le Magnifique reçut aussi le surnom de Robert *le Diable*, sous lequel il figure dans une foule de légendes merveilleuses. Nos auteurs d'opéras, en le mettant en scène, ont consulté ces fables ou simplement leur imagination, plutôt que l'histoire; on ne saurait leur en faire un reproche : qui s'est jamais avisé de chercher la vérité dans un opéra?

Son fils Guillaume fut un grand homme; aussi, les chroniqueurs racontent avec complaisance plusieurs détails sur son enfance. On lit dans l'un d'eux :

« La sage-femme qui le reçut en ce monde le mit, sans langes ni drapeaux, sur un petit lit de paille, et commença l'enfant à pétiller et à tirer la paille avec ses mains; ce que voyant, cette sage-femme dit : *Par ma foi, cet enfant commence bien jeune à acquérir et amasser : je ne sais ce qu'il ne fera pas étant devenu grand.* »

On lit dans un autre : « Quelques années après sa naissance, Guillaume Talvas, comte de Bellême, d'Alençon et de Séez, s'écriait en regardant jouer avec d'autres petits garçons le fils de Harlette : *Maudit sois-tu de Dieu, puisque par toi et par ta race ma puissance sera mise à bas !* »

Dès ses premières années, ainsi que le remarque M. Walsh, le malheur ne lui a pas failli. Il était encore tout jeune, lorsqu'il lui fallut, presque nu, monter à cheval et fuir de Valognes devant la vengeance du vicomte Neel. Tous ceux qui avaient de l'envie dans le cœur, devinant sa gloire future, s'étaient ligués contre lui, rois, princes, ducs et comtes ; et cependant, au milieu de toutes les embûches qu'on lui tendait, et des cris *la pel ! la pel !* (la peau ! la peau !) que l'on poussait pour l'insulter et faire souvenir que sa mère était la fille d'un *pelletier*, il maintint sur son front sa couronne ducale, épousa Mathilde de Flandre, fille du comte Baudouin, la merveille de son siècle, et prépara et accomplit la conquête du royaume d'Angleterre.

Pour comprendre dans quelles limites s'exerçait alors la puissance suzeraine au duché de Normandie, et quelle opposition elle pouvait rencontrer, il faut lire dans M. Thierry comment Guillaume dut s'y prendre pour obtenir de ses sujets l'argent nécessaire à son expédition.

« Les confidents intimes de Guillaume furent tous d'avis qu'il fallait descendre en Angleterre, et promirent de servir leur seigneur de leur corps et de leurs biens, jusqu'à vendre ou engager leurs héritages. « Mais ce n'est pas tout, lui dirent-ils, il vous faut demander aide et conseil à la généralité des habitants de ce pays, car il est de droit que qui paie la dépense soit appelé à la consentir. » Guillaume alors fit convoquer, disent les chroniques, une grande assemblée d'hommes de tous états de la

Normandie, gens de guerre, d'église et de négoce, les plus considérés et les plus riches. L'assemblée se tint à Lillebonne. Le duc leur exposa son projet et sollicita leur concours; puis l'assemblée se retira, afin de délibérer plus librement hors de toute influence.

« Les opinions parurent fortement divisées : les uns voulaient qu'on aidât le duc de navires, de munitions et de deniers; les autres refusaient toute espèce d'aide, disant qu'ils avaient déjà plus de dettes qu'ils n'en pouvaient payer. Cette discussion n'était pas sans tumulte, et les membres de l'assemblée, hors de leurs siéges, et partagés en groupes, parlaient et gesticulaient avec grand bruit. Au milieu de ce désordre, le sénéchal de Normandie, Guillaume, fils d'Osbert, éleva la voix et dit : « Pourquoi vous disputer de la sorte? il est votre seigneur, il a besoin de vous; votre devoir serait de lui faire vos offres, et non d'attendre sa requête. Si vous lui manquez et qu'il arrive à ses fins, de par Dieu il s'en souviendra. Montrez donc que vous l'aimez, et agissez de bonne grâce. »

« — Nul doute, s'écrièrent les opposants, qu'il ne soit notre seigneur; mais n'est-ce pas assez pour nous de lui payer ses rentes? Nous ne lui devons pas d'aide pour aller outre-mer. Il nous a déjà trop grevés par ses guerres; qu'il manque sa nouvelle entreprise, et voilà notre pays ruiné. » Après beaucoup de discours et de répliques en différents sens, on décida que le fils d'Osbert, qui connaissait les facultés de chacun, porterait la parole pour excuser l'assemblée de la modicité de ses offres.

« Les Normands retournèrent tous vers le duc, et le fils d'Osbert parla ainsi : « Je ne crois pas qu'il y ait au monde de gens plus zélés que ceux-ci; vous savez les aides qu'ils vous ont fournies, les services onéreux qu'ils vous ont faits ; eh bien ! sire, ils veulent faire davantage ; ils se proposent de vous servir au delà de la mer comme en deçà. Allez donc en avant, et ne les épargnez en rien. Tel qui, jusqu'à présent, ne vous a fourni que deux bons soldats à cheval, va faire la dépense du double. »

« —Eh ! non, eh ! non, s'écrièrent à la fois les assistants, nous ne vous avons point chargé d'une telle réponse ; nous n'avons point dit cela : cela ne sera pas ! Qu'il ait à faire dans son pays, et nous le servirons comme il lui est dû ; mais nous ne sommes pas tenus de l'aider à conquérir le pays d'autrui. D'ailleurs, si nous lui faisions une seule fois double service, et si nous le suivions outre-mer, il s'en ferait un droit et une coutume pour l'avenir ; il en grèverait nos enfants : cela ne sera pas ! cela ne sera pas !! » Les groupes de dix, de vingt, de trente recommencèrent à se former, le tumulte fut général, et l'assemblée se sépara.

« Le duc Guillaume, surpris et courroucé au delà de toute mesure, dissimula cependant sa colère et eut recours à un artifice. Il fit appeler auprès de lui les mêmes hommes que d'abord il avait convoqués en masse. Commençant par les plus riches et les plus influents, il les pria de venir à son aide de pure grâce et par don gratuit, affirmant qu'il n'avait nul dessein de leur faire tort à l'avenir, ni d'abuser contre eux de leur propre libéralité ; offrant même de leur donner acte de sa parole à cet égard par des lettres scellées de son grand sceau. Aucun n'eut le courage de prononcer isolément son refus à la face du chef du pays, dans un entretien seul à seul. Ce qu'ils accordèrent fut enregistré aussitôt, et l'exemple des premiers venus décida ceux qui vinrent ensuite. L'un souscrivit pour des vaisseaux, l'autre pour des hommes armés en guerre, d'autres promirent de marcher en personne ; les clercs donnèrent leur argent, les marchands leurs étoffes, et les paysans leurs denrées. »

Vers l'an 1087, Guillaume, duc de Normandie et roi d'Angleterre, s'occupa de terminer avec Philippe Ier, roi de France, une ancienne contestation. A la faveur des troubles qui suivirent la mort du duc Robert, le comté de Vexin, situé entre l'Epte et l'Oise, avait été démembré de la Normandie et réuni à la France. Guillaume se flattait de recouvrer sans guerre cette portion de son héritage, et, en attendant l'issue des négociations, il prenait du repos à Rouen ; il gardait même le lit d'après le conseil de ses médecins, qui tâchaient de réduire par une diète rigoureuse son excessif embonpoint. De nouveaux griefs, venus de la cour de France, ne tardèrent pas à envenimer la querelle.

« Voici, dit l'historien Desmoulin, un autre différend que le conquérant eut à vider avec le roi de France. Ses fils, Robert *Courtes-Bottes* et Henri, étant allés un jour visiter ledit roi de France à Conflans, le jeune comte Henri, après dîner, joua aux échecs avec Louis de France et lui gagna son argent. Louis, bien fâché de sa perte, appela Henri fils de bâtard, et le frappa des échecs, non sans revanche, car Henri prit l'échiquier, et le lui jeta de telle force contre le visage que le sang en sortit, et, sans l'empêchement de son frère Robert, il l'eût tué de corps. Ce fait, ils montèrent promptement à cheval et se sauvèrent à Pontoise, non toutefois sans être poursuivis des Français, lesquels furent repoussés par Baudouin de Harcourt et Foulques, comte de Beaumont-sur-Oise.

« A quelque temps de là, le roi de France ravageant la Normandie, et Guillaume ne se levant pas de suite pour réprimer sa hardiesse, Philippe dit, assuré qu'il était que le conquérant demeurait alors à Rouen et faisait diète : « *Le roi d'Angleterre* (lequel avait le ventre et l'estomac chargés et élevés de graisse) *est plus longtemps en couches que les femmes de son pays, et qu'il devait avoir bien des chandelles à ses relevailles.* »

« Guillaume, averti de cela, repartit : « *Par la splendeur de Dieu!* (l'un de ses jurons accoutumés) *je lui en ferai offrande de dix mille en forme de lances.* »

« Et, pour soutenir ce propos, se mit en marche quoique souffreteux, brûla les blés et coupa les vignes des Mantois, s'empara de leur ville, y fit mettre le feu, qui, en peu d'heures, avec toutes les maisons, dévora l'église de Notre-Dame et les autres temples. Deux bons ermites et beaucoup de peuple demeurèrent ensevelis dans les flammes..... Mais, soit punition ou autrement, le Conquérant, en approchant trop près, se sentit soudain attaqué et combattu d'une grande maladie, causée de la véhémente chaleur du feu et du trop grand travail qui fit fondre sa graisse, ou bien de l'intempérie de la saison, ou (ce qui fut bien le pire) son cheval, sautant un fossé, il le blessa et brisa tout le petit ventre, ce qui lui causa de grandes douleurs et le força de retourner à Rouen. »

D'autres historiens disent que l'accident arriva parce que le cheval, poussé à coups d'éperons à travers les décombres, mit les deux pieds de devant sur des charbons recouverts de cendres, et s'abattit.

« La maladie de Guillaume ne le tourmentait pas tant que le souvenir de ses fautes. Pour n'ouïr le bruit et tintamare des artisans de la ville, il se fit porter dans une litière au prieuré de Saint-Gervais, lequel Richard, son aïeul, avait donné aux religieux de Fescan. Là, Gilbert, évêque de Lisieux, et Gontard, abbé de Jumièges, ses médecins ordinaires et les plus doctes de cette profession, jugeant que tous leurs remèdes seraient vains et qu'il n'en relèverait pas, se contentèrent de l'avertir qu'il eût à disposer de ses affaires spirituelles et temporelles.

« Lors il appela un des évêques qui le consolaient, lui confessa ses péchés, reçut l'absolution et les sacrements, usant alors de prières très-dévotes et accompagnées de larmes et de soupirs que le repentir de ses fautes lui tirait des yeux et du cœur.

« Le Conquérant, gisant sur son lit, sentait bien que son épée ne pouvait cette fois repousser l'ennemi qui venait le saisir; aussi était-il humble et repentant. Il envoya des sommes considérables à la ville de Mantes, distribua des trésors aux prêtres, aux séculiers, à ses amis, à ses serviteurs, pardonna à ses ennemis, fit appeler ses fils et leur donna de bons, sages et chrétiens conseils.... et quelques minutes après le soleil levant, ayant entendu la grosse cloche de Notre-Dame qui sonnait l'heure de *prime*, il leva les yeux et les mains vers le ciel, et dit :
« Je me recommande à madame Marie, la bonne Vierge,
« mère de Dieu, et la supplie très-humblement de me
« réconcilier, par ses prières, avec son fils Jésus-Christ,
« notre Seigneur. » Ce dit, il rendit l'âme avec ses derniers soupirs, le jeudi huitième jour de septembre, l'an mil octante-sept. »

Le récit de ce qu'après cette mort il advint de la dépouille royale est un terrible enseignement pour les esprits qui seraient tentés d'attacher trop de prix aux grandeurs humaines. « Ses médecins, dit M. A. Thierry, et les autres assistants qui avaient passé la nuit auprès de lui, le voyant mort, montèrent en hâte à cheval, et coururent veiller sur leurs biens. Les gens de service et les vassaux de moindre étage, après la fuite de leurs supérieurs, enlevèrent les armes, la vaisselle, les vêtements, le linge, tout le mobilier, et s'enfuirent de même, laissant le cadavre presque nu sur le plancher. Le corps du roi demeura ainsi abandonné de *prime* jusqu'à *tierce*; car, dans toute la ville de Rouen, les hommes étaient devenus comme ivres, non pas de douleur, mais de crainte de l'avenir. Ils étaient, dit un vieil historien, aussi troublés que s'ils eussent vu une armée ennemie devant les portes de leur ville. Chacun sortait et courait au hasard, demandant conseil à sa femme, à ses amis, au premier venu; on transportait, on cachait tous ses meubles ou l'on cherchait à les vendre à perte.

« Enfin, des gens de religion, clercs et moines, ayant repris leurs sens et recueilli leurs forces, arrangèrent une procession. Revêtus des habits de leur ordre, avec la croix, les cierges et les encensoirs, ils vinrent auprès du cadavre et prièrent pour l'âme du défunt. L'archevêque de Rouen, nommé Guillaume, ordonna que le corps du roi fût transporté à Caen, et enseveli dans la basilique de Saint-Étienne, premier martyr, qu'il avait bâtie de son vivant. Mais ses fils, ses frères, tous ses parents s'étaient éloignés; aucun de ses officiers n'était présent, pas un seul ne s'offrit pour avoir soin de ses obsèques; et ce fut un simple gentilhomme de la campagne, nommé Herlihn, qui, par bon naturel et pour l'amour de Dieu, prit sur lui la peine et la dépense. Il fit venir à ses frais des ensevelisseurs, et un chariot transporta le cadavre jusqu'au bord de la Seine, et de là, sur une barque, par la rivière et par mer jusqu'à la ville de Caen. Gilbert, abbé de Saint-Étienne, avec tous ses religieux, vint à la rencontre du corps ; beaucoup de clercs et de laïcs se joignirent à eux ; mais un incendie qui éclata subitement fit bientôt rompre le cortége et courir au feu clercs et laïcs. Les moines de Saint-Étienne restèrent seuls et conduisirent le corps à l'église de leur couvent.

« L'inhumation du grand chef, du *fameux baron*, comme disent les historiens de l'époque, ne s'acheva pas sans de nouveaux incidents. Tous les évêques et abbés de la Normandie s'étaient rassemblés pour la cérémonie ; ils avaient fait préparer la fosse dans l'église, entre le chœur et l'autel ; la messe était achevée, on allait descendre le corps, lorsqu'un homme, sortant du milieu de la foule, dit à haute voix : « Clercs, évêques, ce terrain est à moi ;

« c'était l'emplacement de la maison de mon père ;

« l'homme pour qui vous priez me l'a pris de force pour
« y bâtir son église. Je n'ai point vendu ma terre, je ne
« l'ai point engagée, je ne l'ai point forfaite, je ne l'ai
« point donnée; elle est de mon droit, je la réclame.
« Au nom de Dieu, je défends, à peine de clameur de
« *haro*, que le corps du ravisseur soit placé et qu'on le
« couvre de ma glèbe. » L'homme qui parlait ainsi se
nommait Asselin, fils d'Arthur, et tous les assistants
confirmèrent la vérité de ce qu'il avait dit. Les évêques
le firent approcher, et, d'accord avec lui, payèrent
soixante sous pour le lieu seul de la sépulture, s'engageant à le dédommager équitablement pour le reste du
terrain. Le corps du roi était sans cercueil, revêtu de
ses habits royaux; lorsqu'on voulut le placer dans la
fosse, qui avait été bâtie en maçonnerie, elle se trouva
trop étroite, il fallut forcer le cadavre, et il creva. On
brûla de l'encens et des parfums en abondance, mais ce
fut inutilement. Le peuple se dispersa avec dégoût, et
les prêtres eux-mêmes, précipitant la cérémonie, désertèrent bientôt l'église. »

Dans le discours d'Asselin, tu auras remarqué cette
expression : À peine de *clameur de haro*. Je te dois à ce
sujet une explication.

Depuis le règne du premier duc Raoul, c'était un usage
parmi les Normands, lorsqu'on voulait protester contre
une injustice, de s'écrier : **A Raoul !** c'est-à-dire, j'en appelle à Raoul. A cette simple clameur, que l'on a appelée
par corruption clameur de *harou*, et ensuite *haro*, il fallait que l'une et l'autre des parties, sous peine d'amende,
de dommages et intérêts, allassent en jugement, fournissent caution de leurs prétentions, ou se rendissent
prisonniers.

Le meilleur portrait de la personne et du caractère de Guillaume est celui qu'en a tracé l'historien Desmoulins :

« Il était de haute taille, mais fort grosse, le visage plein et rouge, d'un regard assez peu plaisant et qui montrait à découvert le feu de sa colère. Il était chauve, avait les membres gros, nerveux et si forts, qu'il bandait bien son arc étant à cheval, lequel à peine les plus forts faisaient ployer. Sa santé ne fut altérée d'aucune maladie périlleuse que sur les dernières années de sa vie ; aussi, il était fort adonné au plaisir de la chasse, qui servait beaucoup à l'entretien de ses forces.

« Il était grandement sage, rusé, riche, désireux d'amasser et de dépenser magnifiquement ; il aimait grandement d'être honoré, mais restait humble devant Dieu.

« S'il était gracieux aux gens d'église, il était cruel envers princes, comtes et barons qui ne faisaient pas ses volontés. Au reste, les étrangers n'avaient de meilleur ami que lui. Il était le seul refuge des gens de bien, et pourvu qu'ils fussent savants aux lettres ou au métier de la guerre, il les élevait aux charges d'honneur, et prenait toujours avis de ceux qu'il reconnaissait prudents et fidèles : Jamais il n'était plus joyeux que dans les festins, et jamais plus prêt à donner ou pardonner que dans ces honnêtes licences.

« Enfin, ce prince vit presque toutes ses entreprises accompagnées de bonheur : il maintint ferme sur ses épaules le manteau ducal de Normandie, conquêta le Maine et l'Angleterre, contraignit les Écossais à lui faire hommage, les Gallois à lui payer tribut, et fit que par tout son empire la paix fut si grande et la justice si bien gardée, qu'une jeune fille pouvait aller par toute l'Angleterre, chargée d'or et d'argent, sans crainte d'aucune violence à son honneur ni à ce qu'elle portait, car l'un et l'autre étaient rigoureusement punis. »

Je ne te rappellerai pas quelles longues guerres les rois anglo-normands, vassaux de nos rois, pour leur duché de Normandie, firent à leurs suzerains jusqu'à l'an 1204, où Philippe-Auguste parvint à les en dépouiller. Cette couronne ducale, réunie à la couronne de France, se confondit avec elle jusqu'au jour où Philippe de Valois, donnant la Normandie avec l'Anjou et le Maine en apanage à Jean son fils aîné, en l'an 1330, lui fit prendre le titre de duc de Normandie; cela t'explique le long interrègne que tu as nécessairement remarqué dans la liste que je t'ai donnée plus haut des ducs de Normandie.

Jean, devenu roi, fit passer le duché de Normandie sur la tête de son fils Charles, qui fut le premier à porter le nom de dauphin de Viennois, et devint le roi Charles V, dit le Sage.

En 1418, la Normandie revit les Anglais, et tomba au pouvoir de leur roi Henri V; ils en furent chassés pour jamais par Charles VII vers l'an 1449. Sous Louis XI, la Normandie compta son seizième et dernier duc. Charles de France, frère du roi, échangea son apanage du duché de Berri pour le duché de Normandie.

Voici le procès-verbal de son installation dans le duché de Normandie, tel que cet acte existait, avant la révolution, dans les archives du chapitre de la cathédrale de Rouen :

« Le premier dimanche de l'avent de l'année 1465, à dix heures du matin, Charles, duc de Normandie, fut processionnellement conduit à la cathédrale, où la messe fut aussitôt commencée par Louis d'Harcourt, patriarche de Jérusalem et évêque de Bayeux, qui en avait été prié en l'absence du cardinal-archevêque, Guillaume d'Estouteville. Après l'épître, le seigneur duc fit, entre les mains du célébrant, le serment que ses prédécesseurs avaient fait d'observer et de faire observer inviolablement ces trois points : 1º Conserver fidèlement l'Eglise de Dieu et tout le peuple chrétien dans une paix sincère et véritable; 2º défendre à toutes personnes de son État les larcins, les tromperies et tous les autres crimes ; 3º commander à tous ses officiers de joindre la justice avec la miséricorde, dans tous les jugements qu'ils donneraient. Après le serment prêté, l'évêque de Lisieux, qui était Thomas Bazin, lui mit au doigt un anneau d'or; le comte de Tancarville, connétable héréditaire de Normandie, lui présenta l'épée, et Jean, comte de Harcourt, maréchal de Normandie, la bannière de la province. On poursuivit la messe. Après l'offertoire, le nouveau duc fit une riche offrande. L'évêque d'Avranches, les abbés de Fécamp, de Sainte-Catherine, de Saint-Vandrille, assistèrent à cette cérémonie avec les ornements de leur dignité. »

Quatre ans après, Louis XI agit avec tant d'adresse auprès de son frère, qu'il le fit renoncer au duché de Normandie et accepter, en échange, le duché de Guienne, arrangement qui convenait mieux aux intérêts de la couronne de France. Charles remit entre les mains du roi l'anneau qui, dans les usages du temps, signifiait qu'il avait épousé la Normandie. Le roi chargea Louis de Luxembourg, comte de Saint-Pôl, connétable de France, et son lieutenant-général en Normandie, qui allait, par son ordre, présider à l'Échiquier, grande assemblée convoquée à Rouen cette même année, d'y faire publiquement rompre cet anneau. Les lettres du roi portaient : « Et afin que notre peuple de Rouen sache que notre frère a renoncé au duché de Normandie, nous vous envoyons l'anneau que vous ferez rompre publiquement en l'Échiquier, afin que la chose soit notoire. » Il y fut effectivement rompu en deux pièces, lesquelles furent rendues au connétable. Les États du royaume déclarèrent alors que la Normandie ne pourrait jamais être démembrée du royaume de France.

Tous les successeurs de Louis XI ont senti l'importance d'en rester les maîtres, et loin de l'aliéner, ils n'ont pas même voulu donner le titre de duc de Normandie à leurs enfants, ainsi que l'avaient fait plusieurs de leurs prédécesseurs. Louis XVI fut le premier qui dérogea à cette politique, en nommant le jeune Dauphin son fils duc de Normandie; mais, à la vérité, ce n'était qu'un titre honorifique.

Ce fut l'année suivante, en 1470, que Louis XI accorda la noblesse, en Normandie, à tout possesseur de fiefs à la troisième génération, concession qui avait été faite dans tout le reste du royaume par saint Louis deux cents ans auparavant. Il élargit ainsi, au profit de sa popularité, le cadre de la noblesse, restreint jusqu'alors aux familles de la race conquérante.

Jusqu'au décret de l'Assemblée Nationale qui, en 1790, divisa la France en départements, et forma de la Normandie les cinq départements du Calvados, de l'Eure, de l'Orne, de la Manche et de la Seine-Inférieure, cette province a joui de certains priviléges et a conservé sa législation particulière, sous le nom de coutumes de Normandie.

Tu n'es pas sans savoir que, sous la seconde race de

nos rois, l'usage était, dans les circonstances importantes, que le roi consultât la généralité des États de la nation, les comtes, les barons, le haut clergé, les notables commerçants des villes. Lorsque la Neustrie eut été concédée à Roll, ou Raoul, elle cessa d'envoyer des députés à l'assemblée des États du royaume, et eut elle-même une assemblée particulière de ses États.

On voit Raoul, pour assurer l'héritage de sa couronne ducale à son fils Guillaume Longue-Épée, assembler à Rouen les comtes, les barons et le haut clergé. A la mort de Guillaume Longue-Épée, Richard son fils étant trop jeune pour prendre en main le timon des affaires, les États de la province s'assemblent à Rouen pour lui nommer un conseil de régence. Peu de temps avant sa mort, ce Richard assemble les États du duché et y fait reconnaître Guillaume II son fils pour son légitime héritier. Guillaume le Bâtard, lorsqu'il eut succédé à Robert le Magnifique son père, assemble les États du duché à Rouen, et s'y fait prêter serment de fidélité. Je t'ai déjà raconté comment il les rassembla à Lillebonne pour leur demander l'argent dont il avait besoin pour son expédition en Angleterre; quelques historiens prétendent que ce fut alors la première fois qu'en Normandie les bourgeois des villes (ce qu'on appelle le tiers-état) furent représentés.

La Normandie, rentrée sous la domination des rois de France, conserva le droit d'avoir des assemblées particulières sous le titre d'États provinciaux, et nul impôt ne pouvait être levé que du consentement de ces États.

En 1339, Philippe de Valois, après avoir méconnu les priviléges dont jouissait la Normandie, et l'avoir frappée de nouveaux impôts sans consulter les États, dut entrer en transaction avec eux, et accorder sur ces impôts une diminution considérable. Les États firent confirmer par de nouvelles patentes le droit qu'ils avaient de s'assembler tous les ans, et de lui faire, ainsi qu'à ses successeurs, de très-humbles remontrances sur les besoins du peuple.

Dans les premiers temps, les États se tinrent tantôt dans une ville, tantôt dans une autre. L'usage s'établit enfin de les tenir presque toujours à Rouen, au palais archiépiscopal. Le nombre des députés ne fut jamais déterminé. Les députés du tiers-état étaient les plus nombreux ; mais leur nombre ne leur donnait aucun avantage, parce que les votes se comptaient par ordre ou état, et non par tête : il y avait vote du clergé, vote de la noblesse et vote du tiers-état. Louis XIV supprima les États de Normandie en l'année 1666.

Les priviléges de la Normandie furent résumés dans une charte qui porte le nom de Charte Normande. Elle fut accordée le 14 mars 1314 par Louis X, surnommé le Hutin, et confirmée à diverses reprises par les rois Philippe VI, Jean, Charles VI, Charles VII, Louis XI et Henri III.

Je t'en citerai ce paragraphe remarquable, relatif à l'emploi déterminé des impôts levés :

« En quelque lieu que monnoie aura été levée par nos gens, ou aucuns leurs députés, pour être ponts faits, ou refaits ou être tenus en état, que icelle monnoie, par bon compte et loyal, soit convertie es dits usages ; et se, aucun revenant y a, ou aucune chose, outre ce qui aura été levé pour lesdits usages devant dits, entièrement soit conservé pour lesdits usages. »

Et ces trois autres relatifs à la liberté individuelle :

« Item. Que en la duché de Normandie, nul franc homme dorénavant ne soit tenu en enquête ne en tourments, si presomptions et conjectures très-sûres ne le rendent soupçonneux de crime *chevetaine*[1]; et si, par iceux cas, il est mis en tourments, soient si attrempés, que pour la grièveté des tourments mort ni perte de ses membres n'en suive.

« Item. Comme les causes de la duché de Normandie, selon la coutume du pays, ne doivent pas être terminées que dedans, dès qu'elles auront été terminées ou finées par sentence, par quelque voix que ce soit, en notre Échiquier, à Rouen; que dorénavant, ne puisse être apportées ne envoyées à nous ou à notre parlement de Paris, ne que aucun ne puisse en notre parlement être ajourné des causes de ladite duché.

« Item. Que nul ne soit trait par-devant nul juge étrange en lieu lointain, pour quelque don, permutation ou par quelque manière fait ou à faire des biens de notre patrimoine. »

Sur l'observation de Fulbert, qui est fier d'être né en Normandie, je te citerai ce qu'a dit Guillaume le Conquérant, à son lit de mort, sur le caractère de ses chers Normands. « Les Normands sont un peuple généreux, s'ils sont gouvernés avec justice et fermeté. Ils surmontent tous les obstacles, et l'emportent sur tous les peuples; ce sont eux qui déploient le plus de valeur dans les combats, et montrent le plus d'ardeur pour la victoire. Soumis, au contraire, à une domination d'une autre nature, ils se déchirent entre eux et usent leurs forces dans des luttes intestines; la révolte et la sédition

---

[1] Chevetaine veut dire capitaine; crime chevetaine, crime capital.

ont pour eux de l'attrait; ils s'abandonnent à tous les excès. Ce peuple, pour être tranquille et puissant, a besoin d'être gouverné avec impartialité, justice et fermeté. »

Je demandais en riant à Fulbert si cette peinture des Normands de l'année 1087 ressemblait encore trait pour trait aux Normands d'aujourd'hui : « Tu ne pourras, me dit-il d'un ton très-sérieux, nous refuser ce point : que la Normandie est la véritable patrie de cette qualité si solide et si désirable, le *bon sens*. On n'y trouve ni la taciturnité anglaise, ni la frivolité parisienne, ni la loquacité méridionale; mais une manière de parler qui, après un examen calme, un raisonnement logique, va droit au fait, en rend compte avec adresse souvent, mais toujours avec netteté et vérité. » Comme pour rien au monde je ne voudrais m'exposer à causer la moindre peine à l'excellent Fulbert, je me suis gardé de parler de la vieille tradition qui donne aux Normands l'esprit rusé des affaires et un goût très-prononcé pour les procès.

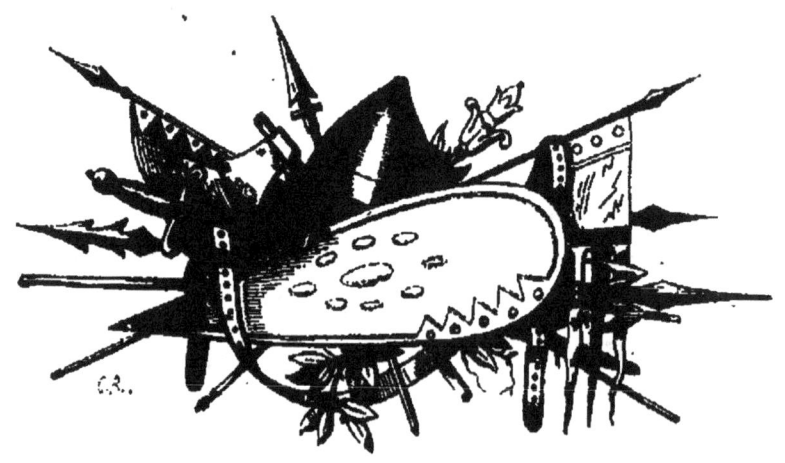

CHAPITRE II.

10 mai.

Je crains, ma chère sœur, de t'avoir fait faire un bien long détour pour te ramener à la Roche-Gaillard; m'y voici, et pour peu que tu te sentes aujourd'hui d'humeur guerroyante, je vais te faire assister à la construction du château, ainsi qu'au siége qu'en fit le roi Philippe-Auguste.

D'abord, il est bon que tu saches bien exactement ce que c'est que cette roche sur laquelle est assis le Château-Gaillard. Figure-toi une masse rocheuse de six cents pieds de longueur sur deux cents dans sa plus grande largeur, s'élevant à près de trois cents pieds au-dessus du niveau des eaux de la Seine. Elle est coupée perpendiculairement du côté du fleuve. Quoique un peu moins abrupte vers le nord-ouest, elle est encore inattaquable de ce côté; c'est celui qui regarde le Petit-Andely. Au nord-est, un large et profond ravin protége son flanc dans toute sa longueur. Vers le sud s'étend un autre ravin, dont la pente se précipite rapidement vers la Seine. Ces deux ravins, qui descendent dans des directions différentes, ont leur point de départ au levant, vers le haut de la montagne, de manière qu'on n'arrive sur la roche que par une étroite langue de terre dont la pente est assez raide.

Richard Cœur-de-Lion, roi d'Angleterre et duc de Normandie, avait à défendre son duché contre les prétentions du roi Philippe-Auguste. Un traité conclu à Issoudun en l'année 1196 portait que, sur la rive droite de la Seine, Gisors et le Vexin normand resteraient au roi de France; le comté d'Eu, Arques, Aumale, Driancourt, au roi d'Angleterre. Sur la rive gauche le roi de France gagnait Paci-sur-Eure, Ivry, Vernon, Gaillon, et, à peu de chose près, toute la presqu'île entre l'Eure et la Seine.

Privé de la ligne de l'Epte et de la place de Gisors, que la France avait reprise comme son bien sur le vassal normand qui l'avait tenue quelque temps, Richard comprit de quelle importance il était pour lui de couvrir Rouen et sa nouvelle frontière par une forteresse capable d'arrêter l'ennemi.

Au mépris d'un article du traité qui disait : *Andely ne pourra être fortifié*, il jeta les yeux sur la position d'Andely et sur la Roche-Gaillard, qui domine une si longue courbure du cours de la Seine. Il fit sur-le-champ commencer les travaux avec une *ardeur de roi*, dit une chronique. Son entreprise fut précédée par un acte de cruauté. Peu de de temps avant la construction, étant un jour sur le sommet de la roche, d'où il observait probablement la marche de l'ennemi, il reçut la nouvelle qu'une partie de ses troupes venait d'essuyer un échec à quelques pas de là, dans la vallée d'Andely. Saisi de fureur, il fait approcher trois prisonniers français qu'on venait de lui amener, et, de sa main, les précipite du haut de la roche.

Cependant le territoire d'Andely était la propriété de l'Église.

L'archevêque de Rouen, Gautier de Coutances, dit depuis le *Magnifique*, se rendit auprès de Richard, accompagné d'une partie de son clergé, et lui fit des représentations qui restèrent sans succès. L'archevêque, indigné, frappa la Normandie d'une déclaration d'*interdit*. Le clergé cessa de dire la messe dans les églises, on voila les images des saints, on coucha par terre celles de la Vierge, et on les entoura d'épines comme pour en défendre l'approche; les sacrements furent refusés à tout le monde; les cimetières furent fermés, et défense faite à qui que ce fût, sous peine d'excommunication, d'y ensevelir des corps en dessous ou en dessus de la terre, soit dans du plâtre, soit dans des cercueils de bois, soit dans la pierre ou de quelque autre manière que ce fût, ou même de les placer sur les arbres desdits cimetières.

Richard en appela à Rome auprès du Saint-Siége, occupé alors par Célestin III. Ses envoyés exposèrent que : « Les dommages qu'avait essuyés fréquemment l'église de Rouen (dommages dont l'archevêque s'était plaint) étaient le fait des incursions du roi de France, et que les autres terres de la Normandie n'avaient pas été plus épargnées; que c'était précisément dans le but de prévenir dorénavant de semblables incursions et les malheurs qui en sont la suite, que le roi d'Angleterre s'était vu dans la nécessité de fortifier Andely, qui servait ordinairement de passage à l'ennemi; qu'il offrait, au surplus, à l'archevêque, une juste indemnité, proposant de la soumettre à l'arbitrage de personnes probes et considérées. » Le pape reconnut en principe que le roi était dans son droit en fortifiant tel point de ses États qu'il jugeait convenable de le faire dans l'intérêt général, engagea l'archevêque à accepter l'offre d'une indemnité, et leva l'interdit.

En échange d'Andely et de son territoire, l'Église de Rouen reçut Dieppe, Bouteilles, près de cette ville, la forêt d'Aliermont et les moulins de Rouen.

La charte de cette transaction porte la date du 16 octobre 1197. M. Deville a été assez heureux pour retrouver le titre original dans les archives du département de la Seine-Inférieure. Il est dans un état parfait de conservation et porte encore le sceau de Richard. On voyait encore, en 1666, l'anneau que ce prince avait passé lui-même, en signe d'investiture, dans les soies suspendues au parchemin.

Voici le protocole de cet acte :

« Richard, par la grâce de Dieu, roi d'Angleterre, duc de Normandie et d'Aquitaine, comte d'Anjou, aux archevêques, évêques, abbés, prieurs, comtes, barons, justiciers, sénéchaux, vicomtes, prévôts, officiers, et à tous ses baillis et fidèles, salut. La sainte Église étant l'épouse du Roi des rois et l'unique bien-aimée de celui par qui les rois règnent et les princes gouvernent, nous voulons lui témoigner d'autant plus de dévouement et de respect que nous sommes plus fortement persuadé que non-seulement la puissance royale, mais encore toute puissance, vient du Seigneur Notre Dieu, etc., etc.

« Les moulins sont concédés, à la charge que l'archevêque acquittera les aumônes qui sont établies de toute antiquité sur lesdits moulins. Il doit acquitter aussi les aumônes établies sur le manoir de Dieppe, dont la somme s'élève à trois cent soixante-douze livres d'Anjou. »

En mémoire de cette transaction qui, en définitive, était avantageuse à l'Église, on inscrivit sur des croix de pierre, dans quelques places publiques de Rouen, un sixain de vers latins, dont le sens est :

« Tu as vaincu Gautier ; les monuments de ton triomphe sont Dieppe, Louviers, Aliermont, Bouteilles les moulins, Dieppe port de mer, Aliermont la belle forêt, Louviers la ville, Bouteilles la campagne, les moulins dans Rouen. Jusqu'à ce jour tous appartenaient au roi Richard ; Richard te les cède. Le pape et lui t'en garantissent la propriété. »

Ces croix, à l'exception d'une seule, furent renversées en 1562 par les calvinistes.

Richard, qui, tandis que l'affaire se plaidait à Rome, n'avait pas cependant interrompu les travaux, les poussa plus vivement encore. Voici ce qu'on lit dans un historien contemporain, Neubridge, qui écrivit en latin :

« Comme on s'occupait en ce lieu de cette immense construction, on raconte qu'il arriva une chose prodigieuse. En effet, ainsi que l'affirment plusieurs personnes qui assurent en avoir été témoins, au mois de mai, peu avant la solennité de l'Ascension de Notre Seigneur, comme le roi était sur les lieux et pressait les travaux (car il y était presque continuellement pour disposer et hâter le travail, jouissant avec volupté du plaisir de le voir avancer), tout à coup une pluie mêlée de sang tombe du ciel, au grand étonnement de tous ceux qui se trouvaient là avec le roi ; et en voyant sur leurs habits des gouttes de vrai sang, épouvantés d'une chose aussi extraordinaire, ils redoutèrent un grand malheur. Mais le roi n'en fut nullement effrayé: il ne renonça pas pour cela à son entreprise. Il s'y complaisait tellement, si je ne me trompe, que si un ange du ciel lui-même fût venu l'engager à l'abandonner, il eût blasphémé contre lui. »

La forteresse, assise sur la roche, se composait, outre le donjon, de trois parties distinctes, dont la plus reculée dominait celle du centre, et celle-ci, à son tour, dominait la plus voisine de la langue de terre par laquelle on arrive à la roche.

Une première fortification de forme triangulaire, formant une enceinte de cent quarante pieds de long sur cent pieds à la base du triangle, servait d'avant-garde à la place. La pointe de l'angle faisant face à la langue de terre fut garnie d'une forte tour, flanquée à distance de deux tours plus petites. Cette tour formait la tête de la forteresse; aussi avait-elle été construite avec un soin particulier. Deux autres tours, à peu près de la même force, furent placées aux angles de la base inférieure de l'enceinte. Les murs des courtines (nom de la partie de muraille qui s'étend d'une tour à l'autre) avaient huit à dix pieds d'épaisseur, comme ceux des tours, et, dans quelques parties, jusqu'à quatorze pieds. Le fossé qui entoure les murs est taillé dans le roc vif; il a trente pieds de large vers le fond.

En arrière de cette première fortification, Richard fit tracer une deuxième enceinte; un rempart, long de cinquante pieds et flanqué de deux tours, fut établi pour en protéger le front. Ses flancs, déjà défendus par l'escarpement du terrain, reçurent de bonnes murailles : l'une, celle qui regarde la Seine au sud-ouest, s'appuyant à une tour de forme octogone à l'intérieur et se prolongeant ensuite sous forme de simple parapet; l'autre, vers le nord-est, s'étendant en forme d'ellipse autour de la troisième enceinte ou citadelle. Ces parties ont beaucoup souffert par suite des différentes démolitions qu'elles ont éprouvées. Il est presque impossible aujourd'hui de suivre la trace de la maçonnerie. Cette deuxième enceinte se termine en un vaste demi-cercle tracé par le fossé qui la sépare de la citadelle.

A l'angle sud-ouest de l'enceinte, Jean sans Terre fit construire plus tard un bâtiment ayant trente-cinq pieds de long sur vingt-cinq de large. L'étage supérieur servait de chapelle, le rez-de-chaussée de magasins et de cellier.

La troisième enceinte, ou citadelle, à l'extrémité du plateau, se composait d'une fortification de forme elliptique, mais d'une construction toute particulière et bien remarquable; elle offre dans les trois quarts de son développement des segments de tour, au nombre de dix-sept, qui ne sont séparés entre eux que par deux pieds environ de courtine. Cette muraille bosselée a dû avoir trente pieds de hauteur.

Dans la partie qui regarde la Seine au couchant, le rempart suit une ligne brisée, irrégulière comme les rochers sur lesquels il est assis. Il était défendu par la tour ou donjon dont je vais te parler, par les bastions, et, mieux encore, par l'escarpement de rochers. Richard ne craignit pas d'y pratiquer des ouvertures destinées à éclairer une maison d'habitation. De cette maison on communiquait à un escalier creusé dans la roche et qui conduisait à un passage secret, ou espèce de poterne, dont on aperçoit encore quelques traces au milieu des rochers. Un puits fut creusé dans le roc pour le service de la garnison. Il devait avoir une profondeur prodigieuse, car il est assez probable qu'il descendait jusqu'au niveau des eaux de la Seine. Il en existait un semblable dans la seconde enceinte; tous deux ont été comblés.

Le donjon se compose d'une tour engagée dans le mur occidental de cette enceinte, et qui, bien que de forme circulaire dans les trois quarts de son développement, se termine en angle vers le levant à sa partie extérieure. Le mur de la tour, à partir de cet angle, n'a pas moins de vingt pieds d'épaisseur; il en a douze dans les autres parties, non compris les contre-forts. Ceux-ci ressemblent assez à de vastes coins en pierre appuyés contre la muraille, car ils deviennent de plus en plus minces vers la base de la tour, disposition fort singulière et qu'on ne voit point ailleurs, assure M. Deville. Ce donjon avait deux étages, prenant le jour par deux vastes fenêtres de forme ogive, d'où l'œil plonge au loin sur le cours de la Seine. L'opinion de M. Deville est que le donjon, outre ses deux étages, était encore surmonté de deux tours qui allaient en diminuant. Il cite, à l'appui de cette opinion, un massif de pierre qui se voit dans l'église Sainte-Clotilde du Grand-Andely et qui représente une forteresse où le donjon se compose de trois tours superposées et qui vont en diminuant. Il est probable, ajoute-t-il, qu'il faut voir là une image, très-informe il est vrai, de Château-Gaillard.

« Cette tour, dit M. Deville, dernier ouvrage du génie de Richard Cœur-de-Lion, domine la citadelle et couronne majestueusement ces massifs et triples remparts qui semblaient avoir été entassés autour d'elle pour la défendre. C'est sans doute du haut de ses créneaux que Richard, debout, promenant un regard satisfait sur son ouvrage, et montrant à ses principaux chevaliers, rangés autour de lui, la forteresse qu'il venait enfin d'achever, s'écria, plein d'un juste orgueil : « Qu'elle est belle, ma fille d'un an! »

Un an avait suffi pour achever cette immense entreprise.

Épris de la beauté de son œuvre, Richard s'était écrié, dans une de ses saillies : « C'est un château gaillard! » Le mot fit fortune; il passa rapidement de la bouche des soldats dans celle du peuple, et prévalut sur les noms qui furent d'abord donnés à ce château. « Dans les chartes de Richard Cœur-de-Lion et de Jean Sans-Terre, dit

M. Deville, il est nommé le *château de la Roche*, le *beau château de la Roche*; et plus souvent la *Roche d'Andely*. Le premier acte public dans lequel j'ai retrouvé le nom Gaillard, est une charte de saint Louis qui se termine ainsi : Fait en notre château *Gaillard*, l'an 1271, au mois de juin. »

Pour couvrir les abords de sa forteresse, Richard exécuta d'autres travaux aussi bien entendus. Au centre de la seconde des deux petites îles que présente la Seine, lorsqu'on descend son cours, à environ deux mille pas, il éleva un fort octogone, composé d'une épaisse muraille flanquée de tours et protégée par un fossé, en avant duquel se dressa une haute palissade.

Un pont de bois fut jeté sur les deux bras du fleuve, pour unir l'île aux deux rives. Sur celle de droite, Richard fit tracer une vaste enceinte fortifiée, qui devait bientôt renfermer une assez nombreuse population. Le voisinage d'Andely lui valut le nom de *Petit-Andely*. Elle est nommée le Nouvel-Andely par un vieux poëte français du treizième siècle, Guillaume Guiart, qui a écrit une chronique rimée, intitulée *Branche des royaux lignages*. (La chronique a plus de vingt mille vers de huit syllabes; c'est un long fragment d'histoire qui commence à Louis le Gros, et se termine à la vingt-deuxième année du règne de Philippe-le-Bel.)

Un lac séparait alors le Petit-Andely de l'ancienne ville, qui devint le Grand-Andely. Aujourd'hui le lac a disparu.

Le fort de l'île se liait au Petit-Andely, qui, à son tour, s'appuyait à la roche qui portait le Château-Gaillard, le tout formant comme une chaîne non interrompue de fortifications.

Ce ne fut pas tout; une estacade, composée de trois

rangs de pilotis, partit du pied de la roche, en face du château, barra la rivière, et permit d'intercepter, par eau, toute communication avec la partie supérieure de son cours, de manière à ce que tout arrivage de France pût être à volonté interdit. Les travailleurs furent même portés à quatre mille pas en avant du château, en remontant le cours de la Seine; et là, Richard, comme pour braver Philippe-Auguste, éleva sur la ligne même de séparation des deux royaumes un petit fort, auquel il donna le nom de *Boutavant* (*boute en avant*), ce qui se traduirait par fort d'avant-garde.

A peu de temps de là, raconte un vieux chroniqueur, Sylvestre Girard, le roi Philippe-Auguste voulut voir le nouveau château dont on vantait de toutes parts la force et la beauté. Comme les personnes de sa suite le contemplaient avec admiration : « Je voudrais, dit-il, que ce château fût tout entier de fer; il n'en tomberait pas moins sous mes coups, lui et la Normandie, que je prétends réunir à mon domaine. » Le mot ayant été rapporté à Richard : « Par la gorge de Dieu! (c'était, dit la chronique, un des plus horribles jurons de l'époque) s'écriat-il en présence de toute sa cour, je voudrais qu'il fût, non pas de fer, non pas même de pierre, mais de beurre, et je le défendrais, moi, contre lui et les siens! »

Comme monument d'architecture militaire, le Château-Gaillard a joui d'une immense célébrité. Lorsqu'on voulait donner une idée de la force d'un château, dans ces temps où l'Europe en était comme hérissée, on croyait avoir tout dit en le comparant au Château-Gaillard.

Richard ne fut pas appelé à défendre lui-même son formidable château; la mort devait l'enlever deux ans après, en 1199. C'était un rude adversaire, à juger par ce mot d'un historien du temps : « Dieu visita le royaume de France, car le roi Richard mourut. »

Tous les historiens du temps font mourir Richard Cœur-de-Lion dans le Limousin, devant le château de Chaluz, d'un coup d'arbalète ; un seul, Gautier de Gisebourn, prétend qu'il mourut en Normandie, sous les murs du Château-Gaillard.

Après que la Cour des pairs de France eut condamné à mort, en sa qualité de duc de Normandie, Jean, roi d'Angleterre, comme coupable de félonie et meurtrier de son neveu Arthur de Bretagne, le légitime héritier de Richard, Philippe-Auguste procéda à l'exécution de la sentence, qui ordonnait la confiscation, au profit de la couronne de France, de tous les fiefs et seigneuries que le coupable possédait sur le continent. Il dirigea sa première attaque importante contre le Château-Gaillard, qui était la clef du duché de Normandie.

Un chroniqueur du douzième siècle, Guillaume le Breton, nous apprend que la prise de ce château fut regardée par les contemporains comme le plus beau titre de gloire de Philippe-Auguste ; ils la mettaient volontiers au-dessus de la victoire de Bouvines. Ce chroniqueur était l'un des chapelains du roi, et l'accompagna dans toutes ses campagnes. Il voulut chanter les exploits dont il avait été le témoin oculaire. Il est l'auteur d'un livre intitulé *des Gestes de Philippe-Auguste* (*de Gestis Philippi Augusti*), et d'un poëme latin sur le même sujet, la *Philippide*. Ce poëme, l'un des monuments les plus précieux du Moyen-Age, est divisé en douze livres, et contient plus de neuf mille vers. Il mit trois ans à le composer et deux à le corriger. Il l'acheva vers 1220, et le dédia successivement à Philippe-Auguste et à Louis VIII son fils. Le récit y est aussi circonstancié, aussi riche en détails que pourrait l'être un rapport qui viendrait aujourd'hui d'Alger, sur les faits de notre armée d'Afrique.

Tiens compte de la différence des temps, et persuade-toi bien que l'armée de Philippe-Auguste n'est pas, comme nos armées d'aujourd'hui, une armée régulière, homogène, composée d'hommes honorables, de braves citoyens, une armée qui sert tous les jours de l'année, et qui se recrute à époques fixes par la conscription. C'est une réunion de grands vassaux, dont chacun conduit, sous sa bannière, des vassaux inférieurs. Chaque bande a son cri de guerre et ne reçoit d'ordre que de son seigneur. Les troupes de tous ces vassaux, qui composaient l'effectif des armées, n'étaient ni équipées ni entretenues par le suzerain; elles ne devaient, pour l'ordinaire, que quarante jours de service; aussi obéissaient-elles mal au commandant en chef, et le terme du service expiré, elles se retiraient dans leurs foyers. Tous étaient impatients de reprendre leurs travaux champêtres, de revoir leurs femmes et leurs enfants.

En 1198, au moment où il venait d'achever le Château-Gaillard, Richard Cœur-de-Lion essaya de porter à un an le service en Angleterre; il éprouva la plus grande résistance. Un de ses vassaux, l'évêque de Lincoln, alla jusqu'à traiter publiquement cette tentative d'œuvre perverse. Richard fut obligé d'y renoncer.

Pour remédier au vice de cette organisation militaire de la féodalité, la plupart des souverains, au douzième siècle, commencèrent à appeler sous leur bannière des troupes soldées, formées d'étrangers et de gens sans aveu, qui se consacraient exclusivement au métier des armes.

Ces troupes, en France et en Angleterre, étaient connues sous le nom de *routiers*, de *cottereaux*, ou bien de **Navarins** et de **Brabançons**, parce que la Navarre et le Brabant fournissaient beaucoup de ces hommes. On les désignait aussi sous le nom de *soudarts*, qui équivaut au mot soudoyés, ou soldés, et dont on a fait plus tard le nom de soldats. Ces mercenaires n'offraient d'autre avantage que de rester sous le drapeau aussi longtemps qu'on les payait; du reste, c'étaient d'ignobles pillards, ne combattant que dans l'espoir du butin, et faisant autant de mal aux paysans de la nation qui les employait, qu'ils promettaient d'en faire à l'ennemi.

On peut voir sur une tapisserie conservée à Bayeux, et que la tradition attribuait à la reine Mathilde, femme de Guillaume le Conquérant, quel était le costume de guerre de ce siècle. Chaque homme a son armure plus ou moins bonne, plus ou moins riche, selon qu'il a pu y consacrer plus ou moins d'argent.

Le casque de cette époque, appelé par les antiquaires *casque normand*, était en fer, de forme conique; quelquefois, mais rarement, arrondi par le bas, comme le dôme de certaines églises modernes, et se terminant au sommet par une pointe plus ou moins aiguë. Ceux des princes et des chefs étaient fabriqués, sans doute, avec plus de soin, et même chargés d'ornements, quoique la tapisserie ne l'indique pas; mais tous, sans exception, portent sur le devant une lame mince et allongée, descendant sur le nez, et même quelquefois plus bas, le reste du visage demeurant à découvert. Cette partie avait reçu le nom de *nasal*. Quelquefois le casque normand est muni par derrière d'un appendice du même genre, qui sert à protéger le cou.

Dans le cours de cette période de la conquête de l'Angleterre, au règne de Philippe-Auguste, s'introduisit l'usage des cottes ou chemisettes de mailles, qui d'abord ne descendaient qu'au genou, et finirent par envelopper le corps tout entier, jusqu'aux extrémités des pieds et des mains, formant, autour de la tête, une sorte de capuchon ou *capeline*, qui pouvait à volonté se rabattre sur les épaules, ou se relever sur le casque. Le capuchon de mailles entourait complétement le visage et se rejoignait sous le menton, au moyen de la partie qui servait de hausse-col, à celle qui protégeait la poitrine, de sorte que la face seule restait à découvert, quand il n'y avait pas de nasal, ce qui, au surplus, était fort rare. Pour les soldats, qui n'avaient ni casque, ni coiffe de fer quelconque, la capeline formait à elle seule l'armure de tête.

Il paraît qu'en Angleterre et en Normandie le *nasal* (qui devait devenir plus tard la visière) avait pris une dimension assez forte pour cacher en partie le visage, et empêcher de reconnaître le guerrier qui le portait. Les historiens du temps nous apprennent que Robert, fils de Guillaume, dans un combat singulier contre son père, ne sut pas d'abord à qui il avait affaire, à cause du casque de celui-ci, qui lui cachait le visage, et que, l'ayant renversé de cheval, il le reconnut seulement à la voix.

Le système d'attaque et de défense des places fortes n'avait subi aucun changement depuis les Romains, et le peu de gens de guerre qui savaient lire étudiaient le métier dans les ouvrages que ce grand peuple a laissés.

Un habitant du douzième siècle, Jean de Marmoutier, raconte comment deux moines envoyés, au nom d'un certain couvent, auprès de Geoffroy Plantagenet, grand-père de Richard Cœur-de-Lion, trouvèrent le comte ou *consul* (comme dit le latin de la chronique) occupé à lire, car il était un homme lettré. Par égard pour les moines, le comte mit le livre de côté, afin de mieux leur prêter toute son attention. L'un d'eux prit le livre et y lut à son tour. C'était le traité de Végèce sur l'art militaire. (Végèce écrivait au quatrième siècle, sous l'empereur Valentinien le Jeune.) Le moine tomba sur un passage où Végèce indique les moyens de battre une tour en brèche. « Mon bien-aimé frère en Dieu, dit le comte au liseur qu'il voyait prendre intérêt à la chose, ce que vous lisez là, vous pourrez me voir demain le parfaire. »

Dans une campagne précédente (car les hostilités entre Jean et Philippe avaient commencé avant que le premier se fût rendu coupable du meurtre d'Arthur), le roi de France avait emporté le fort de Boutavant, qu'il rasa complétement, et avait ravagé le Vexin et tout le pays de Bray. Au printemps de l'année 1202, il conduisit son armée par le comté d'Évreux et vint camper dans la plaine de Toëni et Bernières, en face de l'île fortifiée. La garnison rompit aussitôt le pont qui communiquait à cette rive.

Le premier soin de Philippe fut de détruire l'estacade qui interceptait le cours du fleuve, afin de rouvrir le passage pour les bateaux qui, descendant de Paris, lui amèneraient ses munitions et ses vivres, et lui permettraient d'établir un pont qui lui servît à manœuvrer à son gré sur l'une et l'autre rive.

En conséquence, il fit dresser ses *perrières* et ses *mangonneaux** sur le rivage, vis à vis de l'île, et envoya force

---

* La perrière et le mangonneau étaient des machines propres à lancer, la première, d'énormes blocs; la seconde, des pierres d'un moindre poids.

décharges dans le but de concentrer sur ce point toute l'attention de l'ennemi. Pendant ce temps une troupe d'habiles nageurs ayant à leur tête un jeune homme de Mantes, nommé Gaubert, se dirigeait, le plus furtivement possible, vers l'estacade. A coups de hache ils coupent les pieux, les brisent, les arrachent, de manière à ouvrir une brèche assez large pour les plus forts bateaux.

« Aussitôt le roi, dit Guillaume le Breton, fit amener des divers ports de la Seine une grande quantité de ces bateaux plats qui servent habituellement au passage des hommes, des bêtes de somme et des chariots, et les unissant entre eux côte à côte, d'une rive à l'autre, il plaça dessus un superbe plancher de bois. Les bateaux qui portaient ce plancher étaient retenus à de forts pieux fixés çà et là, et furent armés de loin en loin de tourelles. »

Le gros de l'armée planta ses pavillons sur la rive droite, sous les murs du Petit-Andely, dans un camp qui fut couvert de retranchements. Les vivandiers et la troupe des *goujats* s'établirent au loin dans la plaine. Le reste de l'armée fut laissé sur la rive gauche avec les machines de guerre et se couvrit également de retranchements.

Le pont de bateaux s'appuyait à la pointe de l'île en aval. Sur la partie centrale de ce pont, le roi fit construire deux grandes tours de bois, garnies de liens de fer, qui menacèrent le fort de l'île et en dominaient le rempart.

Cependant Jean sans Terre, qui se trouvait non loin de là avec une armée, fit appeler son sénéchal : « Guillaume, lui dit-il, prends trois cents hommes d'armes, trois mille *sergents* à cheval, et quatre mille fantassins; que la troupe de Lupicare se joigne à toi (c'était le chef d'une bande de routiers à la solde du roi d'Angleterre; à la faveur de la nuit, précipitez-vous sur le camp de la presqu'île, vous aurez bon marché de ceux qui le gardent : Philippe et ses plus braves guerriers, des Barres, Robert de Dreux, Simon de Monfort, Cadoc et ses routiers, sont campés de l'autre côté de la Seine. »

En même temps que le sénéchal attaquerait par terre le camp de la rive gauche, une flotte de soixante-dix navires de course propres au double service de la mer et des rivières, commandée par Martin d'Arques et de Bradin, et à laquelle le pirate Alain, à la solde du monarque anglais, joignit ses vaisseaux, devait détruire le pont de bateaux et porter des munitions aux assiégés. Ces deux attaques combinées auraient eu pour résultat de couper en deux l'armée française et d'en écraser une partie. On était au mois d'août, à l'époque de la plus grande baisse des eaux; la flotte qui marchait de nuit fut retardée par les difficultés. Le sénéchal, arrivé en face du camp de la presqu'île, voyant le jour prêt à poindre, se décida à attaquer, sans perdre plus de temps à attendre le signal qui devait partir des vaisseaux. Au bruit des trompettes et aux cris de ses soldats, la populace des vivandiers et des goujats étendus endormis dans la plaine se réveilla en sursaut et s'enfuit vers le camp. Les troupes du camp sont saisies d'une panique; on se précipite en foule vers le pont, qui se rompt sous l'encombrement des fuyards. Les troupes de la rive droite se mettent à leur tour sous les armes. A la lueur des torches, Guillaume des Barres, le comte de Boulogne, Gaucher, Gui, Mathieu de Montmorenci, font réparer le pont, le franchissent, et parviennent à repousser le sénéchal.

La flotte anglo-normande arrive enfin, mais il est grand jour, et tout le monde sur les deux rives est prêt à la recevoir. Les deux plus forts navires formant la tête de la colonne s'accrochent au pont. Les assaillants

s'efforcent de couper à coups de hache les câbles et les amarres qui lient entre eux les bateaux. Les hommes d'armes français les repoussent à coups de leurs lances et de leurs grandes épées d'Allemagne, en même temps que du haut des tours du pont on fait pleuvoir les pierres, le bois, le fer, l'huile et la poix bouillante. Une longue poutre de chêne d'un poids immense est déposée en guise de mouton et frappe à coups redoublés les deux navires sur lesquels elle tombe à pic. On parvient de la sorte à les couler bas, et la flotte, perdant courage, s'éloigne à force de rames.

Cette double victoire remportée, on attaqua le fort de l'île ; une double palissade placée en avant de la muraille, et qui régnait sur toute sa circonférence, s'opposait à l'action du bélier. Un hardi plongeur se chargea d'incendier la palissade. « Ce hardi plongeur, dit M. Deville, se fit attacher à une longue corde passée autour de son corps. Portant d'une main deux pots à feu lutés avec du bitume, et nageant de l'autre, il gagna entre deux eaux la pointe orientale de l'île, se glissa jusqu'à la palissade, y attacha le feu, etc. » M. le marquis de la Rochefoucauld, dans son histoire de l'arrondissement des Andelys, raconte autrement le fait. « Gaubert, dit-il, passa sous l'eau jusqu'au bord de l'île, ayant attaché autour de son corps une corde dont l'extrémité était attachée à des pots d'artifice retenus au rivage. Dès qu'il fut soutenu par les palissades on lui lâcha la corde ; il la tira promptement et déposa les feux d'artifice au milieu des fascines. A peine fut-il retourné au rivage que l'artifice éclata. »

La lecture de ce passage dans ces deux écrivains ne satisfaisait complétement ni Fulbert ni moi ; nous avons recouru au texte du poëme latin de Guillaume le Breton, et Fulbert, qui au collége a toujours eu de meilleures places que moi en version latine, a traduit ainsi : « Ce Gaubert était si habile nageur qu'il pouvait aller sous l'eau l'espace de mille pas. Il emplit donc des marmites de charbons ardents, et les lute à l'extérieur de manière que l'eau n'y puisse pénétrer. Puis il s'attache autour du corps une corde qui pend des marmites ; il plonge dans un endroit écarté, échappe à tous les yeux, et gagne la double palissade, etc. »

Bien que tu ne saches pas le latin, je t'envoie copie du texte lui-même, afin que tu puisses consulter de plus habiles que nous, par exemple, mon ancien répétiteur.

> Hic Gaubertus erat ità doctus in arte natandi,
> Quod sub aquâ poterat millenis passibus ire;
> Hic igitur testas prunis ardentibus implet,
> Ex clausas mirâ sic arte bituminat extrà,
> Ne posset penetrare latex ullatenus illas.
> Tunc se fune ligat qui dependebat ab ollis,
> Atque immersus aquis clam, nulli visus, adivit
> Vallum, etc., etc.

Les marmites attachées par une longue corde au corps du plongeur l'auront suivi en flottant à la surface de l'eau. Il est probable qu'en les lutant, Gaubert aura ménagé quelque moyen de communication avec l'air extérieur, probablement à l'aide d'un chalumeau, de manière à ce que les charbons auront pu demeurer en incandescence.

Quoi qu'il en soit, de la palissade, la flamme, activée par un vent violent, pénétra dans le fort. Une partie de la garnison s'élança hors des portes et chercha son salut dans des barques; elle tomba aux mains des assiégeants. Le reste mit bas les armes, ce que voyant les habitants du Petit-Andely, la terreur les gagna, et, peu confiants dans la force de leurs murailles, ils coururent en toute hâte se réfugier dans le Château-Gaillard.

Jean sans Terre en avait confié le commandement à Roger de Lascy, connétable de Chester, l'un des plus braves chevaliers de l'Angleterre.

Philippe, maître de l'île, fit rétablir la partie du pont que les assiégés avaient rompue à l'approche de son armée, et doubla ainsi ses moyens de communication d'une rive de la Seine à l'autre. Le fort fut restauré. Le bourg fortifié du Petit-Andely fut mis sous la garde de la légion de Walter et de la nombreuse bande de Cadoc, qui recevait du roi, pour lui et les siens, mille livres de solde par jour. Les maisons abandonnées furent concédées à de nouveaux habitants.

On était à la fin du mois d'août; Philippe se contenta de faire observer le château de la Roche-Gaillard et alla s'emparer du château de Radepont, la place la plus forte du Vexin. « Chaque jour, dit Guillaume le Breton, les assiégés se battaient avec les nôtres; non que ceux-ci allassent les attaquer, car cela était impossible, attendu l'élévation et l'aspérité de la roche et la force des remparts, mais les assiégés, comme des hommes de cœur et des gens belliqueux, descendaient journellement dans la plaine et se mesuraient avec les nôtres. Il en tombait des deux côtés. »

Vers la fin de septembre, Philippe reparut et commença des travaux de blocus. « Il ne voulait pas prendre le château à force ni par assaut, disent les grandes chroniques de Saint-Denis, pour aucunes raisons, pour le péril de ses gens et pour la destruction des murs et de la tour. Mais il voulait les défenseurs contraindre par la famine à ce que ils le lui rendissent. » D'ailleurs on entrait dans la saison d'hiver, où les barons et leurs vassaux se retiraient, et il ne restait plus à l'armée que les troupes soldées. »

Pour empêcher tout apport de vivres et toute sortie dans le pays, Philippe fit creuser une double tranchée, à partir du lac (qui existait alors entre les deux Andelys) jusqu'au pied de la montagne, et de ce point jusqu'à la

Seine. Sur l'étendue de chacune de ces lignes, il éleva sept forts en bois également espacés, en tout quatorze forts ou *brestachiæ*, comme dit la chronique latine : c'était, comme tu vois, la même chose que le *blockaus* dans nos guerres actuelles d'Alger; ajoute seulement des fossés et un pont-levis. L'espace entre les deux lignes de tranchée ne tarda pas à se couvrir de baraques, où se logèrent les soldats.

Le gouverneur, jaloux de ménager ses vivres, fit sortir du château, pendant deux jours de suite, mille personnes; c'était l'ancienne population du Petit-Andely et autres lieux. (A l'approche d'une troupe ennemie, les paysans étaient dans l'usage de se transporter, avec leur famille et leurs objets les plus précieux, dans les châteaux-forts, où on leur vendait un abri jusqu'à ce que l'orage fût passé.) Le roi, qui passait l'hiver à Gaillon, en fut informé et défendit qu'à l'avenir on laissât traverser les lignes du blocus. Quelque temps après, le gouverneur ayant mis dehors environ quatre cents vieillards, femmes et enfants, le commandant du siége les repoussa vers le château. Ces malheureux, chassés des deux côtés, se cachèrent dans les fossés de la place ou au fond du ravin, où la plupart périrent bientôt de faim et de froid. Quelques-uns survécurent en se nourrissant de racines qu'ils arrachaient de la terre avec leurs mains, et en dévorant quelques chiens qu'on avait comme eux chassés du château.

Une femme accoucha sur la terre nue, au milieu d'eux; aussitôt, quelques-uns de ces malheureux lui prirent son enfant et le dévorèrent. Lorsqu'à la fin de février, Philippe revint au siége, ceux qui vivaient encore, après trois mois écoulés dans ces affreux tourments, couverts de lambeaux, hâves et décharnés, se traînèrent sur la pointe d'un rocher, où ils se relevèrent à genoux, étendirent les bras vers lui, en implorant sa pitié. Le roi, attendri, leur fit donner du pain, et leur permit de se retirer; mais plusieurs moururent en dévorant sur-le-champ une trop grande quantité d'aliments.

Fatigué, enfin, de la longueur du blocus, Philippe se décida à forcer la place. L'armée était renforcée par une nouvelle convocation des barons. Le roi s'établit de sa personne au sommet de la montagne, vers la langue de terre qui conduisait à la première fortification du château. A force de pieux, de madriers et de claies entrelacées, on construisit une galerie qui arrivait jusqu'au bord du fossé. Abrités sous cette galerie, les travailleurs apportèrent, une à une, les pièces toutes préparées d'un beffroi, grande tour de bois, à plusieurs étages, et marchant sur des roues; on n'eut plus qu'à réunir ces pièces et les ajuster sur place, et le beffroi se dressa tout à coup en face de la tour principale de la fortification. Cette dernière opération s'accomplit à l'aide de mantelets, assemblage de madriers recouverts de claies en osier, et qu'on poussait en avant au moyen de deux roues. Du haut du beffroi, les plus habiles albalétriers, Blondin, Périgues et autres, nettoyèrent les créneaux de la tour et les courtines avoisinantes, de manière que les assiégés osaient à peine s'y hasarder.

« Cependant, les pionniers et les soldats se succédaient incessamment dans la galerie, chargés de fascines, de pierres, de mottes de gazon, qu'ils venaient jeter dans le fossé, pour le combler. Le roi dirigeait tout par lui-même; on le vit plus d'une fois revenir au camp, son bouclier tout hérissé de flèches. A peine le fossé fut-il comblé à moitié de la hauteur, que les assiégeants appliquèrent des échelles à la contrescarpe (le revers du fossé qui fait face à la place), descendirent, couverts de leurs boucliers, et reportant rapidement les échelles contre le talus de la tour, gravirent jusqu'à la maçonnerie, s'aidant de leurs mains, de leurs épées et de leurs poignards, car les échelles ne se trouvèrent pas encore assez longues. Tandis que les flèches et les pierres, lancées du haut de la tour, retentissaient sur les boucliers qui faisaient la tortue, les mineurs, attachés au pied de la muraille, la creusaient à grands coups de pic et de marteau. Ils ne tardèrent pas à pratiquer un trou assez profond pour s'y mettre à l'abri des projectiles des assiégés. Dans cette position, il leur fut facile de l'agrandir, mais ils avaient soin de soutenir, par des étais, la partie supérieure de la muraille, qui, bientôt, parut comme suspendue sur leurs têtes. Aussitôt que la mine fut jugée en état de produire son effet, les travailleurs mirent le feu aux étançons et se retirèrent à la hâte, regagnant l'autre bord du fossé par le même chemin qu'ils avaient suivi. A peine y étaient-ils arrivés, qu'une partie de la tour s'écroula dans le fossé avec un bruit épouvantable. La brèche pratiquée fut à l'instant couverte d'assaillants ; au brave Cadoc, chef des routiers, appartint l'honneur de planter le premier sa bannière sur les créneaux[*]. »

Le gouverneur anglais ne se rendit pas. Pendant l'assaut, il fit mettre le feu sur tous les points de cette première enceinte et se retira dans la seconde, qui en était séparée, comme je te l'ai déjà dit, par un immense fossé coupé à pic.

Un second siége devenait indispensable, et se présen-

---

[*] M. Deville.

tait encore plus difficile, puisque cette seconde fortification, étant plus resserrée, la garnison pouvait mieux couvrir tous les créneaux.

Un jeune homme nommé *Bogis*, sobriquet qui correspond à notre mot moderne *camus* (qui a le nez court), s'étant avancé sur le bord du fossé qui descend à la Seine, vers le midi, remarqua une petite fenêtre basse, sans barreaux, à fleur du rempart. Cette fenêtre servait à éclairer un cellier qui se trouvait au-dessous de la chapelle, dans le bâtiment que Jean sans Terre avait fait construire (faute que Richard Cœur-de-Lion n'eût probablement pas commise). Bogis, et quatre de ses camarades, Eustache, Manarès, Orget et Gravier, comme lui bacheliers, c'est-à-dire aspirants chevaliers, suivis de quelques soldats, trouvèrent moyen, sans être aperçus de la place, de se glisser dans le fossé, à un certain endroit où il était moins profond et d'un accès plus facile qu'en face du bâtiment de la chapelle. Après avoir gravi jusqu'à la muraille, ils s'avancèrent, en rampant, à la suite l'un de l'autre, le long du talus, jusqu'au-dessous de la petite fenêtre. Le plus grand fit la courte-échelle à Bogis, qui atteignit la fenêtre, heureusement ouverte, s'y cramponna, et s'élançant avec agilité, y entra sans coup férir ; de là, il tendit à ses compagnons une corde dont il avait eu la précaution de se munir, et les introduisit tous dans le cellier. La porte était fermée ; ils la frappèrent à coups redoublés de leurs armes en poussant de grand cris. Les assiégés prennent l'alarme, ne sachant pas à quel petit nombre ils ont affaire ; ils apportent des fascines devant la porte du cellier et y mettent le feu, pour étouffer, par la fumée, ceux qui peuvent y avoir pénétré.

Cependant, la flamme gagne d'autres parties du bâtiment. Au milieu de cette confusion, et devant Bogis et ses compagnons, qui s'élancent du milieu des débris enflammés, la garnison se retire dans la citadelle. Du dehors, l'armée française voyait les flammes, et suivit longtemps les progrès de l'incendie avec joie et anxiété. Tout à coup, le pont-levis s'abat et offre un chemin facile : c'est Bogis et les siens qui, après s'être réfugiés quelque temps à l'entrée d'une galerie souterraine servant d'arsenal, viennent, dès que l'incendie a diminué d'intensité, d'accourir à la porte principale.

La citadelle n'avait qu'une porte ; et par une habile combinaison, Richard Cœur-de-Lion, au lieu de l'ouvrir en face de la seconde enceinte, l'avait ouverte sur le flanc nord-est, de manière à en rendre l'accès plus difficile, puisqu'on n'y arrivait qu'en faisant le tour de la crête du fossé. On y entrait par un pont, ou plutôt un terre-plein ménagé dans le roc, alors que le fossé avait été creusé. Philippe eut la présence d'esprit de s'établir sur-le-champ sur ce point, de faire rouler un mantelet jusqu'à la porte même, et d'y attacher ses sapeurs avant que les assiégés eussent organisé leur défense. Maître du pont, il y construisit une galerie couverte que les assiégés renversèrent plusieurs fois : il la releva toujours, et les sapeurs continuaient leur tâche. Le brave gouverneur établit une mine au-dessous de la galerie même, et tout à coup les sapeurs furent engloutis.

Le roi était désespéré ; mais la fortune était pour lui. La muraille, sapée au niveau du pont et fatiguée par l'effet de la mine, était tellement ébranlée, qu'un pan s'écroula de lui-même. La brèche était très-étroite ; le gouverneur la défendit avec acharnement. Accablé par le nombre, il essaya en vain de gagner le donjon, qu'il se proposait de disputer aussi bravement que le reste : il lui fallut se rendre. La garnison se trouvait réduite à cent soixante hommes, parmi lesquels quarante chevaliers. La bannière royale, aux fleurs de lys d'or, parut aux créneaux du donjon, et annonça que le Château-Gaillard était désormais château de France. On était au 6 mars 1204.

Le roi Philippe rendit hommage à la bravoure du comte de Lascy. Il lui donna Paris pour prison sur parole. Un historien prétend qu'il recouvra sa liberté sans rançon ; un autre prétend qu'il ne retourna en Angleterre qu'après s'être racheté lui et les siens, moyennant six mille marcs d'argent.

Deux cent quinze années après, les Anglais, victorieux à d'Azincourt, nous enlevaient cette importante forteresse. « En ce temps, 1419, raconte un contemporain, Jean Lefèvre, seigneur de saint-Remy, le roi d'Angleterre envoya assiéger le Châtel-Gaillard, qui était une des plus fortes places du pays de Normandie, et le tenaient les gens du Dauphin (depuis Charles VII), et y fut le siége seize mois; au bout duquel temps se rendit par faute que les cordes dont ils tiraient l'eau étaient faillies, et en était capitaine messire Loys de Mauny, qui avait avec lui six vingts gentilshommes, au plus. » Là furent tués en combattant trois chevaliers du nom de Roncherolles, dont le père avait trouvé la mort à Azincourt.

Douze ans après, le brave La Hire, par un hardi coup de main, plantait de nouveau la bannière royale sur le donjon de la Roche-Gaillard. Dans la vie de Charles VII, écrite par un de ses hérauts d'armes, on lit : « En cette saison (1431) Étienne de Vignolles, dit La

Hire, partit de Louviers avec une grande compagnie de gens d'armes, qui passèrent la rivière de Seine en des bateaux et vinrent prendre par escalade Château-Gaillard, qui est à sept lieues de distance de Rouen, assis sur un roc près de ladite rivière de Seine, là où ils trouvèrent le sire de Barbazan, prisonnier du roi d'Angleterre, lequel avait été pris dedans la ville de Melun, dont il était capitaine. Et fut amené ledit Barbazan devant le roi, lequel fut fort joyeux de sa délivrance. Et fit l'escalade un écuyer gascon, nommé Perrot de Bueu. » Ce Guillaume de Barbazan, l'un des principaux capitaines de Charles VII, eut l'honneur d'être enterré à Saint-Denis, et reçut, avant Bayard, le surnom glorieux de *Chevalier sans reproche.*

L'histoire ne dit pas comment cette place tomba encore une fois aux mains des Anglais, que Charles VII eut l'honneur d'en chasser pour jamais en 1440. Le même chroniqueur s'exprime ainsi : « Cedit mois de septembre durant, le sénéchal de Poitou, messire Philippe de Culant, maréchal de France, messire Jean de Brézé, messire Denis de Chailly, et plusieurs autres, le roi présent, furent mettre le siége devant le château de Gaillard, où il y eut à l'arrivée de grandes vaillances faites d'un côté et d'autre, et de belles armes. Le siége y fut longuement ; car c'est un des plus forts châteaux de Normandie, assis tout sur un haut et dur roc, joignant la rivière de Seine, en telle manière que nul engin ne le peut gréver. Le roi s'en retourna ce soir au gîte à Louviers ; et de jour en jour, tant que le siége dura, il allait et venait voir fortifier icelui siége, auquel on fit bastilles; et après la fortification s'en retournèrent lesdits seigneurs, fors seulement les sires de Brézé (Pierre) et de Chailly, qui là demeurèrent accompagnés de plusieurs francs-archers pour la garde d'icelles bastilles. Ils s'y gouvernèrent tous bien grandement et sagement, tant que, au bout de cinq semaines après, les Anglais rendirent ledit Château-Gaillard, lesquels étaient dedans, de certain nombre, six vingts combattants, qui s'en allèrent leurs corps et leurs biens saufs. »

Sous le règne de Henri IV, à la suite des guerres de religion, les états de Normandie demandèrent la démolition de cette forteresse, qui n'avait plus aucune utilité contre l'étranger et ne pouvait que servir de retraite à des factieux. Cette mesure fut mise à exécution en 1603; le donjon fut seul épargné et conservé comme point militaire important. Le 14 juin de cette même année, des lettres patentes du roi abandonnèrent les matériaux aux capucins du Grand-Andely pour servir à réparer leur couvent. Voici deux passages de ces lettres patentes.

« Nos chers et bien amés dévots orateurs, les religieux du troisième ordre de Saint-François d'Andely, nous ont fait remontrer que leur couvent, qui a été fondé par nos prédécesseurs, et pour lesquels ils sont obligés de dire toutes les semaines messes, est en telle nécessité, que le loger est en imminent danger de tomber, et ne peuvent habiter cet édifice, où il n'y a seulement quasi plus de couvert et les murailles sont en la plupart renversées; ce qui a été fait en partie pendant les premiers troubles, et le reste peu à peu, s'est mis en un tel état pour n'avoir, lesdits religieux, aucuns moyens, rentes, ni revenus pour les remettre. . . . .
. . . . Voulant bien et favorablement traiter lesdits suppliants pour être participants en leurs prières et oraisons, ainsi que nosdits prédécesseurs, nous leur avons

fait et faisons don, par lesdites présentes, signées de notre main, de tout ce qui pourra rester des démolitions de tout ledit Château-Gaillard, ainsi ruiné de notre commandement. . . . . soit pierres, poutres et aucun bois, tuiles, et aucunes choses généralement quelconques qui y peuvent être dedans ou dessus terre, excepté le donjon, lequel nous voulons demeurer en son entier, ainsi qu'il a été délaissé, et être toutes employées à la réfection dudit couvent, et non ailleurs. »

D'autres lettres patentes, du 8 mai 1610, admirent à la même faveur les pénitents du Petit-Andely; les pénitents de Rouen y furent appelés à leur tour, par des lettres de Louis XIII, le 16 novembre de la même année.

Le donjon subsistait encore en 1616, et un sieur du Tot y commandait à une garnison de vingt hommes. Louis XIII, craignant qu'il ne servît de nouveau de point d'appui dans les troubles civils, ordonna, le 22 février, au duc de Montbazon, de le détruire entièrement, et, le 15 mars suivant, il renouvela cet ordre en exprimant le désir que ce *bon œuvre*, dit-il, fût enfin accompli.

Je n'abandonnerai pas les ruines de cette belle œuvre de Richard Cœur-de-Lion sans te faire les honneurs d'une chambre souterraine, ou crypte, creusée dans le roc, à même le flanc de la montagne, dans la partie qui regarde la Seine au sud-ouest, et qu'on appelle la grotte de l'Ermite. M. Deville s'élève contre l'opinion accréditée qui veut voir là l'ancienne chapelle du château, et fait observer que l'on se fût gardé de construire la chapelle hors de l'enceinte fortifiée; d'ailleurs cette salle eût été trop petite, n'ayant que trente pieds sur seize. Il y a quelques années, elle était habitée par une pauvre vieille qui vivait en anachorète, et que l'on n'appelait dans le pays que la *mère Gaillard*. Les esprits crédules prétendaient qu'elle était là depuis la destruction du château, et qu'elle devait vivre aussi longtemps qu'il resterait debout un pan de muraille. Aujourd'hui, nous avons trouvé cette pauvre retraite occupée par une misérable femme et un Polonais, son mari.

12 mai.

Notre matinée a été employée à dessiner la jolie église gothique du Grand-Andely, qui nous a paru digne d'une étude toute particulière. Je ne te dirai pas la date précise de la construction de l'édifice actuel; mais les écrivains font remonter la fondation d'une église sur cette même place à l'époque de sainte Clotilde, c'est-à-dire à la première partie du sixième siècle. Les chroniques racontent que ce fut, dans l'origine, une abbaye de filles, fondée par cette sainte, abbaye qui fut en grand renom sous la première race de nos rois : on y envoyait de la Grande-Bretagne les demoiselles les plus distinguées pour y être élevées. Elle subsistait encore en 884, sur la fin du règne de Carloman, quoique les Normands l'eussent pillée plusieurs fois dans leurs premières incursions. La légende ajoute, en racontant la vie de cette sainte, que, lorsqu'elle fit construire l'église, les ouvriers, épuisés de chaleur et de fatigue, et n'ayant aucune boisson qui pût les soutenir, s'adressèrent à elle, et qu'elle obtint du ciel que l'eau de la fontaine voisine eût, pour ces ouvriers seuls, le goût et la force du vin. En mémoire de ce miracle, le clergé de la ville et le corps municipal se rendent, le 2 juin de chaque année, à la fontaine qui porte le nom de Sainte-Clotilde; on plonge dans l'eau ses reliques et une statuette qui la représente, en même temps que le curé verse dans la fontaine plusieurs pintes de vin. La cérémonie est à peine terminée, qu'une foule de pauvres gens infirmes, hommes et femmes, se précipitent dans l'eau le plus près possible de l'endroit où les reliques ont été plongées, afin d'obtenir la guérison de leurs maux.

On nous apprit qu'il y a peu d'années encore le Grand-Andely était riche en autres monuments précieux du Moyen-Age; mais ici, comme partout, le marteau des démolisseurs a fonctionné, offrant en sacrifice à l'intérêt privé des trésors qui n'intéressaient que les amis des arts et des vieux souvenirs.

Tout en préparant nos crayons, je demandai à Fulbert s'il ne se sentait pas, comme moi, animé d'une noble ardeur en songeant que devant la façade de cette église, un enfant de génie, qui devait devenir un jour le grand peintre Poussin, s'était sans doute arrêté plus d'une fois, et que son regard avait dû se reposer souvent avec complaisance sur les deux gracieux médaillons que nous, humbles artistes en herbe, nous essayions de reproduire sur le papier. Oui, ma chère sœur, cette ville, ou, pour être parfaitement exact, le hameau de Villers, qui en dépend, fut le berceau de cet homme illustre. Son père, fidèle à Henri IV, avait été ruiné dans les guerres civiles; il épousa Marie Delaisement, dont la famille est encore très-nombreuse dans le Vexin. « Nicolas Poussin, dit le marquis de La Rochefoucauld dans son histoire des Andelys que j'ai sous les yeux, aima la peinture dès l'enfance et fut encouragé par un peintre nommé Varin, le voisin et l'ami de son père. Bientôt il sentit le besoin de se perfectionner, et s'en vint à Paris chercher des modèles. Un gentilhomme du Poitou, protecteur des jeunes talents, le reçut chez lui et l'encouragea. Poussin vit des estampes d'après Raphaël, et les imita avec une exactitude remarquable. Son protecteur retournant dans ses terres voulut l'emmener avec lui; mais la mère de ce gentilhomme eut peu d'égards pour un homme inutile, et Poussin se sentit trop fier pour rester plus longtemps chez elle. Il n'était pas en fonds pour payer les dépenses du voyage; il travailla tout le long de la route. Il peignit à Blois deux tableaux pour l'église des Capucins, il peignit des bacchanales dans le château de Chiverny près de Chambord. Il arriva enfin à Paris, mais triste, affligé, se sentant capable d'atteindre à des succès et voyant l'occasion s'éloigner toujours devant lui. Sa santé s'en étant ressentie, il revint à Andely chercher un peu de calme au sein de sa famille.

« Une seule pensée l'agitait sans cesse : Rome, Rome, et toujours Rome! Il partit enfin; mais il fit de vains efforts pour y arriver, il ne put aller que jusqu'à Florence. Cependant, à son retour à Paris, un bonheur l'attendait. Il fit connaissance avec le chevalier Marin, l'auteur du poëme d'Adonis, qui l'engagea à reprendre de nouveau la route d'Italie, et cette fois le Poussin arriva dans Rome en 1624, à l'âge de trente ans. Marin le quitta pour aller jusqu'à Naples, où il mourut. Poussin, sans appui, vécut longtemps à Rome pauvre et inconnu. Il s'était associé à François Flamand, dit le *Quesnoy*, sculpteur habile et aussi pauvre que lui, et tous deux vivaient dans la retraite, vendant leurs ouvrages à vil prix. La gloire, sinon la fortune, fut enfin la récompense de son travail opiniâtre et consciencieux. »

Tu sais, ma sœur, si j'aime la gloire et quel respect

passionné je porte à la mémoire de Poussin, eh bien! ce que j'estime au moins autant, ce que j'ambitionne peut-être encore davantage, c'est sa réputation de probité et son noble désintéressement. Jamais il ne fixa d'avance le prix de ses tableaux. Lorsqu'il les avait achevés, il marquait derrière la toile le prix qu'il en voulait recevoir. Plus d'une fois il arriva qu'on lui fit remettre une somme plus forte; il renvoya toujours le surplus. Jusque dans sa vieillesse, il conserva des goûts simples et vécut en artiste qui dédaigne le luxe vaniteux. Un jour que, la lampe à la main, il reconduisait le cardinal Mancini, qui était venu le voir, « Je vous plains, dit le prélat, de n'avoir pas un valet. — Je vous plains davantage, répondit l'artiste, d'en avoir plusieurs. » Un mot de lui donne le secret de ce talent admirable, fruit d'une riche nature soigneusement cultivée. Quelqu'un lui demandant comment il était parvenu à faire d'aussi beaux tableaux, il répondit : « Je n'ai rien négligé. »

Parmi une foule d'hommes distingués dont Andely fut le berceau, il en est un sorti de la classe ouvrière par la seule force de son génie, c'est le mécanicien Blanchard.

Blanchard, né aux Andelys de parents très-pauvres, filait du coton avec eux. Il se maria à une femme aussi pauvre que lui et eut quatre enfants. De lui-même, il apprit le métier de tourneur et ouvrit une petite boutique; le peu de bénéfices qu'il pouvait faire s'en allait en expériences de tout genre. Il composa une ratière où les rats venaient se tuer eux-mêmes d'un coup de pistolet; il inventa une voiture qui roulait sans chevaux; il construisit une machine qui éleva l'eau jusqu'au sommet de la Roche-Gaillard. Enfin, ayant exécuté ce qu'il appelait son vaisseau volant, il accourut à Paris pour revendiquer l'honneur de cette découverte d'un moyen de s'élever dans les airs. C'était au moment où Mongolfier venait de publier l'invention de son aérostat.

La machine de Blanchard était en effet un ballon auquel il avait adapté deux espèces d'ailes, qui, se mouvant à peu près de la même manière que les avirons d'un bateau, lui semblaient devoir produire sur l'air le même effet que les rames opèrent sur l'eau. Mongolfier se servait, pour soulever son ballon, de la vapeur dilatée par le feu d'un réchaud placé dans la nacelle, Blanchard adopta le même procédé. Il fit sa première ascension, le 2 mars 1784, au Champ-de-Mars, en présence d'un nombre immense de spectateurs. Son audace fut célébrée par ces deux vers, dont on peut louer du moins la bonne intention :

> Si par son art il peut dompter le fier Éole,
> Il sera des Français l'Archimède et l'idole.

Le physicien Charles mit le gaz au service des ballons, et Blanchard exécuta la tentative hardie dans laquelle venait d'échouer Pilastre des Rosiers, son rival. Pilastre et son compagnon Romain furent précipités sur des rochers, aux environs de Boulogne ; Blanchard fut assez heureux pour franchir le détroit : « Je veux, avait-il écrit à un de ses amis aux Andelys, au moment où tous les deux, Pilastre et lui, préparaient leur voyage, passer sur la tête de Pilastre pour lui prouver qu'il y a des hommes aussi hardis que lui. »

Il fut reçu avec enthousiasme en Angleterre. Les savants se pressèrent autour de lui, les plus grands seigneurs le fêtèrent et le comblèrent de présents. A son départ ce fut le docteur Jeffryes qui obtint, parmi un grand nombre de concurrents, la préférence pour passer avec lui le détroit. Ils partirent de Douvres, et par un vent favorable descendirent heureusement à Calais.

Blanchard, après s'être enrichi en Angleterre, passa en Danemark, où il fut honorablement accueilli et où il reçut de nouveaux dons. A son retour en France, il vint à Andely au mois de mai 1785. On sonna toutes les cloches, on alla au-devant de lui, on le conduisit comme en triomphe chez les autorités et dans les établissements publics. Il donnait de l'or à tous ceux qui lui rendaient le plus léger service ou qui lui adressaient un mot flatteur. Il couvrit de bijoux sa femme et sa sœur. Pour remercier les habitants d'Andely de leur accueil, il fit partir un ballon au milieu de la ville: ce fut pour eux une véritable fête; c'était le premier qu'ils voyaient.

Blanchard employa le reste de sa vie à chercher le moyen de diriger les ballons. S'il n'y réussit pas, il obtint du moins de ses efforts cet heureux résultat de trouver le parachute. Le nombre des ascensions par lui faites s'éleva à soixante-dix, sans qu'il lui fût arrivé un seul accident. Sa femme avait partagé souvent ses périls et ses succès; après la mort de son mari, elle avait encore fait soixante-six ascensions, dont plusieurs voyages de long cours, lorsqu'elle s'enleva de nouveau, le 6 juillet 1819. Elle monta ce jour-là dans un ballon lumineux entouré de pièces d'artifices qu'elle devait allumer à une certaine hauteur. Le feu prit à la nacelle, le ballon s'enflamma, et la malheureuse aéronaute tomba à demi brûlée et sans vie sur une maison de la rue de Provence. Elle avait quarante-cinq ans et n'a pas laissé d'enfants.

Veux-tu un joli trait d'antiquaire? Après avoir dessiné notre église, pris ces quelques dernières notes sous la dictée de notre hôte, qui a la passion des vieux parchemins et des médailles, nous lui avions adressé nos remerciements; nous avions fermé nos albums, enfoncé sur nos têtes nos chapeaux de paille, et, le bâton en main, le sac sur le dos, nous enfilions joyeusement un joli sentier dans la direction d'Ecouis; tout à coup une voix bien connue retentit derrière nous. C'est notre hôte qui s'efforce de nous rejoindre, et qui, tout couvert de sueur et respirant à peine, nous adresse ces paroles : « Je me rappelle vous avoir mis en main, ces deux jours-ci, un certain livre où il est dit que le nom d'Andely vient du mot *andeliacum;* c'est une grave erreur. Il vient du mot *andilegum*, c'est-à-dire *and*, qui, dans d'autres pays tels que les Andes, l'Anjou, a signifié montagne, et de *leg*, qui chez les Celtes signifiait *pierre;* et en effet, Andely est situé au pied de diverses montagnes escarpées et pierreuses.

Peu remarquable par lui-même, le bourg d'Écouis l'est beaucoup par son église collégiale, qui eut pour fondateur, en 1310, le célèbre Enguerrand de Marigny, dont je t'envoie l'histoire, telle que la raconte M. de La Rochefoucauld, dans un récit plein d'animation et de couleur. C'est une bonne étude des mœurs du temps.

« Enguerrand de Marigny naquit à Lions. Hugues Leportier, son arrière-grand-père, qui était seigneur de Rosay et de Lions, épousa l'héritière de la maison de Marigny et en prit le nom et les armes. Philippe, père d'Enguerrand, était seigneur d'Écouis; mais son fils, ayant réuni toutes les terres de sa famille, fut seigneur dans le Vexin d'Écouis, de Touffreville, de Lions, de Rosay et de Maineville. Dès qu'il parut à la cour, il brilla par les agréments de sa figure, les grâces de son esprit et la diversité de ses talents. Le roi Philippe le Bel le prit tellement en amitié, qu'il l'éleva rapidement à la plus haute fortune. De son chambellan, il le fit comte de Longueville, châtelain du Louvre, surintendant des finances, grand-maître d'hôtel de France, et son principal ministre, tellement puissant, qu'on le nommait naïvement son coadjuteur au gouvernement du royaume.

« Cependant Philippe mourut, et à peine Louis son fils fut-il monté sur le trône, qu'il blâma hautement le gouvernement de son père. Un jour, Louis dit, en son conseil : « Où sont les décimes qu'on a levés sur le clergé ? que sont devenus tant de subsides dont on a chargé le peuple ? où sont les richesses qu'eussent dû produire tant d'altérations de monnaies ? » Le discours du roi et la réponse étaient préparés. « Sire, répondit le comte Charles de Valois, c'est Marigny qui a eu l'administration de tous ces biens : c'est à lui d'en rendre compte. » Enguerrand protesta qu'il était prêt à le présenter au roi, dès qu'il le lui ordonnerait. « Rendez-le donc sur-le-champ, reprit le comte. — Volontiers, dit Marigny. J'ai employé quelques fonds à payer les charges de l'État et la guerre contre les Flamands, mais la plus grande partie, Monsieur, vous a été donnée. — Vous en avez menti, s'écrie le comte. — C'est vous-même, Monsieur, réplique Enguerrand. » Charles mit l'épée à la main, et le ministre disposé sait à se défendre, lorsqu'on les sépara ; mais le comte avait juré sa perte, et il l'obtint aisément du roi.

« Quelques jours après, le 10 mars 1315, Enguerrand, qui bravait les menaces parce qu'il se fiait sur son innocence, vint au nouveau palais, qu'on appelait l'hôtel des Fossés-Saint-Germain, et qui devint ensuite le Petit-Bourbon. On l'arrêta au moment où il entrait chez le roi ; il remit son épée, et on le mit à la tour du Louvre, où il fut enfermé, quoiqu'il en fût lui-même le châtelain. C'était le premier pas. Quelques jours après, on le transféra au Temple et on le mit dans un cachot.

« On l'amena ensuite à Vincennes, et on le fit paraître devant une assemblée composée d'un grand nombre de seigneurs et de prélats. Jean d'Asnières, avocat du roi, fit un discours éloquent. Il parla du sacrifice d'Abraham, et compara Enguerrand et sa parenté aux serpents qui ravagèrent le Poitou du temps de monseigneur Saint-Hilaire. »

A toutes les charges, le ministre opposait cette réponse : « J'ai agi selon les ordres du roi, » et s'offrait à le prouver. La réponse aurait dû être victorieuse à cette époque où le gouvernement de l'État ne reposait pas encore sur le dogme de la responsabilité ministérielle ; mais Enguerrand était condamné d'avance. On lui avait enlevé ses papiers et fait disparaître les pièces les plus utiles pour lui. Il ne put donc obtenir justice, et sa famille ne put obtenir sa grâce. Sa femme, Alips de Mons, et sa sœur, la dame de Canteleu, furent accusées d'avoir consulté un magicien nommé Delor, et d'avoir, sous sa direction, brûlé, ou piqué à coups d'aiguilles, des images de cire représentant le roi, le comte de Valois et quelques seigneurs. La croyance de l'époque voyait là-dedans un sortilége pour porter atteinte à la vie des personnes représentées. On les arrêta toutes les deux et on les enferma au Louvre ; on mit au Châtelet Delor, sa femme et son valet. Le magicien fut étranglé aussitôt dans la prison ; la femme fut brûlée et le valet pendu.

Quelques barons et chevaliers s'assemblèrent à Vincennes, sous la présidence du comte de Valois, et Enguerrand, quoique gentilhomme et chevalier, fut condamné à être pendu, le supplice des roturiers. Au moment du supplice, Enguerrand, s'adressant au peuple, prostesta de son innocence, et annonça que le ciel ne manquerait pas de le venger.

A la mort de Louis X, la mémoire d'Enguerrand de Marigny fut réhabilitée; son corps, retiré du gibet où il était demeuré exposé, selon l'usage, fut transféré avec pompe dans l'église d'Écouis, par lui fondée, et où il avait choisi sa sépulture. Charles de Valois, tourmenté de douleurs et de rhumatismes, et paralysé de la moitié de son corps, regarda ses infirmités comme un châtiment divin du meurtre d'Enguerrand. Il fit distribuer dans Paris de nombreuses aumônes, et chaque pauvre, en les recevant, était tenu de prier Dieu pour monseigneur Enguerrand de Marigny et monseigneur Charles de Valois.

Toutefois, ce ne fut que sous Louis XI qu'il fut permis d'élever un tombeau à l'illustre victime, encore fut-il défendu de rappeler par un seul mot, dans l'épitaphe, les circonstances de sa mort. L'artiste chargé de l'œuvre confia à la scuplture le soin de retracer ce qu'il était interdit d'exprimer par l'écriture.

Il plaça sur le tombeau cinq figures : Dieu au milieu de deux anges, et à côté de chaque ange, les deux ennemis implacables, Enguerrand et Charles de Valois. Les deux anges servaient d'avocats et plaidaient cette cause devant Dieu. Enguerrand, en chemise et à genoux, demandait justice; Valois était aussi à genoux, les mains jointes, les yeux baissés, sa couronne de comte sur la tête, et portant le manteau fleurdelisé. L'ange de Valois tenait une toise en main, pour mesurer la conduite de son client; l'ange, avocat d'Enguerrand, sonnait de la trompette, pour proclamer l'innocence du sien, tandis que près de lui, une corde roulée rappelait l'injuste supplice. On lisait cette inscription :

>Ci-dessous gît, de ce pays l'honneur,
>De Marigny, et de ce lieu seigneur,
>Dit Enguerrand très-sage chevalier,
>Du roi Philippe Bel grand conseiller,
>Et grand-maître de France, très-utile
>Pour le pays, comte de Longueville.
>Cette église présente fit jadis
>Edifier, l'an mil trois cent et dix,
>Pour honorer ès cieux la reine dame.
>Cinq ans après rendit à Dieu son âme,
>Ce dernier jour d'avril, puis fut mis ci;
>Priez à Dieu qu'il lui fasse merci.

Les figures et l'inscription ont disparu en 1793. Un autre tombeau, précieux aussi, a échappé à la dévastation; c'est celui d'un archevêque de Rouen, Jean de Marigny, frère du grand-conseiller. Il se recommande par la statue en marbre de l'archevêque; les draperies sont d'un bon style et la figure est noble et vénérable.

M. le curé actuel d'Ecouis, qui est en même temps chanoine de la cathédrale d'Evreux, a mis avec une extrême obligeance son érudition à notre service et nous a donné la traduction de l'épitaphe qui ornait autrefois ce tombeau. Elle est conservée sur un vieux registre qui est en sa possession.

« Ci-gît la dépouille mortelle de noble Jean Enguerrand de Marigny, prélat qui pendant nombre d'années a

Mitre de Jean de Marigny, Archevêque de Rouen.
Broderie du treizième siècle.

gouverné le diocèse de Beauvais et ensuite celui de Rouen. Constant dans sa conduite, guidé par les règles de la justice, rempli de la dignité de son siége, courageux dans l'adversité à une époque malheureuse où régnait le crime, couvert des armes spirituelles et plein d'énergie, il osa se mettre à la tête du parti contraire aux Anglais, dans la guerre qu'ils faisaient alors à la France. Il sut toute sa vie éclaircir les troubles et briser les chaînes des prisonniers en sacrifiant sa fortune aux pauvres, en s'associant à son frère, fondateur de cette église, au-dessous duquel il a été inhumé le lendemain de la nativité de la Sainte-Vierge, dans la cinquante-sixième année de son âge. — Priez pour qu'il plaise à Dieu de recevoir le véritable père dans le séjour des bienheureux, où la mort n'a nul empire. »

M. le curé nous fit aussi admirer une mitre et les débris d'une crosse épiscopale du dessin le plus pur et le plus élégant, qu'on dit avoir appartenus au prélat. Ces objets avaient disparu à la suite d'un pillage, en 1793. Abandonnés ou jetés avec mépris par les pillards, ils furent ramassés par l'ancien sacristain, au fils duquel M. le curé actuel les a rachetés.

J'ai oublié de te dire que dans notre course d'Andely à Écouis à travers champs, nous avons été surpris par un orage qui a mis quelque désordre dans notre toilette. Nous avions enfoncé jusqu'au-dessus de la cheville dans les terres fortes, que la pluie avait détrempées. Nous ne ressemblions pas mal à deux de ces types grotesques dont le spirituel crayon de Callot a perpétué le souvenir. Dans notre empressement à visiter l'église, nous y avions couru sur-le-champ sans songer à notre costume; ne voilà-t-il pas qu'à la fin de notre dîner, nous

nous sentons pris d'un scrupule et que nous nous consultons gravement pour savoir si nous irons, ainsi faits, présenter nos civilités à la ferme de la Heumières, qui est à une lieue d'Écouis? Tu sais que nous avions emporté de Paris une lettre de recommandation pour le fermier D...... Fulbert était pour la négative; j'insistai tellement en appuyant sur le privilége qu'ont les artistes d'être dispensés de payer de mine autant qu'un dandy du boulevard de Gand, que j'amenai mon timide compagnon à mon avis. Laissant nos bagages sous la garde de notre hôtesse qui nous avait régalés d'un morceau de bœuf bouilli (les auberges d'Écouis sont modestes, et la chère n'y est abondante et exquise qu'à certains jours), nous nous mîmes en route à cinq heures du soir, gais et dispos, comme deux oiseaux qui ont secoué leurs ailes après que la pluie a cessé.

En ta qualité de Parisienne, tu te fais peut-être une étrange idée de ce que doit être un cultivateur normand. Figure-toi un homme dont le simple costume faisait encore ressortir les excellentes manières. La conversation tomba d'abord tout naturellement sur l'agriculture. Tu m'as plaisanté souvent sur mon goût pour la lecture d'ouvrages agricoles; mon principe est qu'il faut lire un peu, et même s'il est possible, beaucoup de tout; faire des extraits est aussi une excellente chose si l'on a le temps. Rappelant donc les souvenirs de mes lectures, je me trouvai à même de suivre avec quelque honneur le fermier dans une dissertation sur la valeur des terrains et des engrais. Il avait sur moi l'avantage d'un homme qui joint la pratique à la théorie; j'imaginai de recourir à l'historique de la science. Je partis de la charrue de Virgile, que je retrouvai dans *l'araire* du midi de la France, et je la comparai à la charrue Dombasle et à la charrue Granger. Je m'en tirai de manière à éveiller l'étonnement de Fulbert, qui était loin de me supposer la moindre connaissance en ces matières, et à obtenir du fermier lui-même un sourire d'approbation. J'en fus enorgueilli, je te l'avouerai; car M. D..... n'est pas un homme à se laisser éblouir par quelques mots ronflants et sonores. Il est profondément instruit dans tout ce qui concerne l'industrie agricole, ce qui ne l'empêche pas de traiter avec une facilité presque égale les sujets d'art et de littérature. Il a vécu dans l'intimité des Barbé-Marbois, des de Bignon et de plusieurs autres grands personnages dont il possède des correspondances du plus haut intérêt.

Ce fut avec une verve chaleureuse qu'il parla musique. Il nous dépeignit les sensations qu'il éprouvait en entendant un bon orchestre ou une belle voix, non pas avec la passion factice et les transports joués de ce qu'on appelle au Théâtre-Italien un *dilettante*, mais avec un tel accent de conviction naïve, que le feu de sa parole se communiquant à l'âme de Fulbert, celui-ci entonna instinctivement de sa voix suave et expressive l'air magnifique de l'opéra de Guillaume-Tell : *Asile héréditaire*. Tu sais avec quel goût et quelle expression notre ami peut chanter; M. D..... l'écoutait dans un recueillement profond, et quand la voix eut cessé je vis des larmes dans ses yeux. Il serra la main du chanteur avec une cordialité qui se rencontre rarement aujourd'hui. Le triomphe de Fulbert fut complet et nous valut l'hospitalité qu'on accordait dans le moyen-âge aux ménestrels. M. D..... nous pria avec tant d'instances d'accepter un appartement à la Heumières qu'il nous fut impossible de résister. « D'ailleurs, ajouta-t-il en s'adressant à moi, je tiens à ce que vous constatiez de vos propres yeux les progrès que notre département a faits depuis quelques années dans l'agriculture; j'espère vous convaincre par des résultats positifs de la vérité de mon axiome : qu'il n'y a plus aujourd'hui, pour l'agriculteur patient et qui veut réfléchir, de mauvaises terres possibles. »

13 mai.

Ce matin, avant quatre heures, nous étions debout et nous parcourions sous la conduite de M. D..... le territoire de la ferme. « Vous pourrez voir, nous a-t-il dit, que dans notre belle Normandie les cantons de l'Est sont surtout riches en prairies et en gras pâturages. Ceux du centre fournissent la majeure partie de la récolte en froment, seigle, orge et avoine. Les cantons des bords de la mer, quoique inférieurs aux autres, dédommagent cependant le cultivateur de ses travaux par d'assez bonnes récoltes en lins, rabettes et colza. La culture des arbres à fruit n'est négligée nulle part, et nos innocentes vendanges de cidre ont du moins sur celles du vin cet avantage, qu'elles sont beaucoup moins irrégulières. »

Tu ne saurais imaginer, ma chère sœur, quel riant aspect présente la Normandie, et cela, m'assure-t-on, à peu près sur tous les points que nous aurons à parcourir jusqu'au Havre. Autour de l'église d'un village se groupent quelques habitations, mais toujours en petit nombre : c'est la maison du curé, deux ou trois boutiques de petits détaillants, la forge du maréchal-ferrant, une petite auberge, quelquefois la maison d'un percepteur. Les cultivateurs se gardent bien de poser leurs domiciles côte à côte et s'appuyant l'un à l'autre. Chacune de leurs maisons est isolée, et occupe le centre d'une vaste cour plantée de pommiers, le tout entouré d'une sorte de rempart de terre sur lequel s'élèvent des ormes ou des hêtres à une grande hauteur. Les cours ont deux issues, une sur la campagne, et l'autre sur la rue, ou, pour mieux dire, le grand chemin, qui se trouve ainsi bordé de deux murailles de verdure. Un village, vu de loin, présente l'aspect d'un bois; la flèche du clocher permet seule de deviner sur ce point une réunion d'habitants. Dans la campagne, toutes les fermes sont tenues sur le meilleur pied; d'épais rideaux de beaux arbres mettent à l'abri des vents les bâtiments et les terres, et fournissent abondamment au chauffage du fermier. Je puis t'assurer que, dans ce canton, par exemple, où les villages sont voisins les uns des autres, il m'arrive souvent de me croire sur la lisière d'une forêt.

Sur l'indication de M. D..... nous avons terminé la journée par une excursion jusqu'à Verclives, délicieux pe-

tit village aux baraques pittoresques et couvertes d'un chaume moussu. Il y en eut une surtout qui captiva notre admiration par ses murailles de bauge, ses formes accidentées, ses lézardes capricieuses. Tu devines que nos crayons furent aussitôt tirés; le crayon nous sert mieux que la plume, à nous autres artistes, quand nous voulons donner une idée de ce qui nous a plu : peindre est plutôt fait que d'écrire. Je te recommanderai ce dessin; il a été fait avec amour.

14 mai.

Nous avons quitté de bonne heure la ferme de la Heumières, pour revenir à notre cher Verclives; notre journée s'est passée tout entière dans le cimetière, dont les tombes, rares et dispersées, semblent affectionner le voisinage de l'église et s'en tenir le plus près possible, afin de se mettre sous la sauvegarde de la religion, et d'échapper au danger d'être profanées. Cette église, sous le rapport de l'art, n'a rien qui la rende remarquable; mais la situation m'en a plu, et j'en ai voulu faire un croquis. Fulbert, pendant ce temps, se livrait à la rêverie; assis à côté d'une tombe, et les yeux dirigés vers le ciel, il semblait l'interroger sur les mystères de la vie et de la mort : « C'est un tableau touchant que celui d'un cimetière de village, me dit-il enfin; je n'en connais point qui porte plus à la méditation. Je ne puis m'empêcher de me demander si, parmi ceux qui dorment là, quelque nouveau Poussin, quelque Le Sueur, inconnu à lui-même, n'a point usé, à manier la bêche ou à pousser la charrue, des facultés dont rien n'est venu lui révéler l'emploi, tandis que tant d'artistes médiocres se consument à chercher le talent qui n'est pas en eux. » À ces mots, je regardai Fulbert avec saisissement, et je remis en silence mon dessin dans le portefeuille. Il sourit de mon air consterné, et voulut m'engager à continuer : « Non, non, lui dis-je, pas avant d'avoir été prier pour ceux qui pouvaient faire et n'ont pas fait, et pour ceux qui voudraient et ne peuvent pas. » Et je m'avançai vers l'église, où il me suivit. A la fin de ma prière, Fulbert se pencha vers moi : « Maintenant, me dit-il à voix basse, ne veux-tu pas remercier Dieu pour ceux qui, avec la vocation, ont obtenu aussi les moyens de la suivre? » Je le compris et je lui serrai la main avec reconnaissance ; car il venait de faire rentrer dans mon cœur un espoir dont, comme il le voulait, je rendis grâces à Dieu.

Avant-hier, malgré les instances de notre aimable et excellent hôte, qui voulait à toute force nous retenir, nous avons pris congé de lui et nous nous sommes mis en route par le val Fleury. Après trois heures de marche, nous avons vu tout à coup, à un brusque tournant du chemin, se dérouler sous nos pieds ce site admirable, l'une des plus riantes créations de la nature. Encaissée entre de hautes collines boisées qui la protégent contre la bise et les vents du nord, cette vallée nous apparaissait tout entière, comme ces plans en relief dont l'habile réduction permet à l'œil d'embrasser d'un seul coup tous les trésors du paysage qu'ils reproduisent dans les plus minutieux détails. La petite rivière d'Andèle, toute bordée de saules, de peupliers et de pommiers, serpente au milieu d'une verte prairie parsemée d'usines et de fabriques. J'admirais sans pouvoir trouver une parole pour communiquer ma sensation à Fulbert, lorsqu'en me retournant vers lui, je lus sur son visage une expression de douce mélancolie. Un souvenir de son enfance occupait sa pensée. Tout près de nous, derrière un bois qu'il avait reconnu et qu'il m'indiquait du doigt, se trouvait un petit village où devaient habiter des êtres qu'il avait autrefois chéris, ou plutôt qu'il n'avait pas cessé de chérir. C'était là, dans ce village de Laneuville-Chant-d'Oisel, que sa nourrice devait vivre encore. Il y avait laissé aussi un frère de lait, à qui il avait promis de revenir un jour. Mille événements s'étaient jusqu'alors opposés à ce qu'il tînt sa promesse, et il y avait de cela dix-huit années. Combien de choses heureuses et malheureuses s'étaient-elles passées dans cette famille qui, pour un temps, avait été la sienne! J'avais compris son désir, et je fus le premier à me jeter dans le chemin qui nous conduisit à Laneuville-Chant-d'Oisel. N'admires-tu pas avec moi combien ce nom a de grâce!

La nourrice et son fils vivaient encore, et, de plus, la famille avait reçu un accroissement par le mariage de ce dernier. Ton cœur comprendra sans peine quelle joie le cœur de Fulbert, et par suite le mien, ont ressentie dans cette entrevue qui, malheureusement, ne put être longue. Nous étions attendus ce soir même à Pont-de-l'Arche, l'heure s'avançait, et nos moments étaient comptés.

Bêty, c'était le nom du frère de lait, s'offrit à nous servir de guide. Il nous conduisit par un chemin de traverse qui nous permit de rattraper quelque chose du temps dépensé dans la visite. Néanmoins le jour tombait; lorsque après nous être séparés de ce brave garçon (non sans que les deux frères de lait eussent promis de se revoir, et cette fois, à de moins longs intervalles) nous atteignîmes une hauteur qui fait face à celle sur la pente de laquelle est assise la ville de Pont-de-l'Arche, et d'où nous dominions le cours de la Seine. Fulbert me fit entrevoir, sur la gauche, un sentier blanchâtre qui sillonnait le flanc d'une côte très-rapide : c'était la côte *des Deux-Amants*. Sur cette côte est une maison d'a-

gréable apparence qui, avant la Révolution de 93, fut un prieuré assez célèbre.

On croit généralement que ce prieuré fut fondé à la fin du douzième siècle, en l'honneur de deux amants auxquels un père bizarre avait refusé la permission de s'unir, à moins que le futur époux de sa fille ne la portât sur ses épaules jusqu'au sommet de la montagne. Le jeune homme étant mort de fatigue en arrivant au sommet, son amie n'avait pu lui survivre, et mourut de douleur près de lui. La tradition a même conservé leurs noms, l'un étant seigneur de Bonnemarre, et l'autre demoiselle de Cantelou, deux châteaux situés à peu de distance. On a longtemps montré leurs tombeaux dans l'abbaye de Fontaine-Guérard. On a composé sur cet événement une foule de romans et de romances plus tendres et plus lamentables les uns que les autres.

D'autres ont cru que l'orthographe a été changée, et que ce prieuré était nommé, dans l'origine, *les Deux-Monts*. Ils se sont efforcés de chercher deux montagnes isolées là où il y en a, au contraire, une chaîne suivie, d'occident en orient, qui retourne du midi au nord, et qui s'abaisse et s'élève tour à tour, comme toutes les chaînes de montagnes.

M. de La Rochefoucauld-Liancourt, dans son histoire de l'arrondissement des Andelys, prétend que l'orthographe a été encore moins altérée, et qu'on a dit autrefois *les Deux Amonts*, « ce prieuré, dit-il, se trouvant situé à l'angle formé par la jonction de deux chaînes de montagnes, qui suivent toutes deux une ligne en *amont* de chacune des deux rivières qui coulent à leur pied. »

Quoi qu'il en soit du plus ou du moins de probabilité de ces conjectures, en ma qualité d'artiste, je leur préfère la tradition des deux amants, qui a valu à cette montagne sa célébrité. On dit qu'avant la Révolution, les visites que cette célébrité lui attirait étaient plus fréquentes, et surtout plus brillantes qu'aujourd'hui. En ce temps, la belle terre du Vaudreuil appartenait au président Portal, vieillard aimable et spirituel, qui, pendant toute la belle saison, se plaisait à y recevoir bonne et nombreuse compagnie. Les hôtes passagers de cette joyeuse demeure ne se dispensaient guère du pèlerinage obligé à la montagne des Deux-Amants; c'était un thème commode pour les dissertations sentimentales, les déclamations philosophiques, et l'enthousiasme des beautés de la nature, qui défrayaient les conversations de cette époque.

Par un beau jour du mois de juin, quatre personnes qui faisaient partie de la société du Vaudreuil se trouvèrent, à cinq heures du matin, réunies au pied de la montagne. Cette excursion avait été mystérieusement complotée la veille, et aucun des conjurés n'avait manqué au rendez-vous. On conçoit tout ce qu'une course pédestre à cette heure, une côte escarpée à gravir, une histoire romanesque à écouter, un déjeuner champêtre en perspective, pouvaient offrir d'attraits à ces belles dames, habituées à ne voyager qu'en voiture et à ne vivre qu'aux bougies. Enveloppées de leurs mantes, afin de se garantir de la fraîcheur matinale, elles commencèrent à grimper gaiement, appuyées sur le bras de leurs cavaliers. L'une des jeunes voyageuses était la comtesse de Mérode, mariée à un grand seigneur belge, après la mort duquel elle épousa plus tard le comte de Lannoy qu'elle aimait. L'autre était madame de Genlis, dont ses ouvrages ont fait une femme célèbre, mais qui n'était alors qu'une femme brillante et recherchée. Les hommes qui les accompagnaient étaient le comte de Caraman, frère du marquis, élégant et spirituel gentilhomme, et M. Damezagues, le plus gai, le plus étourdi, le plus fou des hôtes du Vaudreuil ; il paraît même que sa folie était contagieuse, car il l'avait communiquée à la belle et fière madame Amelot, veuve du ministre des Affaires Étrangères ; si bien que, malgré les préventions qu'elle avait contre lui et les quinze années qu'elle comptait de plus, elle l'avait épousé au bout de huit jours, dans la chapelle du château. C'était, du reste, le meilleur des maris, ne songeant qu'à rire et à s'amuser, demandant chaque soir : « Que ferons-nous, demain? » et chaque matin : « Que ferons-nous, ce soir? car il ne pouvait vivre sans une partie de plaisir arrêtée. On conçoit qu'entre de pareils interlocuteurs la conversation ne devait pas languir. Cependant, malgré les galants compliments du comte de Caraman, les spirituelles reparties de madame de Genlis, les saillies bouffonnes de M. Damezagues, on était à peine à la moitié du trajet, que madame de Mérode, excédée de lassitude, se laissa tomber languissamment sur une roche, et déclara qu'elle était hors d'état de faire un pas de plus. Ses compagnons de voyage se récrièrent sur la honte d'abandonner ainsi leur entreprise; madame de Genlis prétendit que, pour sa part, elle était décidée à continuer son chemin toute seule, si madame de Mérode persistait à s'en retourner, et M. Damezagues protesta que, plutôt que d'y consentir, il renouvellerait le dévouement du héros de la légende, en portant la belle paresseuse jusqu'au sommet de la montagne. « A Dieu ne plaise, s'écria madame de Mérode en riant, que j'expose ainsi votre vie! elle est trop nécessaire à la gaieté de vos amis; et plutôt que de vous rendre victime, je consens à me traîner jusque là, comme je pourrai, à condition que vous ferez une chanson sur mon héroïsme. » M. Damezagues en prit l'engagement, et l'on se remit en route. Au sommet de la montagne s'élevait un ermitage, ou plutôt un petit couvent d'où l'on découvrait une vue admirable. Les bons religieux accueillirent avec empressement les voyageurs fatigués, et leur offrirent du pain et du lait de chèvre, qui fut trouvé délicieux. Pendant ce repas frugal, ils se firent répéter, par le religieux qui les servait, la tragique histoire des deux amants; chacun y ajouta ses réflexions. « Je déclare, s'écria madame de Mérode, que l'histoire est un conte, car il n'est pas possible que le héros ait porté sa fiancée au sommet de cette montagne; il serait mort à moitié chemin. — Si ce n'est pas un conte, reprit madame de Genlis en soupirant, c'est peut-être une allégorie. N'est-ce pas l'histoire de l'amour, qui ne voit rien d'impossible? il promet tout, entreprend tout, et après avoir tout obtenu, il expire! » Comme elle achevait de parler, elle remarqua que le religieux, qui l'avait écoutée gravement, secouait la tête d'un air pensif, et, s'adressant à lui : « Pardon, mon père, continua-t-elle ; pourriez-vous m'apprendre en quoi mes paroles vous ont déplu? — Déplu! reprit le religieux avec une douce gravité, c'est ce que je ne puis dire; j'avouerai seulement que je m'attendais à vous voir exprimer une pensée que j'ai eue moi-même plusieurs fois, en songeant à l'antique tradition de cette montagne. — Et quelle est-elle, mon père? lui demanda-t-on en chœur. — Je ne sais, reprit le père, si un pauvre religieux comme moi réussira à l'exprimer assez bien pour la faire goûter à des personnes accoutumées, comme vous l'êtes, aux raffinements du monde. N'importe, vous y trouverez peut-être un texte à quelque méditation utile, et par là, votre pèlerinage à la montagne ne sera pas tout à fait sans fruit. Tout est instrument dans la main de Dieu. J'ai lu quelque part qu'il suffisait d'un petit oiseau pour transplanter au delà des mers la graine précieuse qui devient pour tout un pays une source de richesse. Je vous dirai donc que je vois aussi dans la chronique des deux amants une allégorie, comme l'appelle Madame, ou, comme parle l'Écriture, une figure. Tout est figure ici-bas; c'est le langage que le Seigneur emploie pour nous instruire, et dont il donne l'intelligence, non aux savants et aux puissants de la terre, mais aux simples d'esprit et aux humbles de cœur. Cette figure me représente toutes les passions, toutes les poursuites de ce monde. Ainsi, mes Seigneurs et Mesdames, je suppose qu'il soit parmi vous un ambitieux de cour; un brillant génie avide de renommée; un cœur tendre, séparé par mille obstacles de l'objet de son choix; un de ces coureurs de fortune, qui voient dans la richesse la source de toute jouissance. Le premier poste qui vous rapproche de la personne du roi, le premier ouvrage qui vous fait applaudir du public, la première épreuve qui vous révèle une mutuelle affection, l'accident heureux, héritage ou mariage, qui met à votre portée la fortune souhaitée, c'est la belle fiancée que vous devez porter au sommet de la montagne. Qu'importe? le jour est si beau, la montagne si proche, le fardeau si doux, les bras si forts! tant de vœux vous suivent et vous encouragent! On part plein d'ardeur et de confiance; mais bientôt on s'aperçoit que le jour est bien chaud, la montagne bien haute; on gémit sous le poids de ce cher fardeau, qu'on avait cru si léger. On ne veut pas s'arrêter, cependant; tant de regards vous contemplent! tant de pas sont déjà faits qui seraient perdus! Encore quelques efforts, vous atteindrez le sommet de la montagne maudite, où vous attend le prix de vos peines, le repos et le bonheur; vous y touchez enfin; mais c'est au prix de vos dernières forces; la tâche a consumé la vie, et quand vous croyez jouir, vous mourez! »

Le ton solennel, l'air pénétré du religieux en prononçant ces dernières paroles, firent une assez profonde impression sur ses auditeurs pour les réduire au silence. Cependant, M. Damézague le rompit pour dire au religieux, d'un ton léger : « Apprenez-moi donc, mon révérend, quelle est, dans cette vie, la carrière que la mort ne vienne pas interrompre? — Celle dont la mort elle-même est le but, » répondit le père d'une voix grave. Cette réponse fit taire l'imprudent questionneur; et la société jugea qu'il était temps de se remettre en route. Le retour fut silencieux; chacun paraissait livré à ses réflexions; on aurait pu croire que les paroles du religieux avaient laissé une profonde impression dans les âmes. « En vérité, Madame, dit M. Damézague à madame de Mérode quand on fut au bas de la montagne, on croirait, à vous voir, que la parabole de ce bon père vous a déterminée à vous faire trappiste. — Mon Dieu! dit nonchalamment madame de Mérode, j'étais si fatiguée, que je ne l'ai pas même écoutée, et si je suis déterminée à quelque chose, c'est à me mettre au lit en rentrant, et à n'en pas bouger jusqu'au souper. — Et vous, Madame, à quoi rêviez-vous tout ce temps? demanda M. de Caraman à la comtesse de Genlis. — Moi? répondit-elle, à un drame que je veux faire sur la légende des deux amants; j'en ai déjà tout le plan. — Voilà qui se trouve à merveille! s'écria le comte; je songeois précisément à établir un théâtre dans l'orangerie, pour y jouer la comédie. Votre drame sera le premier que nous y représenterons. — Et moi, reprit M. Damézague, je me charge de faire, sur notre expédition, une chanson burlesque en manière de complainte :

Or, écoutez, petits et grands!...»

Cependant, la Providence préparait à cette incorrigible frivolité une plus sévère leçon. Quelques années plus tard, le vent des révolutions dispersa à la fois les hôtes du château et ceux du monastère, enseignant ainsi aux uns et aux autres la vanité des biens de ce monde et le prix des éternelles consolations.

La nuit était devenue tout à fait noire, et nous étions harassés de fatigue quand nous entrâmes dans Pont-de-l'Arche. Nous avions fait neuf lieues dans notre journée, la plus grande partie dans des terres molles; notre marche avait été, à plusieurs reprises, accompagnée d'une pluie fine. Ce fut donc avec un véritable délice qu'après avoir pris notre part d'un modeste souper d'auberge, nous montâmes nous coucher dans un vaste lit du temps de Louis XIV. Madame Langlois, qui tient cette auberge, nous assura qu'elle se faisait un devoir de toujours donner ce noble lit aux artistes qui viennent prendre gîte chez elle.

Si tu me promets d'être discrète, je te déclarerai en confidence que le noble lit avait tout juste l'élasticité d'une porte de prison. Après quelques heures d'un sommeil agité, ou plutôt d'un pénible cauchemar, nous nous sentîmes courbaturés. Comme il n'était que trois heures du matin, et que cette heure est peu bienséante pour visiter une ville, je me levai, et je rallumai la triste et malheureusement odorante chandelle. Tandis que Fulbert, toujours couché, continuait à se tourner en tous sens, cherchant une place un peu moins dure, je fis une esquisse du ciel de lit, dont le dessin original me rappelait ceux de l'architecte Marot.

Enfin, à notre grande satisfaction, l'heure vint où nous pûmes prendre connaissance de la ville, qui nous parut assez jolie, bâtie qu'elle est en amphithéâtre, dont les premiers gradins viendraient aboutir sur la rive gauche de la Seine. Des restes de murailles nous attestèrent d'anciennes fortifications. Elle s'honorait jadis d'avoir été la première ville de France à reconnaître Henri IV. C'est par Charles le Chauve qu'elle fut fondée.

Quant à l'église, l'architecture et les détails d'ornements ne nous reportèrent pas au delà du quatorzième siècle; malgré les mutilations sans nombre qu'elle a subies, c'est encore un morceau digne de la curiosité et de l'estime des véritables amateurs de l'art. De là, nous descendîmes longer le bord de la Seine. Quelques débris de murailles frappèrent nos regards; j'interrogeai un habitant du pays, qui me répondit par ce passage d'une vieille chronique : « Un jour, le roi Richard Cœur-de-Lion poursuivait un cerf à la chasse; l'animal, aux abois, se jeta à la nage dans la Seine; emporté par l'ardeur de son coursier, le roi Richard s'y précipita après lui. Le courant était rapide, la Seine haute et large, et, se sentant aller à la dérive, Cœur-de-Lion, qui était aussi bon chrétien que brave chevalier, leva les yeux au ciel et invoqua madame Marie, mère de Dieu. Sa prière fut entendue, exaucée; il parvint à gagner le rivage, et, reconnaissant de cette intercession miraculeuse, il fit élever, sous les auspices de la sainte Vierge, l'abbaye de Bon-Port. » Ce sont les ruines de cette abbaye que nous avions sous les yeux.

Nous reprîmes ensuite de nouveau, pour ne plus la quitter, la rive droite de la Seine.

Au bout d'un quart de lieue, à partir de Pont-de-l'Arche, on trouve le village d'Igoville, après lequel finit le département de l'Eure et commence celui de la Seine-

Inférieure. Ce village est situé au pied d'une montagne qu'on gravit avec peine, tant à cause de sa pente rapide que de sa nature sablonneuse. Du sommet et de la descente opposée, qui n'est pas moins rapide, on découvre une vue ravissante, la plus belle que nous ait encore offerte la vallée de la Seine, dont nous avons si souvent admiré les riants aspects. Ce fleuve est ici dans toute sa majesté ; il coule à pleins bords dans un lit large, profond et aligné comme un immense canal. On dirait que, fatigué de ses longs circuits, il prend une marche plus assurée aux approches de Rouen, où on le voit arriver en ligne droite, entre un enchaînement de collines escarpées qui s'élèvent sur sa rive septentrionale, et une étendue sans bornes de riches campagnes qu'il arrose et féconde sur la rive opposée. Un double rideau de verdure le borde immédiatement des deux côtés. Les innombrables îles dont il est parsemé sont plus verdoyantes encore, et plus bocagères. La plupart ne paraissent que des îlots disséminés dans ce vaste bassin, et le balancement des flots, en leur donnant un air de mobilité, les fait ressembler, de loin, à autant d'îles flottantes, ou plutôt à une foule de navires de toute grandeur, dont la cargaison consisterait en bouquets de verdure. Les mâts sont représentés par les têtes aériennes des peupliers d'Italie, qui s'entremêlent aux saules, aux frênes, aux pommiers, et à des milliers d'arbustes. C'est ici surtout qu'on est disposé à dire avec Delille :

> Les îles sont des eaux la plus belle parure.

Des villages et des hameaux multipliés, des habitations éparses diversifient la perspective, que la ville de

Rouen couronne au bout d'une échappée de vue de trois lieues. Nous vîmes ce magnifique panorama sous un ciel vaporeux qui en doublait le prix par de magiques effets de lumière. Le vent emportait rapidement les nuages, qui, dans leur course, modifiant avec la coquetterie la plus capricieuse la brillante clarté du soleil, éclairaient ou plongeaient dans une teinte sombre l'horizon des montagnes sur lesquelles se détachait la flèche aiguë et découpée de la lointaine cathédrale. La Seine sembla longtemps un vaste ruban d'argent, miroitant sous les rayons du jour, et se déroulant sur un vaste tapis de velours vert; et puis, tout à coup, les nuages s'amoncelant sur nos têtes, la vallée devint triste, les eaux reflétèrent la teinte violacée des cieux, et le fleuve argenté prit l'aspect d'un crêpe funèbre.

La pluie nous assaillit au moment où nous entrions à Port-Saint-Ouen. Un misérable cabaret nous offrait un refuge; nous obéîmes à une meilleure inspiration, et, pressant le pas, nous poussâmes jusqu'à l'église. Ce n'est point un édifice, mais une sorte de grotte creusée dans le roc. Elle nous rappelle les lieux souterrains où les premiers chrétiens, pleins de foi et d'espérance, allaient secrètement accomplir les mystères d'une religion d'amour et de paix. Nous nous inclinâmes devant l'autel de saint Adrien. La prière que j'adressai au ciel fut courte et fervente; il s'y mêla les noms de tous les êtres qui me sont chers, et que j'ai quittés depuis une semaine au plus.

Au sortir de Port-Saint-Ouen, la route longe sans interruption, à gauche, la Seine, à droite, le pied d'une colline crayeuse, couverte d'une triste pelouse, et souvent excavée pour des habitations souterraines.

C'est sur un de ces rochers (le roc Saint-Adrien), à peu de distance de Port-Saint-Ouen, que, dans sa folie,

la fameuse Nina venait chaque soir attendre son bien-aimé. Cette pauvre fille, que les drames dont elle a fourni le sujet ont rendue si célèbre, n'avait rien d'intéressant par elle-même que la cause de sa folie. On l'a vue longtemps courir les rues de Rouen dans un état d'abandon et d'imbécillité.

Fulbert se faisait une grande fête de visiter le château et le parc de Bolbeuf, où, douze ans auparavant, il avait admiré des allées d'arbres qui, me disait-il, ne pouvaient se comparer qu'à ceux de la forêt de Fontainebleau. Désappointement cruel! la presque totalité des arbres étaient abattus, et le château ne tardera pas à disparaître sous le marteau de la spéculation. Après un repos d'un quart d'heure sous l'ombrage de l'unique allée qui soit demeurée debout, nous résolûmes de gagner Bon-Secours en coupant à travers champs.

Notre-Dame-de-Bon-Secours est une petite chapelle située à une demi-lieue de Rouen, au sommet d'un coteau et au milieu du village de Bon-Secours. Elle n'est célèbre que par les ex-voto que viennent y déposer les paysans et les marins échappés à quelque grand péril ou à la fureur des flots. On y voit des navires suspendus à la voûte, et les murailles sont tapissées de broderies, de tableaux, de béquilles, de bras, de bandeaux, etc., destinés à attester la reconnaissance et à rappeler le souvenir des nombreux boiteux, manchots, aveugles, qui, par l'intercession de la sainte Vierge, ont recouvré l'usage de leurs jambes, de leurs bras ou de leurs yeux. L'ancienne et primitive petite chapelle se trouve pour le moment enclavée dans une nouvelle église plus grande, construite dans le style de l'architecture gothique du temps de saint Louis. L'architecte semble s'être inspiré en étudiant la Sainte-Chapelle de la Cité de Paris.

Le nouvel édifice s'est élevé à l'aide d'offrandes recueillies par les soins de l'abbé Godefroy, curé de la paroisse. Le désintéressement pieux d'un certain nombre d'ouvriers, qui ont fourni gratuitement leur travail d'un jour par semaine, mérite d'être mentionné. Le chœur de l'église terminé, l'ancienne petite chapelle sera démolie, et le portail transporté, dit-on, dans le Musée des Antiquités de Rouen.

Une demi-heure après, nous faisions dans la ville de Rouen une entrée moins triomphale que celle des monarques dont elle reçut jadis la visite ; mais un accueil pour le moins aussi bon nous y attendait, sinon de la part de la population entière, du moins de la part des habitants d'une certaine maison chère à Fulbert : c'est celle où il est né, celle où il vient d'embrasser enfin, après une longue absence, son père et sa mère bien-aimés.

CHAPITRE III.

18 mai.

E tiens d'un Anglais, grand amateur de voyages (quel Anglais ne l'est pas?) que, lorsqu'il arrive dans une ville qui lui offre de l'intérêt et qu'il veut connaître, il commence par en étudier le panorama, en montant sur l'édifice le plus élevé. En conséquence, j'ai prié Fulbert, qui me fait les honneurs de sa ville natale, de vouloir bien me conduire tout d'abord sur le haut de l'une des tours de la cathédrale. Je t'y suppose placée à côté de moi, ma bonne Élise; nous planons tous les deux sur cette agglomération d'édifices et de maisons où s'endort chaque soir une population de plus de 92,000 âmes; nous planons au-dessus de la cinquième ville de France, la ville qui vient immédiatement après Bordeaux, et qui, pour l'importance, ne le cède qu'à Marseille, Lyon et Paris.

Une ville de cette étendue ne s'improvise pas en un siècle, sur notre vieux continent, du moins; il faut aller dans l'Amérique pour trouver de pareils phénomènes. Rouen a mis plus de dix-huit siècles à grandir. Plus d'un écrivain a traité de son origine. On lit ce passage dans l'*Histoire de Rouen, par un Solitaire*, livre publié au commencement du siècle dernier, et qu'on attribue à un libraire de Rouen nommé Du Souillet.

« Deux cents avant la naissance de Notre Seigneur, Rouen n'était qu'une petite bourgade située sur le bord de la Seine, sans muraille et sans défense, environnée de hautes forêts où sacrifiaient les druides.

« On dit que les Romains s'étant rendus maîtres de tout le pays des Gaules, Jules César, sur la fin de son consulat, mit en déroute un certain capitaine qui commandait à Rouen, rasa la forteresse qu'il avait bâtie sur la montagne dite présentement Sainte-Catherine; qu'ayant soumis les habitants de la ville à sa discrétion, il y établit son séjour et en prit le gouvernement; que cela arriva environ cinquante ans avant l'incarnation de Notre Seigneur; qu'il la fit ceindre de murailles et de terrasses, n'étant alors fermée que de pieux et de grosses pièces de bois, à la manière de la plupart des autres villes de la Gaule-Belgique, dont toutes les fortifications consistaient, dans ce temps-là, en quelques terrasses liées et soutenues par des poutres croisées; que, dans la suite, il laissa dans la ville une légion pour garder le pays de Neustrie; qu'ainsi ce fut lui qui la rendit plus célèbre et qui fit couper et essarter les forêts en plusieurs endroits pour lui donner de l'air et pour découvrir plus aisément les embûches de l'ennemi. Mais tout ceci est plutôt une conjecture hasardée qu'un fait d'histoire bien certain. »

D'autres écrivains, entre autres M. Licquet, à qui l'on doit une histoire toute récente, répondent à cela que César ne parle point de Rouen dans ses *Commentaires*, et qu'il est difficile de croire que ce puisse être par oubli. Pomponius Mela, qui vécut dans le premier siècle de l'ère chrétienne, n'en dit rien dans sa *Géographie*. Ptolémée est le premier écrivain de l'antiquité qui en fasse mention. De son temps, c'est-à-dire dans la première moitié du second siècle, Rouen portait le nom de *Rothomagus*; c'était la capitale du pays des Vélocasses. Je te laisse à penser si ce mot, Rothomagus, dont on prétend que dérive celui de Rouen, a exercé la sagacité des commentateurs. En le faisant dériver de deux mots celtiques, les uns ont trouvé qu'il signifiait *grande ville*; d'autres, *ville fluviale*; d'autres, *ville où se perçoit l'impôt*. J'aime autant l'opinion de ceux qui font de Rouen la ville de *Rou* ou *Raoul*. Je t'ai raconté comment du cri : à *Raoul*, on avait fait *harou* ou *haro*.

L'an de grâce 260, « Dieu fit paraître les premiers rayons de sa miséricorde sur cette ville, envoyant saint Mellon pour y abolir le culte des idoles, en chasser les démons et y arborer la croix de Jésus-Christ, » comme nous l'apprenons par la tradition constante de l'église de Rouen.

Autant qu'on peut conjecturer, il n'y avait en ce temps-là qu'une rue principale sur le bord de la Seine, qui s'étendait, tout au plus, depuis la porte de Robec jusqu'à la porte de Massacre, à peu près comme toutes les villes qui s'établissent sur la rive d'un fleuve. Ce qui le confirmerait, c'est que l'église Saint-Martin-du-Pont était alors une chapelle située sur une petite roche qui faisait une île dans la Seine, à cause de quoi elle a retenu longtemps le nom de Saint-Martin de la Roquette. L'église des Cordeliers était de même une chapelle située dans une île; Saint-André et Saint-Vincent étaient au faubourg Saint-Éloi, dans une île assez éloignée de la ville; l'église de Saint-Vivien était dans la campagne, celle de Saint-Maclou dans un lieu marécageux.

L'an de grâce 404, saint Victrice, son septième archevêque, étendit ses faubourgs, fit construire des églises, et mit cette ville tellement en crédit, que le pape Innocent Ier lui envoya une épître décrétale, pour lui recommander de mettre un bon ordre dans son église. Et saint Paulin, alors évêque de Nole, le congratule dans une de ses épîtres, où il dit, entre autres choses, que ce saint prélat a rétabli le culte de Dieu dans son diocèse, avec tant de zèle et de bonheur, que la ville de Rouen, qui était peu connue auparavant, a porté depuis son nom et sa gloire dans toutes les parties du monde.

Le premier duc Raoul et ses successeurs ayant établi leur cour en cette ville, l'ennoblirent par leur présence, et la rendirent comme imprenable par leur sagesse. On lit dans la *Philippide*, au sujet du siége que Philippe-Auguste mit devant Rouen :

>   Nam duplices muri, fossataque tripla profundo.
>   Dilatata sinu, numerosaque copia gentis,
>   Et speciosa nimis fluvii stagnantis abyssus
>   Dissimilem gallis reddebant viribus urbem.

« Une double enceinte de remparts, une triple ligne

de fossés profonds, et le large canal du fleuve à franchir, protégeaient trop bien cette ville contre l'armée des Français. »

Pour t'aider à comprendre ce passage, je te dirai que lorsqu'on agrandissait une ville, c'est-à-dire lorsqu'on lui adjoignait ses faubourgs, on les entourait d'un nouveau rempart, mais on ne détruisait pas de longtemps l'ancienne ceinture de fortifications.

La Seine n'a pas toujours coulé aux lieux où elle coule aujourd'hui. Dans les jours primitifs de Rouen, le fleuve a porté les galères romaines et ensuite les barques des hommes du Nord là où se voit aujourd'hui la place de la Calende, au pied de cette cathédrale d'où nous la regardons en ce moment. « Jaloux de rendre leur ville marchande autant que forte, les premiers ducs s'empressèrent de pratiquer un beau quai, pour y faire aborder les navires. Ils eurent, pour cela, l'adresse de reculer la rivière, et de lui faire un canal plus serré et plus profond, pour porter de plus grands vaisseaux. Alors Saint-Martin de la Roquette, Saint-Étienne, Saint-Clément et Saint-Éloy se trouvèrent en terre-ferme, et cette nouvelle union s'appela les *Terres-Neuves*, où l'on bâtit peu à peu des maisons; de sorte que ces chapelles devinrent de grandes paroisses. » Du Souillet appuie cette opinion par la citation d'une charte de 1063, relative à l'église Saint-Étienne.

Après avoir enlevé Rouen et la Normandie entière à Jean sans Terre, Philippe-Auguste fit construire un château-fort au nord-ouest de la ville, pour la tenir en bride. Sous saint Louis, au milieu du treizième siècle, les constructions particulières débordèrent le château, qui se trouva bientôt enfermé dans une nouvelle enceinte, ainsi que les paroisses de Saint-Patrice, Saint-Nicaise, Saint-Vivien et Saint-Maclou. Cent ans après, le couvent des Jacobins (qui fait aujourd'hui partie de la Préfecture) fut enfermé dans l'intérieur de la ville, aussi bien qu'une petite église appelée Saint-Pierre-le-Portier. A l'orient, la ville s'agrandit du quartier de la Marèquerie.

Jusqu'à la révolution de 1789, Rouen fut entouré de fortifications qui suivaient la ligne marquée encore aujourd'hui par les boulevards.

Avant le décret de l'Assemblée Constituante, en 1790, on comptait à Rouen jusqu'à trente-sept églises paroissiales, et à peu près autant de communautés religieuses des deux sexes. Elle n'a plus aujourd'hui que six églises paroissiales, huit succursales et un temple réservé aux protestants.

Des cent vingt clochers, aiguilles, dômes, flèches et donjons que Rouen a possédés autrefois, il ne lui reste aujourd'hui que les trois tours de Notre-Dame, celle plus belle encore de Saint-Ouen, et puis celles de Saint-André, de Saint-Vincent et de Saint-Pierre-du-Châtel, les tours tronquées de Saint-Maclou, de Saint-Éloi et de Saint-Laurent, le clocher sévère de Saint-Vivien, et le petit dôme à campanile de la fameuse cloche d'argent.

Tu es trop forte en géographie pour ignorer que Rouen est au 49° 26' 27" de latitude N., et 1° 14' 16" S.-O. Ce matin, quand le soleil, en se levant, a jeté son premier rayon dans la chambre, j'ai accueilli la venue du soleil comme celle d'un ami qui m'apportait de tes nouvelles, puisqu'il y avait environ cinq minutes qu'il avait déjà frappé à la fenêtre parisienne.

La largeur de Rouen, sans les faubourgs, est d'un ki-

Vue générale de Rouen.
Prise du Faubourg Saint-Sever.

lomètre trois cents mètres, c'est-à-dire environ un tiers de lieue, de l'extrémité sud de la rue Grand-Pont à l'extrémité nord de la rue Beauvoisis. Sa longueur est d'environ trois kilomètres, ou près de trois quarts de lieue, à partir de la place Cauchoise jusqu'à celle de Saint-Hilaire.

Jetons un dernier regard sur notre panorama. A nos pieds est la ville, le lit de la Seine, ses îles, ses îlots, ses navires et son port; sur la rive opposée, la vue se perd à plusieurs lieues dans la plaine, tandis que sur notre rive elle est limitée, à une assez courte distance, par un cercle de collines.

Le besoin de respirer un air plus vif et plus pur que celui de la ville, le désir de s'élever au-dessus de la fumée de dix-sept mille maisons, a semé de pavillons de plaisance toutes les hauteurs. Le Mont-aux-Malades, le mont Saint-Aignan, le coteau de Canteleu, celui du Bois-Guillaume montrent, dans la verdure qui les couronnent, de blanches habitations d'été. Par malheur, on leur reproche d'arrêter les nuages, qui viennent presque toujours de l'ouest, et par conséquent de rendre le climat brumeux et pluvieux. Il existe une vieille injure locale contre Rouen, qui fait la critique de sa malpropreté, en l'affublant d'un sobriquet que je ne veux pas répéter.

Descendons maintenant sur la place Notre-Dame, en face du grand portail, dont le développement est de 170 pieds, et jouissons de l'imposant coup d'œil qu'offre l'ensemble de ces trois tours, d'une si noble proportion. Quel malheur que, dans les guerres de religion, les calvinistes aient mutilé ces bas-reliefs de la façade, au-dessus des portes! Pour te dire ce qu'a pu figurer celui de droite, il faudrait un plus savant que moi ; celui du centre représente la généalogie de la Vierge, et celui de gauche le supplice de saint Jean. Le portail du milieu est le plus délicatement travaillé des trois ; il est surmonté d'un cadran d'horloge, et ce cadran, d'un fronton gothique. La tour du nord porte le nom de *Saint-Romain*; c'est la plus ancienne. Sa base est probablement le reste d'une des églises qui se sont élevées successivement sur ce même terrain. On raconte que, de l'an 270 à l'an 275, saint Mellon y jeta les fondements de la première, à laquelle succéda une seconde, construite par saint Victrice, huitième archevêque de Rouen, au commencement du cinquième siècle. On lit dans une chronique que, plusieurs siècles après, « le duc Richard sans Peur *fit croître et hausser de la moitié et de plus le moustier de Notre-Dame de Rouen.* » La même chronique ajoute : « Que Robert le Magnifique *fit achever l'église de Notre-Dame de tout le chœur et du côté de l'orient.* » Il était réservé à l'archevêque Maurille de mettre la dernière main à ce monument, et d'en faire la dédicace sous l'invocation de la Vierge, le 1er octobre 1063. La foudre y tomba en 1117, et en 1200 un incendie le dévora; Jean sans Terre assigna des fonds pour sa reconstruction. De cette époque date l'édifice actuel. Pour l'amener au point où nous le voyons, il a fallu trois siècles, à partir du douzième jusqu'au seizième inclusivement, en exceptant toutefois la base de la tour Saint-Romain, qui offre des traces d'une antiquité plus reculée.

Une dévotion fervente exaltait alors les esprits. On avait établi des confréries dont la patronne était la sainte Vierge, et qui se dévouaient à la construction des églises. Dès qu'il y avait quelque part une église à bâtir, ils s'y rendaient en forte troupe, hommes et femmes, nobles et roturiers.

« Quel prodige inouï, a dit en latin un auteur contemporain, de voir des tyrans, des hommes puissants dans le siècle, enflés de leur naissance et de leurs richesses, des femmes accoutumées à une vie molle et voluptueuse, s'atteler à un char avec des traits, et voiturer, à la place des animaux, le vin, le blé, la chaux, le bois, les pierres, le sable, et généralement toutes les provisions de bouche et tous les matériaux nécessaires pour la construction de l'édifice sacré! Mais, ce qui est encore plus surprenant, c'est qu'au milieu de ces travaux, où quelquefois mille personnes, hommes et femmes, tirent ensemble le même char, tant la charge qu'on y met est pesante, il règne un si profond silence, qu'on n'y entend pas la moindre parole ni le moindre murmure; en sorte que, sans le témoignage des yeux, on croirait qu'il n'y a pas une âme dans toute cette multitude. Quand on s'arrête dans les chemins, c'est alors que l'on parle; mais de quoi? de ses péchés, dont on fait une confession publique, avec des larmes et des prières pour en obtenir le pardon. Alors les prêtres font un discours à ces pénitents pour les exhorter à étouffer les haines, à bannir les discussions, à remettre les dettes et à resserrer entre eux les liens de l'union et de la paix. Se trouve-t-il quelqu'un assez endurci pour ne pas vouloir pardonner à ses ennemis, ou refuser de se soumettre aux avis que les prêtres lui donnent, aussitôt il est dételé du char, son offrande en est retirée comme impure, et lui-même est chassé avec ignominie de la sainte société. Il en résulte que, lorsque le peuple s'est mis en marche au son des trompettes et précédé des lumières, il continue sa route avec la plus étonnante facilité, sans que ni la hauteur des montagnes escarpées, ni la profondeur des eaux qu'il rencontre, lui causent le moindre retardement. Vous croiriez voir les Hébreux qui passent le Jourdain sous la conduite de Josué, lorsque nos pèlerins traversent quelque rivière qui se présente sur leur passage, tant ils y entrent avec confiance et parviennent aisément à l'autre bord; jusque-là que plusieurs d'entre eux assurent qu'étant au port Sainte-Marie, les flots de la mer qui venaient à eux s'arrêtèrent tout à coup pour leur laisser la liberté de passer. Arrivés à l'endroit où l'église doit être bâtie, ils forment une enceinte à l'entour avec les chars, pour y établir une manière de camp spirituel, où, pendant toute la nuit, l'armée est en faction, chantant des hymnes et des cantiques. »

Cette tour de Saint-Romain a aussi reçu le nom de *Tour des Onze-Cloches*, à cause du pareil nombre de cloches qu'elle contenait autrefois. Sa partie supérieure, terminée en pavillon, est du quinzième siècle. La tour du midi, appelée la *Tour de Beurre*, commencée sous l'archevêque Robert de Croixmare, qui en posa la première pierre le 10 novembre 1485, ne fut terminée que sous Georges d'Amboise. C'est un singulier nom que celui de Tour de Beurre, n'est-il pas vrai? Il vient, s'il en faut croire la chronique, de ce que le pape Innocent VIII, ayant accordé aux habitants de Rouen la permission de faire usage de beurre et de lait pendant le carême, à la condition de faire une offrande à la fabrique de la cathédrale, le produit de ces offrandes fut consacré à commencer la bâtisse de cette tour. Elle se termine en plate-forme circulaire qu'entoure un parapet garni de petites flèches ou aiguilles, en forme de couronne.

En bon Rouennais, Fulbert n'a pas manqué de me raconter l'histoire de la fameuse cloche que renferma cette tour. Georges d'Amboise était son nom ; elle l'avait reçu du cardinal Georges d'Amboise, qui en fit hommage à la cathédrale. Le fondeur Jean le Machon, venu de Chartres, et *homme de façon*, dit la chronique, établit son atelier de manière à la fondre au pied même de la tour, le 2 août 1501. Elle fut mise en branle, pour la première fois, le 2 février 1502. Jean le Machon trouva ses sons tellement beaux qu'il mourut, dit-on, de joie vingt et un jours après ce beau succès. Elle pesait trente-six mille livres, sans le battant, évalué à quatre mille. Un jour où Louis XVI vint visiter sa bonne ville de Rouen, c'était le 29 juin 1786, Georges d'Amboise, lancée à pleine volée, donnait son témoignage d'allégresse ; tout à coup le son change de nature ; la cloche vient de se fêler, son timbre est désormais lugubre et discord. N'est-ce pas là un sinistre et frappant présage ? En 1793. elle fut mise en morceaux et convertie en canons. On en fabriqua plusieurs exemplaires d'une médaille devenue aujourd'hui fort rare, sur laquelle on lit :

>Monument de vanité,
>Détruit pour l'utilité
>L'an Deux de l'égalité.

La troisième tour, celle du centre, connue sous le nom de *Tour de la Pyramide,* ou *de l'Aiguille,* s'élève au-dessus de la croisée. Elle porta dans le principe une première pyramide qui, par la négligence de quelques ouvriers occupés à la réparer, devint la proie d'un incendie le 4 octobre 1514. Grâce à la libéralité d'un autre cardinal d'Amboise, second du nom, un habile architecte de Rouen, Robert Becquet, acheva, en 1544, une autre pyramide également en bois, revêtue de plomb, dont la pointe atteignait à trois cent quatre-vingt-seize pieds au-dessus du sol. La foudre frappa ce chef-d'œuvre dans la nuit du 14 au 15 septembre 1822, et le feu, qu'activait un vent violent, le dévora sans que rien pût le combattre à cette élévation. « Au moment où, du sein de l'incendie, l'horloge sonna le dernier coup de sept heures, me disait un témoin oculaire, la pyramide, qui semblait avoir une chevelure de flammes, se renversa dans la direction du sud; penchée, inclinée, elle eut l'air d'hésiter un instant...... puis, avec un craquement, un fracas épouvantables, elle tomba sur l'une des tours du portail de la Calende, rebondit sur une maison voisine, et vint s'affaisser en débris sur le sol. » Deux heures après, le toit du chœur, celui de la croisée, et le tiers de celui de la nef, s'étaient également écroulés. Les plombs fondus ont été achetés par M. Firmin Didot, qui les a convertis en caractères d'imprimerie.

Depuis l'an 1829, la restauration de la tour est terminée, et l'on a commencé à la couronner d'une pyramide qui, cette fois, pourra braver l'incendie : c'est un assemblage de pièces de fonte de fer, liées entre elles par des boulons. La pointe doit atteindre à quatre cent trente-six pieds au-dessus du sol, c'est-à-dire treize pieds de plus que la plus haute des pyramides d'Égypte.

Fulbert m'a fait prendre par la droite de l'édifice. Il a voulu que j'entrasse par le portail des Libraires, qui était jadis l'entrée ordinaire des hauts personnages. Je ne parle pas des rois et des princes du sang, pour qui est réservé le grand portail. La cour, au-devant du portail des Libraires, était autrefois un cimetière ; un meurtre y fut commis, et le sol déclaré profane. On négligea de le bénir de nouveau, et on cessa d'y enterrer. Nombre de libraires vinrent y étaler leurs livres des deux côtés de cette tour : de là le nom donné au portail.

L'intérieur de l'église a quatre cent huit pieds de longueur dans œuvre sur quatre-vingt-trois de largeur d'un mur de chapelle à l'autre. La nef a deux cent dix pieds, le chœur cent dix, et la chapelle de la Vierge quatre-vingt-huit. La voûte de la nef n'est élevée que de quatre-vingt-quatre pieds ; ce qui, d'après la longueur de l'église, la fait paraître un peu basse. Les voûtes des collatéraux et des chapelles sont encore bien moins élevées ; elles n'ont que quarante-deux pieds. La croisée a cent soixante-quatre pieds de long sur vingt-cinq de large.

Parmi les chapelles, celles de *Sainte-Cécile* et de *Notre-Dame-du-Vœu* m'ont paru les plus dignes d'attention. L'élégante et vaste chapelle de *la Vierge* semble elle-même une église ; sur ses vitraux sont représentés plusieurs archevêques de Rouen, revêtus de leurs ornements pontificaux. Je trouvai que notre grand peintre Philippe de Champagne s'est surpassé encore pour le coloris dans son *Adoration de Jésus par les Bergers*, tableau qui orne le maître-autel. Dans cette chapelle est le tombeau moderne du cardinal Cambacérès, mort archevêque de Rouen en 1818. On y voit aussi celui fort magnifique des deux cardinaux d'Amboise. Sur ce tombeau de marbre noir sont agenouillées les statues des deux cardinaux Georges d'Amboise, oncle et neveu. L'expression et la pose sont fort belles. A la partie inférieure du monument, dans des niches que séparent des pilastres, on voit six charmantes petites statues : la Foi, la Charité, la Prudence, la Force, la Justice et la Tempérance. Sur le fond du monument est un bas-relief représentant le patron des deux prélats, saint Georges, qui terrasse un dragon. Sur les côtés sont huit figures de la Vierge et de saints, parmi lesquels saint Romain. Une voussure sculptée soutient un attique, où l'on voit dans des niches les douze apôtres rangés deux à deux. Le tombeau de Pierre de Brézé, grand sénéchal d'Anjou et de Normandie, est encore dans cette chapelle. C'est un sarcophage carré qu'accompagnent de chaque côté deux pilastres placés pour soutenir une arcade semi-circulaire, surmontée d'un fronton en entrelas à jour, avec les lettres P. B., sculptées en caractères gothiques. Quoique dépouillée aujourd'hui de la statue de Pierre de Brézé, qui a été enlevée, à ce qu'on croit, lors des guerres de religion, il se recommande par une grâce et une élégance extrêmes dans ses proportions et dans ses détails. Le corps du grand sénéchal fut déposé à cette place le vendredi 26 juillet 1465, *lequel corps*, dit le procès-verbal conservé aux registres capitulaires de la cathédrale, *fut apporté par la Seine du château de Montlhéry au delà de Paris.*

Sa vie est digne que je te la raconte.

« Pierre de Brézé était né en Anjou vers le commencement du quinzième siècle. Il fut le contemporain et le compagnon d'armes des Dunois et des Xaintrailles; leur égal en vaillance, il les surpassait par l'étendue et l'agrément de son esprit. Lorsque Charles VII reconquit la Normandie sur les Anglais, ce fut Brézé, sire de la Varenne, qui reçut à composition le château d'Harcourt, Gisors, le Château-Gaillard. L'honneur d'entrer le premier dans

Rouen, en 1449, lui fut réservé. « *Sire de la Varenne,* lui dit Charles VII en lui confiant les clés de la ville, *nous reconnaissons que toujours vous nous avez servi loyalement, et, pour ce, nous vous baillons ces clés de notre château et cité de Rouen, et faisons capitaine; si en faites bonne garde.* » A la bataille de Formigny, il était sénéchal de Poitou, et fit bien son devoir, ainsi que l'atteste ce passage d'un historien du temps : « *Le sénéchal de Poitou fit descendre ses gens à pied, et frappa si âprement les Anglais, qu'il les repoussa d'un des bouts de leur bataille de la longueur de quatre lances, et ainsi recouvra deux couleuvrines; et furent tués deux cents Anglais à cette rencontre, par le moyen dudit sénéchal messire Pierre de Brezay, qui y acquit grand honneur.* »

Les Anglais avaient disparu du sol de la Normandie. Brézé, qui se sent encore le besoin de se mesurer avec eux, s'embarque à Honfleur, descend à l'improviste sur la côte d'Angleterre, s'empare de Sandwich, qu'il rançonne, et se rembarque. Ce trait hardi est de 1457.

Louis XI était monté sur le trône, et avait pour Brézé moins d'affection que n'en avait eu Charles VII. En 1463, il l'envoya en Angleterre à la tête de deux mille hommes, pour soutenir le parti de la reine Marguerite d'Anjou. Monstrelet ajoute que *c'était pour le mettre à l'adventure.* Brézé s'empara de plusieurs places, et ne se rembarqua que lorsque la position eut cessé d'être tenable.

Lorsque Louis XI, luttant contre les princes du sang, qui voulaient lui fermer le passage de sa capitale, se trouva avec son armée en face de la leur, auprès du château de Montlhéry, le 16 juillet 1465, ce fut Brézé, resté fidèle à la bannière royale, qui engagea le combat, ainsi que le raconte Philippe de Commines. Les princes du sang étaient à la tête d'une ligue formée, disait-on, pour le bien public, et à laquelle avait adhéré les seigneurs les plus puissants du royaume. Le duc de Bourgogne leur donnait, en outre, son appui.

« Cependant le roi eut conseil avec le comte du Maine et le grand sénéchal de Normandie, qui s'appelait de Brezay, l'amiral de France, qui était de la maison de Montauban, et autres; et, en conclusion (quelque chose qui lui fût dite et opinée), il délibéra de ne combattre point, mais seulement de se mettre dedans Paris, sans soi approcher de là où les Bourguignons étaient logés, et, à mon avis, que son opinion était bonne. Il se soupçonnait de ce grand sénéchal de Normandie, et lui demanda et pria qu'il lui dît s'il avait bâillé son scellé (sa signature) aux princes qui étaient contre lui ou non. A quoi le grand sénéchal répondit que oui; mais que le scellé leur demeurerait, et que du corps ils n'auraient rien; et le dit en gaudissant, car ainsi était-il accoutumé de parler. Le roi s'en contenta; il lui bâilla la charge de conduire son avant-garde et aussi les guides, pour ce qu'il voulait éviter cette bataille, comme dit est. Ledit grand sénéchal, usant de volonté, dit alors à quelques-uns de ses privés : Je les mettrai aujourd'hui si près l'un de l'autre qu'il sera bien habile qui les pourra démêler, et ainsi le fit-il; et le premier homme qui y mourut, ce fut lui et ses gens. Et ces paroles m'a contées le roi; car pour lors j'étais avec le comte de Charolais. »

Tu connais le courage de l'homme de guerre; veux-tu maintenant juger de l'esprit du courtisan? Un jour que ce roi Louis XI, si jaloux de son autorité, passait, monté sur un bidet de petite taille : « Voilà le plus fort cheval que j'aie jamais vu, s'écria Brézé. — Et comment cela? dit le prince. — C'est qu'il porte le roi et tout son conseil. »

Près du tombeau de Pierre Brézé est celui de son petit-fils, Louis de Brézé, grand sénéchal et gouverneur de la province de Normandie; mort au château d'Anet, le 23 juillet 1561. Sur ce monument, tout entier en albâtre et en marbre noir, rehaussé d'or, et l'un des plus beaux de ce genre dans le seizième siècle, on lit la longue liste des titres du défunt. « On a omis dans cette nomenclature, observe M. Deville, un seul titre, et c'est probablement le seul qui eût sauvé ce personnage de l'oubli, c'est qu'il fut le mari de Diane de Poitiers. »

L'histoire t'a appris comment huit ou neuf ans après, cette Artémise trouvait des consolations à la cour de Henri II. Quelques années plus tard, le souvenir de son époux lui revenant à la pensée, elle envoya prier le chapitre de Rouen de faire un service pour feu son mari, en joignant à cette demande un envoi de cinq écus pour les chapelains et les choristes. Au sortir de la chapelle de la Vierge, à droite, Fulbert me fit remarquer un tombeau qui porte la statue d'un évêque couché, et, dans la partie inférieure, des bas-reliefs mutilés représentant plusieurs personnages assis avec des livres en main. Dans la partie supérieure, des anges emportent sur un drap une figure d'enfant que l'on peut supposer être l'âme du défunt. « Je ne sais, m'a-t-il dit, quelle étrange tradition a persuadé aux esprits grossiers de notre bas peuple rouennais que ce tombeau renferme le corps d'un prélat qui, dans un moment de colère, avait tué son domestique d'un coup de cuiller à pot. L'évêque repentant se serait reconnu indigne d'être enterré dans l'église, et cependant aurait défendu qu'on l'enterrât dehors. C'est pour obéir à cette volonté ambiguë qu'on lui aurait creusé un tombeau dans l'intérieur du mur. »

Les lois romaines défendaient d'ensevelir les morts non-seulement dans les temples, mais même dans l'enceinte des villes. L'Église adopta cette prohibition, qui se maintint en vigueur en Occident jusque dans le sixième siècle, comme le prouve M. Deville en citant un canon du concile de Prague, tenu en 563. Le même savant fait remarquer qu'en effet les premiers prélats de Rouen furent inhumés hors de l'enceinte de la ville. Pour garantir leurs cendres, ou pour vénérer leurs restes, on éleva des chapelles par-dessus leurs tombeaux : ce furent les *cryptes*. Mais bientôt la foule se porta là ; on bâtit des églises qui enveloppèrent et recouvrirent les cryptes, et, dès lors, les canons se trouvèrent annulés par le fait. De l'usage d'inhumer dans les églises du dehors à celui d'inhumer dans les églises de l'intérieur des villes, il n'y avait qu'un pas à faire ; il fut franchi. De la dépouille des saints à celle des personnages que leur position appelait à le devenir, les évêques, les abbés, les autres ecclésiastiques, la transition était facile. Ils reçurent la sépulture devant *l'église*, sous *le porche*. La plus honorable était la plus rapprochée de la porte d'entrée. Les archevêques de Canterbury (et non Cantorbéry, comme nous autres Français nous obstinons à l'écrire), furent enterrés au portique de l'église, excepté deux d'entre eux, qui, n'ayant pu y trouver place, furent placés dans l'intérieur. Alors les basiliques ne tardèrent pas à être envahies. On fut de la nef dans le chœur, du chœur dans le sanctuaire. Charlemagne, dans ses Capitulaires, permit l'inhumation dans les églises pour les évêques, les abbés et les bons prêtres exclusivement.

Néanmoins les laïques ne tardèrent pas à obtenir la même faveur. Ce fut le chef de la nation du Nord, le brave Rollon, qui, le premier des morts de cette catégorie, fut admis à reposer dans la cathédrale de Rouen. Son épitaphe, écrite en latin, a été conservée par les antiquaires; elle est d'une énergique naïveté :

> Dux Normannorum,
> Cunctorum norma bonorum,
> Rollo ferus, fortis,
> Quem gens Normanica mortis
> Invocat articulo,
> Hic jacet in tumulo.
> Ipsi provideat
> Tua sic clementia, Christe,
> Ut semper videat
> Cum coetibus angelis te.

Je te la traduirai librement :

« Le duc des Normands, le modèle de tous les gens de bien, Raoul le brave, le puissant, celui que tout Normand invoque à l'article de la mort, repose dans ce tombeau. Que ta clémence lui accorde, ô Christ, de contempler pour l'éternité toi et les chœurs de tes anges! »

La dépouille de Rollon a été plus tard transportée dans la chapelle du Petit-Saint-Romain. Sur une table de marbre noir on a constaté ce déplacement par une inscription. Son fils, le duc Guillaume Longue-Épée, fut placé tout près de lui, non loin du maître-autel.

Là s'élevèrent aussi les tombeaux de Henri le Jeune, fils de Henri II, roi d'Angleterre et duc de Normandie, de Richard Cœur-de-Lion, son frère, de Guillaume, fils de Geoffroy Plantagenet; les tombeaux de Charles V, roi de France, et de Jean, duc de Bedford, oncle du roi d'Angleterre Henri V. « En 1734, les chanoines, moins éclairés que le clergé d'aujourd'hui, ayant conçu le dessein d'exhausser leur maître-autel, et, en même temps, pour dégager le sanctuaire, firent enlever les tombeaux, au grand désespoir des archéologues et des artistes. Tout fut abattu, a raconté un contemporain; on remua le sol jusqu'à la profondeur de quinze pieds. » Des inscriptions furent gravées sur des dalles pour conserver du moins le souvenir de ces nobles et antiques sépultures.

A l'endroit où se voyait la statue de Richard Cœur-de-Lion, en habits royaux et couché sur son mausolée, je lus sur la pierre que je foulais une inscription latine que je te traduis : « *Cœur de Richard, roi d'Angleterre, duc de Normandie, dit Cœur-de-Lion, décédé l'an 1189.* » Comme le fait remarquer M. Deville, le cœur était seul déposé là. Conformément aux dispositions dernières de ce prince, son corps fut porté à Fontevrault et placé aux pieds de son père; ses entrailles, sa cervelle et son sang à Poitiers. Ce fut comme un témoignage de son affection particulière pour les Normands, qu'il leur légua son cœur. L'épitaphe en quatre vers latins, qui recouvrait cette partie la plus noble du héros, disait : « Qu'il avait fallu distribuer ses restes entre trois provinces, car il n'était pas un de ces morts qu'un seul lieu peut contenir. » Le cœur de Richard, selon quelques auteurs, aurait été mis dans un cercueil d'argent; suivant d'autres, c'est la balustrade placée autour du tombeau qui aurait été de ce métal. Toujours est-il qu'on prétend que cet argent fut employé à payer la rançon du roi saint Louis, fait prisonnier par les Mahométans à la bataille de Massoure. « L'ombre de Richard Cœur-de-Lion, dit M. Deville, ne dut pas s'indigner cette fois ; il avait souvent payé la rançon des braves. »

Le 31 juillet 1838, des fouilles, habilement dirigées par M. Deville, ont amené pour résultat la découverte, à deux pieds de profondeur, de la statue qui décorait son tombeau et de la boîte qui contient son cœur. La statue est de pierre de liais, longue de six pieds et demi ; elle représente Richard étendu sur son tombeau et les pieds appuyés sur un lion qui dort.

Au côté gauche du sanctuaire, à l'opposé du tombeau de Richard, était celui de son frère aîné, Henri le Jeune, surnommé *Court-Mantel*, c'est-à-dire au manteau court, et qui mourut avant lui. Ce monument, sans inscription, était décoré de la statue du prince, en marbre blanc. En 1736, on mit à la place du tombeau l'inscription latine que je te traduis : « Ici repose Henri le Jeune, frère du roi d'Angleterre, Richard, dit Cœur-de-Lion, décédé l'an 1183. » Henri le Jeune mourut en Quercy. Le patient M. Deville, s'appuyant de quatre chartes originales qu'il a trouvées, revêtues encore de leurs sceaux, dans les archives du département, a rétabli l'historique de cette inhumation. Dans un de ces actes, adressés au pape Lucius, un évêque d'Agen, du nom de Bertrand, déclare que, chargé par le roi Henri II, de travailler à la paix avec son fils Henri le Jeune, il trouva celui-ci étendu sur le lit de douleur. L'évêque annonce qu'il a administré les sacrements de l'église au jeune prince, qui demanda instamment et persista même à avoir sa sépulture dans la cathédrale de Rouen, bien qu'à raison de la difficulté du voyage et de l'éloignement du lieu, on lui eût parlé du monastère de Grammont. D'après cela, le corps du jeune Henri, dont on avait extrait les entrailles et la cervelle, fut salé, enveloppé dans une peau de bœuf et placé dans un cercueil en plomb, puis transporté du Quercy vers la Normandie. Lorsque le convoi passa au Mans, les habitants s'emparèrent de vive force de cette dépouille mortelle, et l'enterrèrent dans leur cathédrale; mais le clergé de Rouen réclama, et le pape ordonna qu'il fût fait droit à leur réclamation.

Derrière le maître-autel, une autre inscription apprend que là repose Jean de Lancastre, duc de Bedford, mort en 1435. Un passage des registres capitulaires de la cathédrale établit qu'en effet le corps de ce prince fut inhumé dans le chœur, au côté gauche, sous la châsse de saint Sernin, auprès des pieds du roi Henri. Le tombeau était en marbre noir, et une lame de cuivre, sur laquelle étaient gravées les armoiries du prince, portait l'inscription suivante :

« Cy gist, de noble mémoire, très-haut et puissant prince, en son vivant, régent le royaume de France, duc de Bedford, pour lequel est fondée une messe, être chacun jour perpétuellement célébrée à cet autel par le collége des Clémentins, incontinent après prime, et trépassa le treizième jour de septembre l'an 1435, auquel treizième jour semblablement est fondé pour lui un obit solennel en cette église. Dieu fasse pardon à son âme! »

Un écrivain anglais cite une belle réponse de Louis XI à des courtisans qui lui conseillaient de faire disparaître un tombeau où le duc avait emporté tout l'espoir des Anglais en France. « Quel honneur adviendrait-il pour moi ou pour vous de détruire ce tombeau? Dieu fasse paix à cette âme! et nous, laissons dormir la dépouille d'un homme qui, de son vivant, eût causé de l'insomnie au plus brave d'entre nous. Quant à ce tombeau, croyez-moi, les actions glorieuses de celui qu'il renferme méritaient encore mieux. »

Au milieu du chœur exista jadis un tombeau en marbre noir, sur lequel était étendue une statue en marbre blanc, tenant un cœur dans sa main. Ce tombeau renfermait le cœur du sage roi de France Charles V, qui l'avait légué à la ville de Rouen. Une simple dalle, couverte d'une inscription, remplaça le monument; aujourd'hui l'inscription elle-même a disparu.

Plusieurs vitraux du treizième siècle ont attiré mon attention. Le plus curieux est celui qui représente la vie de saint Julien l'Hospitalier. De magnifiques vitraux de la Renaissance représentent la vie de saint Romain et plusieurs sujets de l'Évangile.

En donnant un dernier regard à l'intérieur de cette noble basilique, je n'ai pu m'empêcher de regretter que le jubé formât une malheureuse disparate avec son ensemble. Ce jubé moderne a remplacé, en 1777, une autre construction, dont le style s'harmonisait mieux avec le style général de l'édifice.

Nous sommes sortis par le portail de la Calende. « Nous voyons dans nos chroniques, m'a dit Fulbert, qu'un marchand de blé fut autrefois pendu sur le port de Notre-Dame pour avoir vendu à fausse mesure, et que ses biens furent confisqués en partie pour les pauvres et en partie pour construire le magnique portail qui donne sur la place de la Calende et qui en a pris son nom. » Dans les trois compartiments de ce bas-relief, au-dessus de la porte, tu reconnais Joseph vendu par ses frères, les Funérailles de Jacob, et Jésus-Christ sur la croix. A droite et à gauche, voici de grandes statues plus ou moins mutilées, et une profusion de petits bas-reliefs. Remarque celui-ci, qui représente un homme pendu. La croyance populaire prétend y voir la représentation du supplice du fripon qui a fait les frais de ce portail.

J'ai employé le reste de ma journée à me promener sans donner un coup d'œil au moindre monument en particulier, et ne saisissant que l'effet général. J'ai fait le tour de Rouen en suivant tous les boulevards et les quais, c'est-à-dire que j'ai fait une lieue et un quart. Les boulevards laissent apercevoir de loin en loin quelques restes des anciennes murailles, bâties en pierres de taille et bien conservées, partout où elles ne sont pas interrompues par les constructions nouvelles. J'ai marché sous un ombrage continuel et sans l'ennui d'être coudoyé par la foule. Si ces boulevards ne sont pas animés, comme ceux de Paris, par une circulation nombreuse et variée; s'ils ne sont pas bordés de somptueux hôtels, de boutiques riches et achalandées, ils le sont de grands jardins, et, par intervalles, de jolis pavillons, quelquefois de belles maisons et de grandes fabriques.

De temps en temps, au coin d'une rue, mon œil a plongé dans l'intérieur de la ville. Tout cela m'a paru noir, étroit, humide et fort triste, bien que l'alignement soit assez respecté. Les vieilles maisons, bâties presque toutes en pans de bois, cachent, le plus souvent, leur sombre façade sous un placage encore plus sombre d'ardoises. Cela produit un effet assez bizarre pour des yeux, comme les miens, par exemple, accoutumés à ne rencontrer la couleur de l'ardoise que sur la toiture des maisons. On m'a dit qu'il est défendu aujourd'hui de bâtir en bois; aussi toutes les nouvelles maisons sont-elles en pierre ou en brique.

Les quais sont très-larges et vraiment beaux, grâce à une ordonnance qui date du règne de Louis XVIII, en vertu de laquelle toutes les façades des maisons ont été rajeunies, alignées et régularisées d'après un plan satisfaisant.

Un écrivain nous a laissé la peinture suivante de l'ancien port, vers l'an 1710 : « La Seine, qui roule ses flots avec majesté le long des remparts, y forme le plus beau quai qu'on puisse voir (c'était, note-le bien, du temps des vieilles maisons). Ce quai est, le plus souvent, tout bordé de vaisseaux étrangers. On peut avoir, dans une seule promenade, l'agrément d'y entendre parler toutes sortes de langues; et, sans sortir de là, on saura tout ce qui se passe dans l'univers. Le flux de la mer, qui s'y fait sentir deux fois par jour, y fait monter des navires en deux fois vingt-quatre heures, principalement aux nouvelles et aux pleines lunes. Ce qui est remarquable, on ne trouve point, en quelque rivière que ce soit, un flux de mer aussi fort qu'en celle-ci, nonobstant les détours et les sinuosités de son canal, ce qui apporte une grande commodité au commerce. »

Qu'aurait dit l'écrivain, s'il avait vu le port d'aujourd'hui? Voici quelques détails sur la navigation actuelle de ce pays, empruntés à un autre écrivain, M. Cortambert, qui procède par documents positifs et par chiffres.

« La Seine a 11 mètres de profondeur à Rouen. Le flux et le reflux se font sentir et amènent dans le port des navires de 250 à 300 tonneaux. Les sables mouvants, qui sont à l'embouchure du fleuve, et les bas-fonds qu'on trouve aux abords de Quillebœuf, de Caudebec, de la Meilleraye et de Bardouville, offrent de grands dangers à la navigation. Ces bas-fonds ne laissent dans les basses eaux, en quelques endroits, qu'un chenal étroit et tortueux, où les bâtiments courent plus ou moins le danger de se perdre; aussi, les navires entrant en rivière prennent-ils ordinairement un pilote. Mais l'obstacle le plus redoutable est le rocher de Quillebœuf, qui, recouvert de trois mètres d'eau à peu près, et un peu plus dans les fortes marées, est la cause de fréquents naufrages.

Sans les dangers que présente l'embouchure de la Seine, des bâtiments de 400 tonneaux pourraient aisément arriver à Rouen. La nécessité de rétrécir le lit du fleuve, depuis son embouchure jusqu'à Villequier, a été depuis longtemps sentie. Il a été aussi question, pour éviter le passage de Quillebœuf, d'ouvrir un canal de grande navigation de Villequier au Havre. La marée, en entrant dans la Seine, occasionne un phénomène redoutable, connu sous le nom de *barre :* c'est un flot qui s'élève avec violence devant Quillebœuf, et qui, occupant toute la largeur du courant, le remonte très-rapidement et avec grand bruit jusqu'à Rouen. Les plus grands bateaux qui naviguent entre cette ville et Paris ont de 52 à 54 mètres de longueur sur 8 ou 9 de largeur; ils portent jusqu'à 1,100 milliers, et exigent une profondeur d'eau de 2 mètres. Les bateaux ordinaires emploient ordinairement de huit à dix jours pour faire ce trajet en descendant, et de quatorze à seize jours pour remonter. Les bateaux à vapeur descendent du Pec en douze ou treize heures, et remontent en dix-huit heures au point de départ. »

Deux ponts communiquent de la ville au faubourg Saint-Sever, sur la rive gauche. Le pont suspendu, établi en face de la rue Grand-Pont, est de date récente. Il a été inauguré le 31 août 1836; il se compose de deux travées égales qui viennent aboutir à deux piles de pierre, situées au milieu de la rivière et distantes l'une de l'autre de 15 mètres. Sur ces deux piles sont assises huit colonnes en fonte qui supportent des voussoirs également en fonte, à une élévation d'au moins 25 mètres au-dessus des plus basses eaux. C'est entre les piles, et sous les voussoirs, que se trouve la passe mobile pour les navires. Le tablier qui s'ouvre pour leur donner passage est un double pont-levis, dont la manœuvre se fait avec autant de facilité que de promptitude. La longueur totale du pont est de 197 mètres; sa construction n'a pas coûté au delà de 750,000 francs.

La construction du pont de pierre fut décrétée par l'empereur Napoléon, le 10 juin 1810, à son retour d'une visite qu'il avait faite à la ville de Rouen. La première pierre en fut posée par Marie-Louise le 3 septembre 1813. Il ne fut livré à la circulation que dans l'année 1829. Il se compose réellement de deux ponts, chacun de trois arches inégales, et qui s'appuient l'un et l'autre sur la pointe de l'île. Au centre du terre-plain s'élève la statue en bronze de Pierre Corneille, due au ciseau de notre grand statuaire David.

Avant l'établissement de ces deux ponts, les deux rives communiquaient entre elles par un pont de bateaux, dont l'ingénieux mécanisme excitait la curiosité des voyageurs. Construit par l'ingénieur Leclerc, en 1629, ce pont se composait de quinze bateaux qui haussaient et baissaient avec la marée. Quand un bâtiment devait passer, une partie du tablier du pont s'avançait sur la partie voisine au moyen de roulettes de fer mises en jeu par le cabestan. Le plus grand défaut de ce chef-d'œuvre, c'est que les frais de réparation allaient chaque année à une trentaine de mille francs, sans compter vingt mille francs de temps à autre, quand il fallait remplacer un bateau.

Avant le pont de bateaux, Rouen avait un pont de pierre qu'il avait dû à l'impératrice Mathilde, vers l'an 1160. Soutenu par treize arches, dont les cinq du milieu étaient d'une hauteur excessive, il avait quatre cent cinquante pieds de long. Il comptait à peine quatre siècles (et c'est, ma chère sœur, un âge bien jeune pour un pont), lorsqu'en 1502 trois arches s'écroulèrent, puis deux autres l'année suivante. On les reconstruisit en bois; mais, en l'année 1564, la ruine totale devenant imminente, on interdit la circulation aux voitures, et le service fut fait par deux bacs jusqu'à l'établissement du pont de bateaux.

Il y a quelques années, on travaillait à relever les débris des arches, qui compromettaient la sûreté de la rivière. On retira de dessous les eaux plus de quatre cents poutres dans un très-bel état de conservation, ainsi qu'une grande quantité de fer. Cette opération curieuse s'exécutait à l'aide de la cloche à plongeur.

Dans les anciennes mœurs rouennaises, les ponts ont joué un grand rôle : c'était la promenade favorite des élégants. Un vieil historien raconte que, sur l'ancien pont de pierre, « artificieusement haussé et érigé d'une plus ample et spacieuse largeur, on avait ménagé de chaque côté un pourmenoir pour avoir le regard sur le gros fleuve tant d'amont que d'aval, sur lequel, en la saison d'été, les habitants, seigneurs, dames et damoiselles s'acheminent pour avoir plusieurs passe-temps et récréations qui se font sur ce gros fleuve, tant de tambours, flûtes, cornets, violons, chants et musique, que autres passe-temps par intervalle en ladite saison d'été. »

Les anciens de Rouen racontent qu'ils se souviennent d'avoir vu leurs pères, dans les grandes chaleurs de l'été, après leur souper (dans ce temps-là on soupait entre sept et huit heures du soir), aller, en robes de chambre, en pantoufles et bonnet de coton, s'asseoir sur le pont de bateaux, pour y parler des nouvelles du jour et y respirer la fraîcheur du soir.

Aujourd'hui l'on termine sa soirée sur *la Promenade Boïeldieu*, qui porta aussi le nom de *Petite Provence*. Deux portes de la salle de spectacle s'ouvrent sur cette étroite esplanade, que la jeunesse fashionable affectionne par-dessus tout. On s'y coudoie, on s'y étouffe. Le bourdonnement des voix y est interrompu à chaque instant par les claquements du fouet des postillons. Ce sont de rapides calèches qui amènent des voyageurs ou à l'Hôtel d'Angleterre ou à l'Hôtel de Rouen. Le lieu est plus propre à l'observation qu'à la rêverie.

« Ces voyageurs, observe M. Walsh, en apercevant tout ce monde élégant à la lueur du gaz, en regardant ces hautes et blanches maisons qui bordent la promenade, en voyant toutes leurs nombreuses fenêtres éclairées, doivent se former une grande idée de Rouen..... Il serait possible qu'un Anglais, arrivant de Paris et se rendant en Angleterre par Dieppe ou le Havre, n'ayant eu de Rouen que cette fantastique vision, racontât aux *cokneys* (badauds de Londres) que la capitale de la Normandie est une ville neuve et régulière. Il y en a, dit-on, qui rapportent de leurs voyages des notes aussi vraies que celle-là.

CHAPITRE IV.

19 mai.

Comme je n'ai plus que cinq jours à demeurer à Rouen, j'ai adopté, pour visiter les monuments, la division en cinq promenades indiquée par M. Licquet. Si tu veux me faire l'honneur de m'accompagner jusqu'au bout, prends donc une carte de la ville; nous allons explorer la partie sud-ouest.

Nous sommes logés rue Grand-Pont, qui est le grand centre de circulation et où afflue tout le commerce. Nous sommes au coin de la place Notre-Dame, et nous avons en face de nos fenêtres le bureau des Finances, un édifice dont la construction date de 1509. J'étudie sur les arabesques dont est ornée sa façade le passage du gothique au style de la Renaissance. L'écu de France, avec des porcs-épics en support, atteste les dernières années de Louis XII; la salamandre fut ajoutée aux ornements sous François Ier.

En sortant, Fulbert m'a conduit tout d'abord à la rue des Juifs, et, s'arrêtant vis-à-vis une petite maison gothique en bois, très-mutilée, du quinzième siècle : « Jeune apprenti peintre, découvre-toi avec respect, m'a-t-il dit, et lis cette inscription en lettres d'or qui papillotent sur ce marbre blanchâtre, de manière que l'œil a peine à la déchiffrer » :

« JEAN JOUVENET EST NÉ DANS CETTE MAISON,
EN AVRIL 1644. »

Dans la même rue, au n° 24, je m'arrêtai avec complaisance devant un bâtiment en pierre, construit sous le règne de Henri III. Les croisées du milieu sont enrichies de grands bas-reliefs : deux figures d'hommes nus, de grande proportion, et deux figures de femmes d'un style gracieux, qui ont dû naître sous le ciseau de quelque élève de Jean Goujon.

« Que signifient, demandai-je à Fulbert, ces moutons disposés deux par deux et en regard des deux côtés des vases, au-dessus de l'entablement?—Ces graves moutons, me répondit-il, qui tiennent fièrement, de l'une de leurs pattes de devant, une bannière sur laquelle brille une croix, te représentent les armes de la ville de Rouen. »

Autrefois, la cour qui s'étend en face du *Palais-de-Justice*, entre ces deux ailes disparates, était enfermée par des murs épais et crénelés; aujourd'hui, ce n'est plus qu'une grille en fer, portée par des clochetons, s'élevant de distance en distance, qui sépare la cour de la rue.

Quand on est en face du corps principal du bâtiment, et qu'adossé à la grille de fer, on regarde l'immense luxe d'ornements, de ciselures, de broderies, de niches, de statues, de dais, de pinacles, d'arcs-boutants à jour supportant les hautes croisées aiguës, et ce toit couronné de sa longue dentelle, et l'admirable tourelle qui fait saillie dans la cour, on s'émerveille et l'on se demande

si l'art n'est réellement pas plus pauvre aujourd'hui qu'il ne le fut à cette époque. Le palais forme une espèce d'équerre; la partie que l'on a sur sa droite, en entrant par la rue des Juifs, ne date que du commencement du dix-huitième siècle. L'intérieur de la partie vieille de cet édifice se composait de deux salles : *la Salle des Procureurs*, ainsi nommée parce que, du temps du parlement, les procureurs y avaient chacun un banc où ils donnaient audience à leurs clients, et *la Grand'Chambre*, qui sert aujourd'hui à la cour d'assises, et d'une salle beaucoup moins vaste, *la Chambre du Conseil*.

Nous nous étonnions cependant de voir une partie de la façade, depuis la tourelle, qui en décore le milieu, jusqu'à l'aile droite (en arrivant par la rue des Juifs), non grisaillée comme le reste. Nous apprîmes bientôt que cette partie de construction nouvelle était due au talent de M. Grégoire, architecte de la ville. Par un noble amour-propre d'artiste, il a demandé et obtenu que cette restauration demeurât d'une couleur différente de l'édifice, afin qu'on ne pût se tromper sur sa date, ce qui arriverait infailliblement, tant l'art du quinzième siècle est fidèlement reproduit. Ne penseras-tu pas que l'artiste, comme son œuvre, semble appartenir à une autre époque que la nôtre?

La Salle des Procureurs, ou *la Grand'Salle*, que l'on dit bâtie sur le modèle de celle de Westminster, a cent soixante pieds de long sur cinquante de large. On y montait jadis par trois escaliers différents. Il n'en reste qu'un, qui a le défaut de couper la salle en deux et de détruire, pour la personne qui y arrive, le grandiose de sa longueur. La salle manque peut-être d'élévation. Son magnifique plafond en bois de chêne sculpté, et devenu par le temps semblable à l'ébène, me semblait peser sur ma tête. Je suis de l'avis de M. Walsh : cela ne doit pas être la faute de l'architecte, mais doit provenir de ce qu'on aura, pour quelque convenance vulgaire, exhaussé le plancher et détruit les proportions primitives. En face de ces murs, couverts d'un pauvre badijon café au lait, j'ai regretté, en ma qualité d'artiste, les belles tapisseries à fleurs de lys d'or dont ils ont été longtemps revêtus.

Dans la partie neuve, on admirait encore, avant le 1er avril 1842, un plafond où Jouvenet, paralysé de la main droite, avait peint de la main gauche, et avec un talent digne de lui, *le Triomphe de la Justice*. Ce plafond, qui était celui de la salle où siége le tribunal correctionnel, s'écroula avec le fronton du bâtiment.

On commença à construire ce rare édifice, dit Farin, aux dépens de la ville, pour servir de salle commune aux marchands et mettre un terme à l'impiété de plusieurs personnes qui s'assemblaient, le plus souvent, dans l'église de Notre-Dame, et y troublaient l'ordre en causant de leurs affaires.

Voici la teneur de l'ordonnance du bailli de Rouen, intervenue à ce sujet en 1493.

« Collard de Mouy, chevalier, sieur et baron du lieu, châtelain de Bellencombre, chambellan du roi et son bailli à Rouen, etc., etc. ; —Comme de tout temps, par faute de bon ordre et police, plusieurs des Etats de la ville de Rouen, et ceux du pays de Normandie et autres nations, venant à ladite ville pour leurs affaires, ayant coutume de s'assembler en l'église de Notre-Dame, même au jour des dimanches et des fêtes, contre l'honneur de Dieu, notre créateur, et de sa très-glorieuse et sacrée Mère, etc., etc. ; après plusieurs assemblées de la ville, afin de pourvoir à ces désordres, et délibération sur ce fait de bâtir, en la place du Marché-Neuf, un grand corps de logis, pour y recevoir les gens de tous les états de ladite ville et autres lieux, qui voudraient y faire leurs assemblées et traiter de leurs affaires, nous avons, en suivant leur avis, ordonné, etc., etc. »

Le grand corps de logis fut terminé en 1499. La même année, à la sollicitation des États de la province, Louis XII, ayant rendu sédentaire à Rouen l'échiquier de Normandie, qui se tenait indifféremment à Rouen, Caen ou Falaise, et à des intervalles inégaux, il fit ajouter à cette salle ce qui était convenable pour recevoir cette cour souveraine. Il ordonna aussi que ses travaux se prolongeassent pendant tout le cours de l'année. Je me rappelle t'avoir déjà parlé de la cour de l'échiquier, sans t'avoir expliqué le sens de ce mot.

« L'échiquier, dit Farin, était ainsi nommé, parce que, *peut-être* que l'ordre et la séance d'un grand nombre de personnes de diverses conditions et de diverses parures avaient quelque rapport à la figure d'un *échiquier*, ou parce qu'au jeu d'échecs on *mate sa partie*, comme le plaideur qui gagne *mate* sa partie adverse.

« Quelques-uns se persuadent que le mot *échiquier* est allemand, comme les noms de *maréchal* et de *sénéchal*, qui viennent du mot *scelzen*, c'est-à-dire *envoyer*; comme étant la compagnie qui le composait, envoyée par les provinces pour juger en dernier ressort. »

Le savant linguiste M. Nodier donne une explication plus simple et qui, je crois, te satisfera davantage. Selon lui, on disait l'échiquier, peut-être par allusion à la configuration symétrique des pavés de la salle, au-dessus desquels il siégeait; métaphore bizarre qui rappelle encore aujourd'hui le *parquet* de nos salles de justice.

« Quelle qu'ait été l'étymologie du nom d'*échiquier*, pareille cour de justice, comme l'observe M. Walsh, devait imposer aux populations un grand respect, et comme une espèce de culte, car ce n'étaient siégeant à cette assemblée que les hommes les plus vénérés, les plus écoutés d'alors : l'archevêque de Rouen, six évêques et les abbés des principaux couvents.

« Et auprès de tous ces prélats et abbés à mitres, à croix et à crosses d'or, de ces hommes vêtus ou de chapes de pourpre et de soie, ou de robes claustrales, voyez ces comtes, ces vicomtes, ces barons reluisants de fer et le heaume en tête ; énumérez, si vous pouvez, tous ces beaux fleurons de la couronne de Normandie : c'étaient là de grandes assises. »

François Ier, en 1515, donna à l'échiquier de Normandie le nom de parlement ; il fut assimilé aux autres parlements du royaume. Les plus hauts barons et les premiers du clergé de la Normandie, qui avaient siégé à l'échiquier, cessèrent de siéger au parlement, qu'ils regardaient comme un tribunal très-inférieur à ce qu'était l'échiquier. Il n'y eut que Philippe de Roncherolles, baron d'Heuqueville, gentilhomme ordinaire de la chambre du roi, qui, après la mort de son père, en 1538, prit séance au parlement de Rouen, et son fils fit ensuite confirmer ce droit de séance, avec voix délibérative en sa faveur et en faveur de tous les aînés de la maison de Roncherolles, par lettres patentes du roi Henri III, en 1577.

Il est impossible de séjourner à Rouen vingt-quatre heures sans entendre parler de la grosse horloge ou du *gros horloge*, comme le peuple dit ici. On lit dans l'ouvrage de du Fouillet : « La grosse horloge est ainsi appelée, parce qu'elle est la plus considérable et la mieux réglée de toutes les horloges de Rouen. » Elle est sur une arcade de pierre qui s'appuie à un bâtiment destiné à servir d'hôtel-de-ville, mais qui, grâce à sa mauvaise distribution, n'a pu remplir sa destination. L'arcade, placée sur le travers de la rue Massacre, s'appuie, de l'autre côté, à la tour du Beffroi.

Le timbre de l'horloge est au haut de cette tour, dans laquelle est aussi une grosse cloche ou beffroi, que l'on sonne dans les réjouissances publiques, dans les incendies, dans les cas d'émeute, et régulièrement aussi chaque soir, à neuf heures précises jusqu'à neuf et quart; c'est ce qu'on appelle aujourd'hui la retraite, et ce que nos aïeux appelaient le *couvre-feu*, parce qu'à ce signal on devait s'empresser de couvrir et d'éteindre tout feu et toute lumière. Guillaume le Conquérant fut le premier à établir cet usage dans les villes d'Angleterre, où il craignait les révoltes de nuit. Avant de monter l'escalier de l'intérieur de la tour, qui est de deux cents degrés en pierre, Fulbert me fit lire cette inscription, sur une grande lame de cuivre parfaitement conservée :

✝ En lan de l'incarnacion de nre seignour. mil ccc. $\overset{xx}{\underset{iiii}{....}}$ et neuf :

fu comencé cest. berfroy :

et es aus ensuiuans iusques en lan mil. ccc. $\overset{xx}{\underset{iiii}{....}}$ et xviii fut fait et parfait.

ou quel temps noble home mess. Guille de bellengues

cheuallier chambellen du Roy nostre Sire estoit cappitaine de ceste ville.

honorable home pourueu et sage Johan de la taille boilly.

et sire Guillaume Alorge. Johan Mustel. Guille de Gaugy. Richard de Sommey.

Nicolas le roux. Gaultier Campion. conseillers de la dicte ville.

et Pierres hermes resceueur d'icelle. ✝

On lit sur la cloche cette inscription :

† JE SUI : HOMME :
ROUUEL : ROGIER : LE SENOU :
ME FIST : FERE :
JEHAN : DAMIENS : ME FIST. †

Comment se fait-il que la tradition populaire ait substitué le nom de Rembol à celui de Rouvel? On la désigne aussi sous le nom de la *cloche d'argent*; et des esprits naïfs prétendaient que c'était à cause de la grande quantité d'argent que le fondeur avait fait entrer dans sa composition. M. Girardin, professeur de chimie, a constaté, par plusieurs expériences, qu'il n'y en est pas entré un atôme. Un anonyme qui a publié des lettres pleines d'intérêt et d'érudition sur la ville de Rouen, partant de ce point, que les deux noms Rouvel et Rembol ne peuvent s'appliquer qu'à une seule et même cloche, rappelle qu'en 1390, Charles VI, à la suite d'une émeute, où cette cloche avait probablement rugi de sa grosse voix, la déclara confisquée, et, par lettres de cachet, l'abandonna en pur don à deux des panetiers de sa maison. Les notables de la ville s'opposèrent à l'exécution des lettres de cachet. Comme on ne retrouve dans les archives aucune pièce indiquant la suite qu'aura eue cette affaire, notre anonyme présume qu'elle se sera terminée à l'amiable : la cloche n'aura pas été livrée; mais, par accommodement, les habitants en auront donné la valeur aux deux panetiers du roi. Il ne faut pas aller plus loin pour chercher l'origine du nom de *cloche d'argent*.

L'arcade est d'un style lourd. Sa voûte présente un

bas-relief d'une exécution assez bizarre. C'est un berger qui fait paître son troupeau. Avant d'avoir lu l'inscription, *Pastor Bonus*, j'avais deviné qu'il s'agissait du bon Pasteur ; une autre inscription en regard dépeint le caractère du bon Pasteur, *qui donne son âme pour ses ouailles*.

Un vieil écrivain, Hercule Grisel, dans ses *Fastes Rouennais*, a consacré plusieurs vers à la grosse horloge. Il y parle du mouton qui figure dans les armes de la ville, au lieu du *porc lubrique et gourmand* qui s'y voyait autrefois.

Dans la Grande-Rue, j'ai donné l'attention qu'elles méritent à deux vieilles maisons en bois qui portent les numéros 115 et 129. Hyacinthe Langlois, mort il y a peu d'années, graveur distingué et sagace érudit, a publié un précieux volume, intitulé *les Maisons de Rouen*. M. de la Querière, en 1841, a publié, sur le même sujet, deux volumes qui n'offrent pas moins d'intérêt. Tu ne saurais te faire une idée du luxe que la vieille bourgeoisie de cette ville si riche apportait à décorer l'extérieur de ses habitations.

En lisant, sur la façade d'une maison de bois à deux étages, dont le premier aspect est fort insignifiant, ce nom : *Boïeldieu*, je me suis rappelé les heureuses soirées où nous chantions ensemble, à ton piano, les jolis airs de *la Dame Blanche*. J'ai lu : *Boïeldieu, François-Adrien, est né dans cette maison le 16 décembre 1775*. Honneur et reconnaissance, ma chère Élise, au gracieux compositeur à qui nos pères, et nous après eux, avons dû tant de douces émotions ! J'ai toujours aimé cette musique si vive, si mélodieuse, si spirituelle, si française enfin, qu'elle me paraît le plus fidèle reflet de l'esprit national ; ce charmant esprit que l'Europe nous enviait, et qui va

Eglise Saint-Vincent à Rouen.

s'éteignant chaque jour dans les frottements grossiers de nos mœurs politiques. Je ne sais si la musique n'est pas plus propre à civiliser les hommes que la tribune et la presse. Les luttes politiques les rendent hargneux, injustes, arrogants; la musique les charme et les dispose à devenir meilleurs : décidément, j'aime mieux la musique.

L'église Saint-Vincent, nommée autrefois Saint-Vincent-sur-Rive, parce qu'elle se trouvait au bord de la rivière, est une jolie production de l'époque de la Renaissance. On admire sa légère et gracieuse architecture, en regrettant que le chœur soit déparé par quelques ornements de mauvais goût. Parmi les vitraux, nos hommages appartinrent de droit à celui qui, exécuté en partie sur un carton d'Albert Durer, représente la Vierge à genoux auprès de plusieurs Apôtres. Le style naïf des draperies est admirable; les têtes des Apôtres respirent un calme grandiose. Un autre vitrail représente un miracle, attribué à saint Antoine de Padoue, et raconté ainsi dans *la Vie des Saints,* par François Géry.

« Il y eut un hérésiarque à Toulouse, lequel dit au saint qu'il ne croirait pas que Notre Seigneur fût véritablement dans le Saint-Sacrement de l'Autel, qu'il n'eût vu cet article confirmé par un miracle; et le miracle qu'il demanda fut que la mule sur laquelle il montait, après avoir été trois jours sans manger, quittât le foin et l'avoine qu'il lui présenterait pour aller adorer l'hostie consacrée. Le saint s'offrit de lui faire voir ce miracle. En effet, trois jours après, quoique l'hérétique eût fait jeûner rigoureusement sa mule, et qu'alors il lui présentât la pâture qu'elle aimait le plus et la pressât de manger, elle quitta tout pour aller se prosterner devant le Saint-Sacrement, que saint Antoine tenait en ses mains. »

Sur un porche gothique, au-dessus de la porte d'entrée, nous prîmes à la fois plaisir et chagrin à reconnaître, dans un bas-relief en ruines et mutilé, un essai de reproduction du Jugement dernier de Michel-Ange.

Que te dirai-je de l'ancienne église Saint-Éloy, qui, depuis 1803, est devenue le temple des protestants? Tu sais que la religion protestante n'admet aucun ornement dans les édifices qui lui sont destinés. Je n'y ai donc vu que des murailles nues, badigeonnées à la chaux; mais, soit économie, soit hasard, c'est encore au travers des anciens vitraux que la lumière arrive à ces fils égarés du christianisme, qui, substituant la raison à la foi, viennent pourtant, après trois siècles d'existence, s'abriter sous les vieilles voûtes catholiques. Ils ont brisé sur l'autel, où resplendissait la lumière des cierges, le symbole de la divinité, et le Dieu de miséricorde leur a donné asile dans son temple afin, sans doute, de les ramener à lui par la puissance de l'art et des souvenirs, c'est-à-dire par les yeux et par le cœur.

Jadis, il n'était pas rare de creuser des puits dans l'intérieur des églises; car elles étaient appelées à servir parfois de refuge aux habitants de la paroisse contre les brigandages. Saint-Éloy eut un puits très-profond, qui ne fut bouché que dans le cours du dix-septième siècle. Il existe encore à Rouen un proverbe assez usité : *Il est froid comme la corde du puits de Saint-Éloy.*

Une loi du premier consul Bonaparte, en date du 8 avril 1802, établit deux églises consistoriales pour le département de la Seine-Inférieure : l'une à Bon-Secours-lès-Rouen, l'autre à Bolbec.

L'église consistoriale de Bon-Secours comprend les arrondissements de Rouen, Dieppe, Neufchâtel, et partie de celui d'Yvetot; son conseil d'administration siége à Rouen et se compose de trois pasteurs, dont celui de Rouen, qui préside, de sept diacres et de douze anciens, parmi lesquels sont choisis le secrétaire et le trésorier.

Lors de la publication de l'Édit de Nantes, en faveur des calvinistes, par Henri IV, les protestants de Rouen, profitant de la liberté à eux accordée de construire un temple, le bâtirent au Grand-Quevilly, village situé à une lieue et demie de Rouen, sur la rive gauche de la Seine. Ce fut une des plus étonnantes constructions que l'on ait jamais vues, à juger par ce qu'en dit Farin, dans son *Histoire de Rouen* : « Je ne puis m'empêcher de parler de l'édifice admirable qui sert pour ceux de la religion prétendue réformée. C'est un ouvrage aussi curieux qui soit en France; il est fait de charpente, et sa figure est dodécaèdre, c'est-à-dire de douze pans égaux, autour desquels est une galerie à triple étage. Il a deux cent soixante-dix pieds de pourtour, quatre-vingt-dix de diamètre et soixante-six de hauteur, compris la lanterne. Il est éclairé par soixante fenêtre; il a trois portes à deux battants et peut contenir jusqu'au nombre de dix mille et sept cents personnes. Il est sans aucun pilier, et il n'y a en haut qu'une seule pièce de bois, qui sert de clé, et où viennent se joindre et fermer toutes les autres pièces de son comble. Il est estimé un des plus réguliers et hardis édifices que l'antiquité nous ait fait paraître, à l'égard de son assemblage et de sa fermeture. Il fut commencé l'an 1600, et achevé en 1601. Le charpentier qui l'entreprit se nommait Gigonday. »

Lors de la révocation de l'Édit de Nantes, en 1685,

ce temple fut démoli. On en donna les matériaux aux hôpitaux de Rouen, la bibliothèque aux jésuites, la cloche à l'église Saint-Martin-du-Pont; plus tard, elle a passé à l'église Saint-Vincent.

Nous approchions de la place du *Vieux-Marché*, qui se divise en deux parties, dont l'une, le *Marché-aux-Veaux*, à conservé un autre nom plus noble, qui rappelle un terrible souvenir : *la Place de la Pucelle*. Fulbert, dont j'avais vu, par degrés, le visage s'assombrir, me dit : « Je n'oublierai jamais le jour (j'avais douze ans alors) où mon père me prit par la main, et, me conduisant sur cette place, me raconta l'histoire de Jeanne d'Arc. Depuis, je n'ai jamais passé devant cette fontaine sans me sentir le cœur serré, et sans y voir tous les détails de son horrible supplice. Mon père me récita ce jour même, et voulut que je retinsse une épitaphe en vers de cette fille héroïque, qu'on trouve dans les annales d'Aquitaine, et qui fut imprimée à Poitiers en 1644. » Je demandai à Fulbert de me réciter ces vers à son tour; je les transcrits ici, ma chère Élise, non qu'ils soient bons, mais parce qu'ils sont un résumé biographique à l'aide duquel tu te rappelleras mieux ce que tu sais de de cette brillante époque de notre histoire nationale.

> Pour clairement montrer que les victoires
> Viennent de Dieu, par secrets adjutoires,
> Et que les rois ne se doivent fier
> En leur puissance, et avoir cœur trop fier;
> Alors qu'Anglois tenoient, sans titre, France,
> Et avoient mis Charle en grande souffrance,
> Roy de ce nom septiôme, et ses païs,
> Lui et ses gens, étant presque ébahis :
> Dieu m'envoya, qui fus simple bergère,
> Vers ce bon roy, en ma robe légère,

Me présenter à lui pour son secours,
Qui me reçut en ses royales cours,
Après qu'il sut qu'au nom de Dieu venoye,
Et en secret, sainte vie je tenoye.
Je sus porter harnois, lance et écu
En un moment dont maint homme ai vaincu,
Par ma conduite et louable hardiesse,
Dieu le voulant, qui est la bonne adresse.
 Premièrement les François je conduis
A Orléans, où je les introduis,
Et furent lors, par nous et notre suite,
Anglois chassés d'illec et mis en fuite.
 Et conquérant terre, sans séjourner,
Fismes le roi dedans Rheims couronner.
L'année après, mil quatre cent et trente,
Un déloyal François me mit en vente,
Et me livra, au sortir de Compiègne,
A quelques gens dont faut que me compleigne ;
Car tout soudain fus vendue aux Anglois,
Qui, par dépit des fidèles François,
Sans eux vouloir à rançon condescendre,
Un an après mirent mon corps en cendre :
Qui fut malheur pour eux et pour leur roy ;
Car dès ce temps tombèrent en desroy (désarroi),
Tel et si grand, qu'après la longue guerre,
Charles le roy les chassa de sa terre :
Et si mourut leur roy ambitieux
Sans seigneurie, en lieu pénurieux.
 Je pris naissance en un petit domaine
Près Vaucouleur, au duché de Lorraine :
Dieu m'envoya, par sa très-grand' bonté,
Au roy françois dont l'Anglois fut dompté,
Lorsque j'étoye en mon an dix-huitième,
Et fus brûlée en l'an vingt et troisième,
Qu'on disoit mil quatre cent trente et deux.
 Je faisois tout au nom de Dieu glorieux,
Lequel j'aimois comme son humble ancelle (servante).
On me nommoit partout Jeanne Pucelle :
Car chaste fus du corps et de l'esprit.
Souvent prenois le corps de Jésus-Christ,
Et si jeusnois trois jours en la semaine.

> Puis celui-là, qui tous ses servants mène,
> Après avoir en ce monde souffert,
> En Paradis m'a ce logis offert.

M. Buchon a publié une chronique de la Pucelle dans la préface de laquelle se trouve le récit détaillé de son supplice.

Après sa confession, le Saint-Sacrement lui fut apporté sur une patène couverte d'un voile, sans lumière, étole ni surplis, et on prononça, pendant sa communion, les litanies des agonisants.

Loyseleur, cet infâme agent qui s'était insinué dans sa prison sous prétexte de lui donner les secours de la confession, et qui, par ses trahisons et ses affreux conseils, l'avait conduite à sa perte, sur la nouvelle que la charrette fatale se rendait à la prison pour la conduire au supplice, dompté par ses remords, accourut et voulut monter sur la charrette pour lui révéler les crimes qu'il avait commis contre elle et tâcher d'en obtenir son pardon; mais les gardes le repoussèrent, et, hors de lui-même, il se hâta de fuir de Rouen pour ne pas s'y trouver le jour du sacrifice de sa victime.

On revêtait pendant ce temps Jeanne des habits de son sexe; on lui mit sur la tête la mitre de l'inquisition, sur laquelle étaient écrits ses prétendus délits de sorcellerie, transcrits aussi plus en détail sur un tableau auprès du bûcher. Elle fut conduite dans la charrette au Vieux-Marché de Rouen, accompagnée de sept à huit cents Anglais armés. Trois échafauds avaient été dressés sur la place. Sur l'un étaient les juges et les assesseurs. Jeanne monta sur le deuxième avec l'appariteur Massieu (l'huissier chargé de la conduire), et Lapierre et Martin Ladrenu, deux frères prêcheurs chargés de l'admonester et assister. Le troisième échafaud, qui était très-élevé, était celui du supplice. On lui annonça qu'elle allait être remise entre les mains séculières et on lui lut l'arrêt définitif de condamnation.

« Dès que Jeanne l'eut entendu prononcer, dit le chroniqueur, elle se jeta à genoux et adressa à Dieu, notre Rédempteur, les plus dévotes prières, demandant à toutes manières de gens, de quelque condition ou état qu'ils fussent, tant de son parti que d'autre, merci très-humblement, et requérant qu'ils voulussent prier pour elle; ès quelles dévotions, disent les témoins, elle persévéra et continua très-long espace de temps, comme une demi-heure jusqu'à la fin, tellement que les juges, prélats et autres assistants, furent provoqués à grands pleurs et larmes; et plusieurs mêmes des Anglais reconnurent et confessèrent le nom de Dieu, voyant si notable fin.

« Le notaire greffier Manchon a déclaré que jamais il ne pleura tant pour chose qui lui advint, et que, par un mois après, ne s'en pouvait bonnement apaiser; par quoi, d'une partie de l'argent qu'il avait eu au procès, il acheta un petit missel qu'il a encore, afin qu'il eût cause de prier pour elle.

« Aussitôt que Jeanne eut été abandonnée à la justice séculière, elle fut mise sans intervalle dans les mains du bailli de Rouen, qui était un Anglais, et des officiers de la justice royale. Le bailli ordonna au bourreau de la mener au bûcher.

« Tandis que le bailli donnait ses ordres, dit Massieu, son confesseur, et qu'elle faisait ses dévotions, elle fut fort précipitée par les Anglais, et même par plusieurs capitaines, de la laisser en leurs mains pour plutôt la faire mourir, disant à son confesseur qui, à son entendement, la reconfortait en l'échafaud : Comment, prêtre, nous ferez-vous dîner ici? »

Enfin, ils se saisirent d'elle. Elle salua tous les assistants, et pria tous les prêtres de dire une messe pour elle; elle descendit de l'échafaud, accompagnée de Lapierre, de Massieu et de Ladvenu, qui l'assistaient en présence d'un peuple immense, et les gardes la livrèrent au bourreau en lui disant : Fais ton office; et ainsi, disent les témoins, fut amenée et attachée. Les Anglais avaient fait construire un très-haut échafaud de plâtre au-dessus du bûcher; de sorte que, ainsi que le rapporte l'exécuteur, il ne pouvait bonnement et facilement expédier ou atteindre à elle; de quoi il était fort marri, et avait grande compassion de la forme et cruelle manière par laquelle on la faisait mourir. Tandis que Lapierre et Massieu étaient en bas de l'échafaud à la regarder, Martin Ladvenu était monté sur le bûcher à l'endroit où elle était liée avec le visage découvert. Il y demeura jusqu'au dernier moment, et il était si bien occupé à la préparer à la mort, qu'il ne s'aperçut pas de l'instant où l'on commença à mettre le feu au bûcher. Jeanne, reconnaissante de sa charité, y veillait pour lui. Dès qu'elle s'en aperçut, elle eut la présence d'esprit et le courage de l'en avertir, de lui dire de se retirer, et de le prier de tenir la croix élevée devant elle, afin qu'elle eût la la consolation de la voir jusqu'à son dernier soupir; ce qui fut exécuté, ainsi qu'il le dépose lui-même. « Elle étant dans les flammes, oncques ne cessa de résonner jusqu'à la fin et confesser à haute voix le nom de Jésus, en implorant et invoquant sans cesse l'aide des saints et saintes du paradis; et en rendant son esprit et inclinant sa tête, elle proféra le nom de Jésus, en signe qu'elle était fervente en la foi de Dieu. »

Incontinent après l'exécution, le bourreau vint à Massieu et à son compagnon Ladvenu « frappé et ému d'une merveilleuse repentence et sensible contrition, comme tout désespéré, craignant de non savoir jamais impétrer pardon et indulgence envers Dieu, de ce qu'il avait fait à cette femme; et disait et affirmait ledit bourreau, que nonobstant l'huile, le soufre et le charbon qu'il avait appliqués contre les entrailles et le cœur de ladite Jeanne, toutefois il n'avait pu bonnement consumer ni rendre en cendre les *breuilles* (entrailles, les pêcheurs le disent encore pour les entrailles de poisson), ni le cœur; de quoi était autant étonné comme d'un miracle tout évident. »

Massieu dit que Jean Fleury, clerc du bailli, et greffier du baillage, a assuré que le corps de Jeanne étant réduit en cendres, son cœur était resté entier et plein de sang.

Tout ce qui s'était passé sur le premier échafaud avait été si touchant, qu'une partie des assesseurs n'eut pas le courage d'assister à l'exécution. Houppeville, Miget, Fabry, Riquier, Manchou, et plusieurs autres dont nous n'avons pas les noms, se retirèrent en pleurant; d'autres y restèrent jusqu'à la fin, tels que Jean de l'Épée, chanoine de Rouen, qui disait en versant des flots de larmes amères, qu'il voudrait bien que son âme fût à la mort dans le même lieu où il croyait qu'était celle de Jeanne.

Dès que Jeanne fut morte, les Anglais craignant toujours les erreurs populaires, ordonnèrent au bourreau d'écarter le feu pendant quelque temps, afin que tous les assistants fussent bien convaincus qu'elle était véritablement morte.

Cependant, parmi les Anglais eux-mêmes, cette fin

si pieuse en avait touché plus d'un. Un des assesseurs raconta qu'il avait vu Jean Frappart, secrétaire du roi d'Angleterre, revenir de l'exécution ; il était triste et pleurait d'une façon lamentable : « Nous sommes tous perdus, disait-il, parce qu'on a brûlé une sainte personne, dont l'âme est dans la main de Dieu. »

Un Anglais qui la haïssait au delà de ce qu'on peut imaginer, avait juré de placer lui-même un fagot pour la brûler. Il tint son serment; mais voyant la façon dont elle mourait, il fut d'abord étonné, et se vit ensuite au moment de perdre connaissance, si on ne fût pas venu à son secours. Il avoua l'après-midi, devant Lapierre, qu'il avait eu tort; qu'il se repentait de ce qu'il avait fait contre elle, et enfin qu'il croyait que c'était une bonne femme, parce qu'au moment de sa mort, il avait vu une colombe blanche qui sortait de la flamme. Le même jour, le bourreau, sur l'ordre des Anglais, rassembla les restes du corps de Jeanne et les jeta dans la Seine.

Vingt-cinq ans après, les Anglais étant chassés de France, à la requête de la mère et des frères de Jeanne d'Arc, le procès fut révisé ; une bulle du pape Calixte III autorisa cette révision, qui fut commencée par le cardinal d'Estouville et continuée ensuite par un magistrat qu'il en chargea. Des commissaires, nommés par le pape, se réunirent au palais archiépiscopal de Rouen, et appelèrent à venir déposer devant eux toute personne instruite de ce qui s'était passé dans l'odieuse procédure. Les dépositions de cent douze témoins qu'on entendit alors existent encore. Une sentence du 7 juillet déclara le premier jugement nul, abusif et manifestement injuste. Elle ordonnait, en outre, que, le même jour, l'on ferait une procession générale sur la place Saint-Ouen, où avait été prononcé le premier des deux jugements rendus contre la Pucelle, et, le lendemain, sur la place où avait eu lieu l'exécution; qu'on prêcherait sur ces deux places, et que, sur la dernière, on élèverait une croix comme monument public de la réparation qu'on faisait à sa mémoire. Louis XI, à son avénement au trône, fit rechercher avec le plus grand soin ceux des assassins de Jeanne d'Arc qui vivaient encore; et tous ceux qu'on put découvrir payèrent de leur vie celle de leur victime. Quelques historiens disent qu'on confisqua leurs biens, ce qui est probable; d'autres ajoutent, mais en cela ils commettent une erreur, que ces biens furent employés à élever une église sur le lieu même du supplice et à y fonder une messe pour le salut de son âme.

Plus tard, on éleva sur ce lieu une fontaine triangulaire d'un travail très-délicat. Jeanne d'Arc y était représentée avec l'armure complète de chevalier, et agenouillée devant Charles VII. En 1755, cette fontaine a été remplacée par celle d'un style lourd qu'on voit aujourd'hui. Les dessins en furent donnés par Descamps père. Elle est ornée d'une statue due au ciseau de Stolz, statuaire distingué, dont l'on voit plusieurs morceaux estimés dans le jardin des Tuileries, à Paris. L'héroïne est représentée couverte d'une armure, la main appuyée sur le pommeau de son épée. Un maire de Rouen, du nom de Fontenay, l'a préservée de la destruction en 1793, en faisant observer à des dévastateurs furieux que Jeanne d'Arc était du tiers-état, et que sa statue avait droit à la vénération du peuple.

Pour nous remettre un peu des émotions pénibles qu'inspire le souvenir du crime odieux commis par la politique anglaise, il n'a fallu rien moins que l'aspect de l'hôtel du Bourgtheroulde, qui occupe un des côtés de cette même place. Quelque incomplet et quelque mutilé qu'il soit aujourd'hui, il n'en est pas moins une des plus curieuses et des plus riches habitations que, depuis la Renaissance, les arts aient élevées. Quelques écrivains en attribuent la construction au duc de Bedford, qui porta le titre de Régent pour le roi d'Angleterre ; d'autres prétendent qu'il a été élevé par François I*er*; d'autres, que ce fut le lieu où se tenaient anciennement les assises de l'Échiquier, et qu'il fut construit par Charles VII; enfin, un écrivain moderne assure qu'il a été bâti par un simple particulier, par Guillaume le Roux, seigneur du Bourgtheroulde, et que la date ne remonte qu'à la fin du quinzième siècle. Quoi qu'il en soit, Montfaucon fut le premier qui donna la véritable explication des fameux bas-reliefs qui décorent le soubassement extérieur de l'ancienne galerie de cet édifice. L'opinion générale y voyait une représentation du concile de Trente ; le savant antiquaire constate qu'il y fallait voir une représentation du *Camp du Drap d'Or*. Tu n'ignores pas qu'on donne ce nom à une célèbre entrevue qui eut lieu entre François I*er* et Henri VIII, et qui fut, en effet, l'occasion d'une magnificence incroyable, dans un camp dressé dans une petite vallée du nom de Val-Doré.

Tu vas comprendre si ces bas-reliefs sont intéressants pour qui étudie les costumes et les mœurs d'une époque. Le premier représente la ville de Guines, d'où le roi d'Angleterre et toute sa suite sont sortis, excepté quelques-uns des derniers, qui demeurent encore. Des seigneurs et des dames sont placés aux fenêtres de la galerie du château. Au pied de la muraille sont deux pièces de canon montées sur des roues (le temps les a détruites). La troupe anglaise est composée de cavaliers et de piétons; quelques-uns des cavaliers ont de grands plumets à leurs chapeaux; les piétons ont tous le chapeau entouré de plumes étendues, figurant assez bien la queue d'un paon qui fait la roue.

Dans le second bas-relief, on voit une troupe de cavaliers, à la tête desquels est l'archevêque d'York, ce fameux cardinal de Wolsey, légat du pape; il s'avance à cheval, entre deux seigneurs. Devant le légat est un ecclésiastique à cheval, portant une croix, et précédé de deux massiers.

Le troisième représente l'entrevue proprement dite. Les deux rois se saluent et tiennent leurs chapeaux élevés de la main droite. La housse du cheval de François Ier est parsemée de fleurs de lys; celle de Henri VIII est chargée alternativement de léopards et de rosettes; la tête des chevaux est ornée de grandes plumes. Les deux rois ont chacun à leur côté un valet de pied, avec sa toque entourée de plumes, mais rejetée derrière la tête. Le dernier cavalier, à droite, est un de ceux du roi de France; il montre son dos, où l'on voit une salamandre couronnée.

Dans le quatrième, on voit la suite du cortége de François Ier; un ecclésiastique à cheval, et portant la croix double, précède le cardinal de Boisi, légat du pape. Ce dernier s'avance à cheval, entre deux seigneurs, décorés du collier de Saint-Michel, comme plusieurs autres seigneurs qui suivent, entre lesquels on remarque les cardinaux de Bourbon, d'Albret et de Lorraine.

Le cinquième est consacré au reste du cortége de François Ier. La ville ou le château d'Ardres, d'où il sortait, est représenté au bout. Sur les murs, et à trois fenêtres d'une galerie, sont plusieurs personnes qui regardent. Au pied du château étaient, comme à Guines, deux canons qui ont disparu.

La porte principale de l'hôtel offre, du côté de la cour, deux portraits en médaillon, qu'avec quelque attention on reconnaît pour ceux de François Ier et de Henri VIII.

« L'entrevue des deux rois, dit M. Gaillard, dans son *Histoire de François Ier*, se fit entre Ardres et Guines, à trois lieues de Calais. Les deux reines furent du voyage. Elles menaient à leur suite tout ce que leur cour avait de plus aimable. La dépense n'eut pas de bornes, surtout de la part des Français; il s'agissait de soutenir la splendeur de la nation. Elle fut telle, dit Martin du Bellai, que plusieurs y portèrent leurs moulins, leurs forêts et leurs prés sur leurs épaules. Une chose peut-être assez remarquable, c'est que les Français se signalèrent par la magnificence, et les Anglais par le goût. Mais les femmes conservèrent à la France l'empire des modes; les Anglaises s'avouèrent vaincues dans l'art de la parure, et prirent l'habillement français, en quoi, dit un écrivain du temps, elles perdirent du côté de la modestie plus qu'elles ne gagnèrent du côté de la grâce. »

Une chronique de l'époque donne le costume des deux rois. « Celui de France était vêtu d'une saye de drap d'or frisé, ayant une manteline de drap d'or battu fort enrichie de pierreries. La pièce de devant et ses manches bien garnies de fines pierreries, comme gros diamants, rubis, émeraudes, grosses perles en forme et façon de houppes ; et pareillement sa barrette et bonnet de velours et garnie de plumars et pierreries, tant que tout en reluisait..... Le roi d'Angleterre était habillé de toile d'argent, ayant force pierreries, et bien riche sur lui et emplumé de plumes blanches..... Quand furent près, donnèrent des éperons à leurs chevaux, comme font deux hommes d'armes quand ils veulent combattre à l'épée ; et au lieu d'y mettre les mains, chacun d'eux mit la main à son bonnet, et aussitôt l'un que l'autre, et s'embrassèrent et accolèrent moult doucement, ayant les têtes nues, puis descendirent de leurs coursiers et mirent pied à terre ; et, de rechef, s'accolèrent, et ce fait, se prirent par les bras pour entrer dans un très-beau pavillon tout tendu de drap d'or, que le roi d'Angleterre avait fait dresser au milieu dudit Val-doré. »

Une jolie tourelle gothique polygone, décorée de bas-reliefs représentant des scènes pastorales, se voyait à l'angle qui donne sur la rue du Panneret. Elle a disparu tout récemment, raconte M. de la Quérière, par suite d'un accident arrivé en l'année 1824. Des ouvriers occupés à placer la corde d'un réverbère, voulant s'assurer, en tirant dessus, que le crochet fiché entre deux des pierres de cette tourelle tenait assez, enlevèrent une partie de la muraille et de l'encorbellement. Le propriétaire attaqua la ville en dommages-intérêts; mais la ville argua que la tourelle menaçait déjà ruine, qu'on y voyait de nombreuses lézardes, et elle s'opposa à sa réparation pour cause d'alignement à donner. Peu après, se mettant à la place du propriétaire, qui n'agissait point, elle fit *elle-même* démolir le reste de la tourelle.

Le côté gauche, dans la cour, qui formait autrefois galerie, se recommande par un grand entablement dont la frise, divisée en six panneaux, offre autant de bas-reliefs symboliques et mystiques d'une très-belle exécution.

Dans son ensemble et dans ses détails, ce chef-d'œuvre de l'architecture en usage sous Louis XII et François Ier, offre une continuelle réminiscence de l'antique, qui s'y montre, accompagné d'une foule d'ornements de tout genre, dépendant du style arabesque.

Par malheur, la dégradation de ces ornements, ainsi que des bas-reliefs, devient de jour en jour plus sensible. Un Rouennais, M. Rossi, a eu l'heureuse idée d'entreprendre de les mouler en plâtre. Il se charge d'en fournir des exemplaires à un prix modéré.

Un gracieux souvenir se rattache à l'Hôtel du Bourgtheroulde. Un écrivain du temps raconte « qu'il arriva en la ville le comte de Scherosbery, ambassadeur envoyé par la reine d'Angleterre Élisabeth, vers Sa Majesté (Henri IV), accompagné de grand nombre de seigneurs et gentilshommes dudit pays, pour renouveler les alliances du royaume de France et d'Angleterre, et présenter au roi l'ordre de la chevalerie de la Jarretière, à lui envoyé avec autres présents par ladite dame. Et fut icelui seigneur ambassadeur, logé en l'Hôtel du Bourgtheroulde, fort richement préparé pour sa réception, et meublé même et tendu des plus riches meubles et tapisseries du roi, qu'il avait commandé être fait venir de Gaillon pour cet effet. Et d'abondant par la libéralité de Sa Majesté, ledit seigneur et toute sa suite furent défrayés de tous dépens, dès son entrée en France, jusqu'à son retour en Angleterre. »

Nous nous contentâmes d'un coup d'œil jeté légèrement sur la fontaine qui occupe le centre du Vieux-Marché proprement dit : quatre colonnes d'ordre dorique supportent une lourde console de marbre ; cela est froid et lourd ; et nous vînmes saluer, rue de la Pie, la maison qui porte le numéro 4. Cette fois, les lettres d'or de l'inscription se détachent sur un marbre noir et se lisent plus facilement que celles de Jouvenet.

« ICI EST NÉ, LE 9 JUIN 1606, PIERRE CORNEILLE. »

Le propriétaire a eu l'heureuse idée de placer à la façade le buste de l'homme de génie ; mais il est fâcheux qu'il ait fait plâtrer cette devanture dans toute sa hauteur. La maison a un air de jeunesse qui contrarie les souvenirs, et ôte du respect qu'on se sent disposé à lui porter. Dans la maison d'à côté est né Thomas Corneille. Fulbert m'a dit que, sur le chemin de Bapaume, se voit une vieille maison en bois de peu d'apparence, à fenêtres grillées, qui a été habitée aussi par l'illustre poëte.

L'Hôtel de la Préfecture m'a paru convenable pour loger une autorité et ses bureaux ; c'est le seul éloge qu'en bonne conscience je puisse donner à son architecture.

Je n'ai pas manqué de me faire conduire à la maison où naquit Fontenelle. La rue des Bons-Enfants, où elle se trouve, avait reçu, en 1794, le nom de Fontenelle et l'a porté pendant deux ans, après quoi on le lui a ôté. Au lieu de le lui rendre, comme c'était son droit, on a cru devoir le donner à une rue qui passe le long de la Préfecture.

Sur la place où s'élevait autrefois la Porte-Cauchoise, Fulbert m'a raconté que, lors du siége de Rouen par les Anglais, sous leur roi Henri V, un sieur Leblanc, lieutenant anglais de la forteresse d'Harfleur, vint adresser un défi aux chevaliers français devant la Porte-Cauchoise. D'Arly défendait cette porte. Sorti des murs avec trente compagnons, tous gens de pied, il fut devant la barrière, droit à qui le défiait, et, du premier coup, le chevalier anglais fut transpercé sur son cheval, abattu et traîné de vive force dans la ville. D'Arly reçut pour la rançon du corps quatre cents nobles, qui auraient aujourd'hui une valeur de douze mille francs. « A cause de sa vaillance, dit Monstrelet, il fut moult honoré de tous ceux qui étaient dans Rouen. »

« L'an 1509, dit l'historien Du Souillet, en creusant les fossés de la Porte-Cauchoise, on trouva un tombeau de pierre où était une lame de cuivre avec cette inscription : « Dans ce tombeau gît noble et puissant seigneur le chevalier messire Ricon de Vallemont et ses ossements. » Il fallait que ce fût un géant : son crâne contenait un boisseau de blé, et l'os de sa jambe venait jusqu'à la ceinture du plus grand homme de notre temps ; « ce qu'ont vu et attesté deux fameux avocats du parlement, étant encore fort jeunes, M. Colombel et M. de Maromme. »

Tu sais, ma chère Élise, si j'ai toujours aimé ces bonnes et pieuses filles qui se dévouent à soigner les malades. Tout petit enfant, j'éprouvais déjà un sentiment de tendre respect quand je rencontrais dans la rue leur robe noire et leur guimpe blanche, si simple et si propre. J'ai retrouvé aujourd'hui toutes ces émotions en visitant l'Hôtel-Dieu de Rouen, et en voyant des dames religieuses de l'ordre de Saint-Augustin parcourir, avec la douce flamme de la charité dans les yeux et un sourire affable sur les lèvres, les petites ruelles qui séparent les six cents lits de fer répartis dans les quinze vastes salles de ce magnifique établissement.

J'ai retenu, et je transcris pour toi, ces deux vers que l'une d'elles a écrits dans son laboratoire, où les malades viennent la trouver souvent :

> Si quelqu'un du prochain veut parler et médire,
> Sans autre compliment qu'il sorte et se retire.

Du cabinet de cette sœur j'ai joui d'une vue admirable : la cathédrale apparaît majestueuse au bout de la rue de Crosne, et le vieil édifice, si merveilleusement découpé à jour, se dessine sur l'un des coteaux verdoyants qui entourent la ville.

Dans une cour du fond est une machine hydraulique, construite par Ferry, et qui alimente les réservoirs de la maison et plusieurs autres fontaines de la ville. Sur la porte du bâtiment on a inscrit un distique latin, dont je te donne la traduction par M. Licquet :

« Ici une nymphe qui se cache dispense des eaux salubres aux malades et aux bien portants ; elle t'avertit ainsi de répandre en secret tes bienfaits. »

Dans le cimetière où l'on porte les morts de l'Hôtel-Dieu, on voit un tombeau qui porte cette inscription :

« Ici reposent dix-neuf chrétiens qui, s'étant dévoués

à l'assistance des malades de la peste, y ont fini leurs jours dans l'exercice de la charité. Leurs cendres, éloignées de celles de leurs frères, sont les illustres marques d'un zèle qui n'a pu être empêché ni par la crainte de la maladie contagieuse, ni par l'amour que les hommes ont naturellement de vivre. Le même Évangile qui les avait déjà privés de tous les biens de la terre, les a fait mourir dans le lit d'honneur, puisque c'est en exerçant la charité, qui est la première de toutes les vertus.

« Passant, porte une sainte envie à leur condition ; si tu ne veux être méconnaissant, ne refuse pas tes prières à leurs âmes généreuses, qui ont sacrifié leur vie au bien public. »

Ces dix-neuf héros de la charité ont appartenu à l'ordre des Capucins.

Sur le fronton de la petite église de la Madeleine, qui est attenante à l'Hôtel-Dieu, et qui est une construction toute moderne, datant de 1781, j'ai remarqué un bas-relief représentant une femme allaitant des enfants. Ce symbole de la charité ne pouvait être placé avec plus d'à-propos. Cet édifice, dans le style purement classique, avec son péristyle soutenu par quatre colonnes corinthiennes, son dôme surmonté d'un obélisque, se distingue par une noble élégance et son heureuse situation pittoresque à l'extrémité d'une longue avenue.

Fulbert me fit remarquer, avec un sentiment d'orgueil bien naturel, deux fort beaux tableaux d'un peintre rouennais, Vincent : la Guérison de l'Aveugle et la Guérison du Paralytique. « Les décors de cette église, a-t-il ajouté, t'ont paru remarquables ; eh bien ! ils sont également l'œuvre d'un compatriote, le sculpteur Jadoulle, à qui Rouen devait plusieurs morceaux estimés, mais qui, presque tous, ont été détruits pendant nos troubles révolutionnaires. Pour couronner le tout, je te dirai maintenant le nom de l'architecte, c'est Lebrument, que ma chère ville natale a vu naître aussi. »

Étourdi que je suis! j'allais quitter la cathédrale, ma chère Élise, sans te parler du palais archiépiscopal, qui y est contigu. Ne pas te mentionner la porte extérieure, élevée sur les dessins de Mansard, conçois-tu cet oubli, et de la part d'un homme qui ose prétendre un jour à la gloire? La galerie des *États,* qui servit à quelques assemblées, est ce que l'intérieur présente de plus remarquable; elle est ornée de quatre grands tableaux peints par Robert: ce sont des Vues du Havre, de Dieppe, de Rouen et du Château-Gaillon.

C'est une vue bien triste, bien déchirante que celle des souffrances du pauvre, surtout pour celui qui est pauvre lui-même et ne peut que plaindre et non pas soulager le malheur. Au sortir de l'Hôtel-Dieu, Fulbert et moi nous nous sentîmes le cœur serré, et, pour la première fois, nous avons éprouvé un véritable chagrin de n'être pas nés riches. Si, du moins, nous avions du talent! nous pourrions offrir à l'église de la Madeleine un tableau qui attirerait peut-être les curieux, et amènerait des visiteurs en état de donner ici de bonnes aumônes. Que de puissants motifs, outre l'amour de la gloire, pour redoubler d'ardeur au travail! Voilà, ma chère Élise, ce que nous nous sommes dit en nous promenant dans la belle avenue du Mont-Riboudet, où nous étions venus chercher un air pur pour notre poitrine oppressée.

Cette quadruple rangée d'ormes, qui traverse de belles prairies, est la principale entrée de Rouen, lorsqu'on arrive du Havre ou de Dieppe. Le coup d'œil est admirable, surtout du monticule. L'œil se repose à gauche sur un vaste amphithéâtre de potagers; à droite, sur un tapis verdoyant que borde le fleuve. Plus près de la ville, une forêt de mâts, un tableau complet de marine, a éveillé en moi des idées de voyages lointains.

C'est dans cette merveilleuse disposition d'esprit que, rentré en ville, je suis arrivé devant les deux bas-reliefs qui ornent la façade de la Douane, représentant la Navigation et le Commerce. La Navigation est une femme d'une beauté grandiose; de sa main droite elle soulève un voile qui recouvrait le monde; sa main gauche s'appuie sur un gouvernail; à ses pieds est la boussole; son front est couronné d'étoiles. Sur le gouvernail on lit les noms de Colomb, Gama, Lapeyrouse, Bougainville, Ross, Franklin, Freycinet, Blosseville. Le Commerce est un beau jeune homme, dont les formes rappellent le Mercure antique. Au caducée, l'artiste a ajouté la balance : il est à espérer que c'est celle de la Justice. L'Asie, en costume oriental, présente au Commerce ses parfums et ses tissus. L'Afrique, nue, et l'arc en main, offre, je ne sais pourquoi, la plante du café, qui appartient à lAsie, puisqu'elle est originaire de l'Arabie. L'Amérique, armée d'un casse-tête, apporte ses pelleteries. L'Europe, cette fois, n'est point une femme comme les artistes s'accordent, pour l'ordinaire, à la représenter; c'est un jeune homme habillé comme je pourrais l'être et tenant un livre, symbole de la science et de la puissance intellectuelle. Ces bas-reliefs sont dus au ciseau du célèbre statuaire David. L'édifice est de construction toute récente; il n'a été terminé qu'en 1838; il rappelle assez le style sévère de l'architecture florentine. Nous avons franchi l'entrée de cette ruche où s'agitaient une foule d'employés et de commis-marchands, tous courant, s'affairant, et nous sommes venus dans une grande cour octogone, couverte d'une coupole en fonte, admirer un Mercure sorti du ciseau de Coustou. Il a orné jadis le fronton de l'ancien bâtiment de la Douane, que l'hôtel actuel a remplacé. Éclairé par un jour mystérieux, il produit, dans sa place actuelle, un fort bel effet.

J'aime peu les chiffres, et tu ne les aimes pas davantage; il est cependant bon que tu saches, puisqu'on a pris la peine de me l'apprendre, que les exportations du port de Rouen s'élèvent environ à 25 millions de francs, et les importations à 8 ou 10 millions. L'entrepôt de cette ville a reçu, pendant l'année 1837, en poids, des marchandises pour plus de 27 millions de kilogrammes.

Je t'ai raconté comment la grande salle du Palais-de-Justice avait été, dans le principe, construite à l'usage des marchands, afin de prévenir le scandale de les entendre causer d'affaires au milieu de la cathédrale pendant l'office. Aujourd'hui la Bourse couverte se tient dans la galerie du rez-de-chaussée d'un bâtiment appelé *les Consuls*, et où le tribunal de Commerce tient ses séances. Nous avons monté à l'étage supérieur, non pour vider un procès, Dieu nous préserve des procès! mais pour payer notre tribut d'admiration à un Christ de Van-Dyck, placé dans la pièce contiguë à la salle d'audience. Le Rouennais Lemonnier a enrichi cette salle de deux grands tableaux : l'un représente Louis XVI recevant les membres de la Chambre du Commerce, en 1786; l'autre, purement allégorique, nous montre le génie du Commerce entrant en rapport avec les quatre

Parties du monde. La Paix, sous les traits de Minerve, lui donne des encouragements. Mercure montre à l'univers l'Union et la Liberté comme le lien des nations. C'est de la bonne et consciencieuse peinture.

Nous sommes allés ce soir au Théâtre-des-Arts. J'y ai remarqué le plafond, dû au pinceau d'un autre peintre rouennais, Lemoine, qui a eu l'heureuse idée d'y représenter l'Apothéose du grand Corneille.

CHAPITRE V.

20 mai.

Nous avions à visiter aujourd'hui la partie nord-ouest de la ville ; nos pas se sont d'abord dirigés vers l'église de Saint-Godard. L'édifice actuel ne remonte pas au delà du treizième siècle, et il est facile de reconnaître qu'il a été bâti à plusieurs reprises. Tel qu'il est, cependant, c'est une des vastes églises de Rouen ; elle ne compte pas moins de cent quinze pieds de longueur, sur une largeur de soixante-dix-huit. Après la Révolution, elle n'a été rendue au culte qu'en 1806.

Elle est rentrée alors en possession de ses deux belles vitres ou *voirières*. Celle de la chapelle de la Vierge représente la mère du Sauveur et les rois de Juda, dont elle est descendue. La composition est riche, et les rois sont d'un grand caractère. La *voirière* de la chapelle Saint-Nicolas représente différents traits de la vie de saint Romain; le peintre n'a pas oublié l'histoire de la *Gargouille*. Ce nom, *Gargouille*, est un vieux mot par lequel le peuple désigne encore aujourd'hui ces sortes de serpents ailés, ces dragons, dont fait mention la légende en plus d'un passage. Je ne puis me dispenser de te donner l'histoire de la Gargouille de Rouen, telle qu'on la trouve dans *la Normandie Chrétienne*, de Farin, qui la rapporte d'après un légendaire.

« Du temps de Dagobert, il arriva à Rouen une chose merveilleuse. Il y avait un dragon d'une grandeur prodigieuse, qui faisait sa demeure au faubourg de la ville, dans un lieu marécageux et qui dévorait, non-seulement les animaux, mais aussi les hommes, qui n'osaient librement sortir hors de leurs murailles. Mais saint Romain, qui était pour lors évêque du lieu, voyant cette calamité, rempli qu'il était de l'esprit de Dieu, se résolut de chercher quelque remède pour délivrer la ville de ce malheur. Il fit sortir de la prison, pour lui tenir compagnie, un criminel convaincu de meurtres et de brigandages, et s'étant, avec lui, approché du serpent, il le rendit doux comme un agneau, par la vertu du signe de la croix, et le donna au meurtrier pour le mener en la ville, où il fut brûlé et ses cendres jetées à la rivière. Le bruit de ce miracle s'épandit aussitôt par toute la France, et parvint jusqu'aux oreilles du roi, qui commanda à ce bon prélat de le venir trouver, pour apprendre de sa bouche comment toute la chose s'était passée ; ce qui porta de l'étonnement mêlé d'une joie sensible dans le cœur du roi et des princes qui étaient présents. Mais, afin de ne perdre jamais la mémoire d'un si grand miracle, ce même roi, à la prière de Dadon, qui était pour lors son chancelier, qui fut par après appelé saint Ouen, et qui succéda à saint Romain, sous le règne de Clovis II, fils dudit Dagobert, donna pouvoir et pleine autorité à l'Église de Rouen de délivrer un prisonnier tous les ans, le jour de l'Ascension, auquel ce miracle était arrivé, bien que ce criminel fût atteint et convaincu de tous les crimes imaginables. »

Rien n'est comparable à l'éclat de ces deux *voirières*. Leurs couleurs sont si vives, si agréables à l'œil qu'il s'est accrédité à Rouen un ancien proverbe. Pour bien peindre du vin rouge, vieux et généreux, les bonnes gens disent encore : « *Ce vin est de la couleur des vitraux de Saint-Godard.* »

L'église actuelle en remplace une autre, qui périt par un incendie, en 1248. Te dire l'époque d'où datait l'église primitive me serait impossible. Il faudrait, pour cela, mettre d'accord trop d'écrivains, qui diffèrent d'opinion. Contente-toi de savoir que saint Godard y fut inhumé dans la chapelle souterraine.

Saint Godard naquit à Salency ; il était frère de saint Médard. Voici comment un ancien légendaire parle des deux saints.

« Un même jour les vit naître ; ils furent baptisés en même jour, ordonnés prêtres en même jour, sacrés évêques en même jour, moururent aussi en même jour, pour entrer au saint paradis en même jour.

« En ces temps-là, les esprits étaient extrêmement partagés, car tandis que les uns faisaient des sacrifices aux démons, les autres adoraient le vrai Dieu. Alors les temps étaient malades et avaient besoin des bons médecins ; la foi était en son berceau ; il ne faisait ni jour ni nuit, mais on voyait un crépuscule par toute la France, qui portait autant de ténèbres que de lumières.

« La mère de saint Godard et de saint Médard avait nom Protagie et leur père Nectar.

« Protagie avait pour eux un amour extrême, et prenait un soin passionné de leur éducation. Mais elle ne les aimait que pour Dieu, que pour peupler le ciel, et pour en faire des serviteurs à l'Église. Elle n'avait point pour eux ces tendresses vicieuses que la nature corrompue donne aujourd'hui aux pères et aux mères, leur faisant apprendre des malices qu'il faudrait leur faire oublier. Elle n'en faisait point ses idoles de cabinet, comme font aujourd'hui plusieurs, qui sacrifient à leurs enfants non-seulement toutes leurs espérances, mais aussi leurs propres cœurs, et qui leur font des hommages comme à quelques divinités. »

L'auteur de *la Normandie Chrétienne* fait observer que « quand on dit que saint Godard et saint Médard sont morts le même jour, cela ne se doit pas entendre de la même année, puisque saint Médard est mort l'an 564, et saint Godard vingt-huit ans environ avant son frère, c'est-à-dire en l'an 533. Comme aussi ils ont été sacrés évêques le même jour, comme pourrait être le dimanche *Lætare*, ou le dimanche dans l'octave de l'Ascension, mais l'un plusieurs années devant l'autre, puisque saint Godard était déjà archevêque de Rouen que saint Médard ne l'était pas encore de Noyon. Pour ce qui est de la naissance, il faut croire qu'ils sont frères jumeaux, car tous les auteurs, les martyrologes, les légendes, les manuscrits l'affirment. »

Sur le portail de l'église Saint-Laurent, devenue aujourd'hui propriété particulière, Fulbert me fit remarquer une singularité dont on connaît peu d'exemples ; c'est cette inscription en lettres gothiques : *Post tenebras, spero lucem;* Après les ténèbres, j'attends la lumière.

Dans le jardin d'un pensionnat de demoiselles, situé rue Morand, aux dames Urselines, se voit encore aujourd'hui la tour du donjon du Vieux-Château. C'est tout ce qui reste des fortifications de Rouen au Moyen-Age. Cette tour, qui remonte à Philippe-Auguste, sera conservée, grâce à l'active sollicitude de M. Deville, le directeur du Musée d'antiquités.

Le Vieux-Château fut une vaste forteresse qui occupa tout l'espace compris entre le boulevard actuel de Bouvreuil, la rue et la porte Bouvreuil, la place du Baillage, la rue de la Truie et le passage établi près l'église Saint-Patrice.

« Pour entrer dans l'enceinte de ce château, il fallait, dit un historien de la ville de Rouen, passer par une basse-cour qui avait deux portes : l'une était auprès de l'Hôtel de Raffetot, et demeurait toujours fermée, sans corps de garde ni sentinelle, et on ne l'ouvrait que pour les charrettes qui apportaient des provisions au château. Pour les carrosses, on n'avait garde de les y faire passer, puisque en ce temps-là il n'y en avait pas un dans la ville, et que ce ne fut que vers l'an 1596 qu'on y vit le premier qu'il y ait eu jamais. Les anciens m'ont assuré de cette vérité, ajoutant qu'on y était si éloigné du luxe, qu'il n'y avait que le premier président qui montait sur une mule pour aller au Palais, où tous les conseillers se rendaient à pied, et avec si peu d'éclat, qu'ils ne portaient sur leurs souliers que des aiguillettes de fil. »

A l'époque où Du Souillet écrivait ceci, c'est-à-dire

au commencement du siècle dernier, les tours du Vieux-Château avaient été rasées, à l'exception de trois : la tour du Gascon, la tour du Donjon, et la tour de la Pucelle. Cette dernière, qui était plus loin, vers la porte Cauchoise, avait reçu ce nom après que Jeanne d'Arc y eut été enfermée. Elle y fut enchaînée par le cou, les pieds et les mains, gardée jour et nuit par des soldats anglais. Sa prison fermait à trois clefs, remises aux mains de trois autorités différentes. Cette tour n'existe plus depuis 1780. La tour du Gascon était la plus petite et la moins importante; elle reçut aussi le nom de tour de *Bigot,* du nom d'une famille très-distinguée, d'où sont sortis plusieurs magistrats et plusieurs savants; elle vient d'être démolie en 1839 et 1840, pour faire place à des maisons. Puisse la tour du Donjon, vieille et vénérable tour en pierre de taille grise, et qui porte une épaisse couronne de lierre, subsister encore de longues années sous la protection éclairée de M. Deville, et après lui, de nombreux successeurs!

L'église Saint-Romain m'a paru d'une assez bonne architecture. C'est une construction récente, et qui ne remonte pas au delà de la dernière partie du dix-septième siècle. La famille Bec-de-Lièvre, famille recommandable de cette ville, en fit les frais. Elle appartenait au couvent des anciens Carmes déchaussés, et remplaça un édifice qui, lui-même, ne datait que de 1643, et que les frères trouvaient trop mesquin.

Ce qu'on y visite avec le plus d'intérêt, c'est le tombeau de saint Romain, qui vécut, comme tu l'as vu, dans la première moitié du septième siècle. Il forme aujourd'hui, si l'on peut s'exprimer ainsi, le maître-autel dans le chœur, puisque le dessus de cet autel recouvre immédiatement le tombeau, que l'on voit d'ailleurs très-facilement.

Ce tombeau se vit longtemps dans la chapelle souterraine de l'église de Saint-Godard, où ces deux saints furent inhumés. Le corps du saint y reposa depuis l'an 644 jusque vers l'an 1090. A cette époque, Guillaume *Bonne-Ame*, archevêque de Rouen, le fit transporter dans la cathédrale, et le mit dans une châsse enrichie d'or et de pierreries de grand prix, qui fut vendue au profit des pauvres, pendant une famine. En l'an 1179, l'archevêque Rotrou le déposa dans une autre châsse, encore plus riche que la première : c'est celle que les calvinistes brisèrent en 1562, après avoir jeté au feu le corps de saint Romain.

Avant que le tombeau, demeuré vide, eût été transporté de l'église de Saint-Godard à celle de Saint-Romain, on y lisait, du temps de l'historien Du Souillet, cette inscription en français tout à fait moderne :

>Malades, voulez-vous soulager vos douleurs ?
>Visitez ce tombeau, baignez-le de vos pleurs;
>Réchauffant vos esprits d'une divine flamme,
>   Touchez-le seulement du doigt,
>Et vous y trouverez, si vous avez la foi,
>Et la santé du corps, et la santé de l'âme.

On a eu l'heureuse idée d'apporter à l'église Saint-Romain des vitraux qui proviennent de trois églises supprimées. La plupart sont extrêmement remarquables par la grâce des formes, l'éclat des couleurs et le fini de l'exécution. Un surtout m'a beaucoup plu par la naïveté de sa composition : Sainte Geneviève, patronne de Paris, tient un livre de la main gauche et un cierge allumé dans la main droite; le diable, armé d'un soufflet, s'efforce d'éteindre le cierge; un ange, placé derrière la sainte, s'apprête à le rallumer.

L'histoire de saint Romain, représentée dans cinq fresques sous le dôme qui s'élève au-dessus de la nef, excita vivement ma curiosité. A côté de saint Romain triomphant du dragon ou gargouille, je remarquai la fresque où est représentée la procession de la *Fierte* pour la délivrance du prisonnier. Tu n'es pas sans doute sans te rappeler qu'un de nos peintres célèbres a traité le même sujet dans un tableau qui a figuré au Salon, dans l'une des dernières expositions. Si tu me demandes le sens du mot *fierte*, je te dirai qu'il vient du latin *feretrum*, et signifie cercueil, châsse; *fierte* ou *châsse* est la même chose, mais le mot *fierte* a prévalu à Rouen, quand on parle de la châsse de saint Romain.

Je puis te parler convenablement de la procession de la Fierte, attendu qu'en rentrant de la promenade, Fulbert s'est empressé de mettre sous mes yeux deux volumes in-8° avec figures, sortis de la plume d'un érudit, M. Floquet, et intitulé : « *Histoire du privilége de Saint-Romain, en vertu duquel le chapitre de la cathédrale de Rouen délivrait anciennement un meurtrier tous les ans, le jour de l'Ascension.*

Les écrivains ne sont d'accord ni sur l'origine du privilége, ni sur l'époque à laquelle il remontait réellement. L'opinion populaire et traditionnelle s'en tient à ce qui est dit dans la légende où est racontée la victoire du saint archevêque, et l'on voyait là une concession faite par Dagobert au chapitre de la cathédrale.

Le premier document officiel est la confirmation du privilége par Philippe-Auguste. La Normandie venait d'être réunie à la couronne de France, le nouveau bailli de Rouen faisait difficulté de remettre au chapitre le prisonnier élu pour jouir du privilége; le roi ordonna une enquête. Il adressa commission à l'archevêque Robert et à messire Guillaume de la Chapelle, qui était alors gouverneur de Pont-de-l'Arche, et les établit juges pour vider le différend ; c'était en l'an 1211.

Des témoins furent entendus, choisis au nombre de neuf parmi les trois états de la ville : trois ecclésiastiques, *Rémy* chantre, *Raoul* archidiacre, et *Vautier de Casten* chanoine; trois nobles, *Jean de Pradel*, *Lucas*, fils de *Jean*, et *Robert de Fréquienne*; trois bourgeois, *Jean Fessart*, *Laurens de Donjoin*, et *Jean Heu*. Après avoir juré sur le saint Évangile dans l'église de Saint-Ouen, ils déposèrent que : « depuis le temps de Henri III, roi d'Angleterre, et le duc Richard son fils, on n'avait point encore vu une pareille contention pour le prisonnier que le chapitre demandait en vertu de son privilége ; mais que le jour de l'Ascension, lorsque la procession passait par-devant le château, les chanoines allaient à la porte de la prison, et faisaient sortir les prisonniers, entre lesquels ils élisaient celui que bon leur semblait, pourvu qu'il ne fût point coupable de lèze-majesté. » Et ont ajouté lesdits témoins que : « quand le roi Richard fut retenu prisonnier, lesdits chanoines n'avaient voulu interdire les baillis à cause que le roi était prisonnier, mais que le roi étant délivré, ils eurent deux prisonniers cette année-là. »

La décision fut favorable à messieurs du chapitre, qui firent signer au prisonnier délivré la déclaration suivante. Je te la traduis du latin.

« Qu'il soit connu aux siècles à venir que dans l'année du Seigneur 1211, moi, Richard Milez, dit abbé de Saint-Médard, étant détenu à Rouen prisonnier, et dans un grand péril de ma vie, Dieu m'a fait cette miséricorde que par le moyen du privilége de l'Église de Rouen, qui est très-ancien et qui a été confirmé par un roi en l'honneur de la glorieuse vierge Marie et de saint Romain, j'ai été mis en pleine liberté le jour de l'Ascension de notre Seigneur, par le soin et la diligence de messieurs du chapitre. »

Vers la fin de ce même siècle, la contestation recommença, non plus sur la validité du privilége, mais sur les limites dans lesquelles il devait s'exercer. L'usage s'était introduit que le chapitre rappelât au bailli le droit du chapitre environ une quinzaine de jours auparavant l'Ascension. Or, en l'an 1299, il arriva que le bailli de Rouen, nonobstant la signification, ou, comme l'on disait, l'*insinuation* dudit privilége, condamna à mort le nommé Robert d'Auberbosc, détenu en prison pour meurtre par lui commis, et le fit conduire au lieu du supplice. Le chapitre en ayant eu avis, en porta ses plaintes à la cour de l'échiquier, prétendant que l'insinuation une fois faite, le cours de la justice criminelle devait demeurer suspendu pour ne s'exercer qu'après le choix fait d'un prisonnier parmi tous ceux qui étaient alors détenus, et après sa délivrance opérée. L'échiquier rendit sur-le-champ un arrêt qui donna gain de cause au chapitre, et ledit d'Auberbosc fut ramené en prison.

En 1302 le même bailli, après l'insinuation à lui faite, fit sortir de la prison de la ville un nommé Nicolas le Tonnelier, détenu pour un meurtre, et le fit transporter à la prison de Pont-de-l'Arche, et quelques prières que le chapitre lui fit faire, se refusa à le faire revenir à la prison de Rouen, laissant néanmoins la liberté à messieurs du chapitre de choisir tel qu'ils voudraient parmi les prisonniers restés à ladite prison. Le jour de l'Ascension venu, le chapitre commença la procession comme à l'ordinaire, et prenant la Fierte de saint Romain, l'apporte jusqu'à la vieille tour au milieu des halles; mais le peuple ne vit point figurer le prisonnier élu qui devait soulever la sainte relique. La Fierte fut déposée là avec des prêtres et une honorable compagnie qui la gardèrent jour et nuit; et le chapitre déclara qu'elle ne rentrerait en son lieu qu'après que raison aurait été faite de la violation du privilége. Les choses demeurèrent dans cet état depuis le jeudi de l'Ascension jusqu'au samedi, où le bailli fit donner, par l'entremise du gouverneur, avis à messieurs du chapitre qu'il avait fait ramener dans la prison de Rouen ledit Tonnelier. Le chapitre alors fit choix d'un prisonnier, qui fut mené selon la coutume à la vieille tour, et y souleva la Fierte, après quoi la Fierte alla reprendre sa place accoutumée.

En l'an 1360, le bailli de Rouen, Nicolas du Bosc, ayant de nouveau porté atteinte au privilége, en faisant exécuter à mort un prisonnier entre l'insinuation et le jour de l'Ascension, messieurs du chapitre obtinrent du pape, qui pour lors résidait à Avignon, un mandement qui leur donnait plein pouvoir d'ex-communier ledit du Bosc jusqu'à pleine satisfaction de son attentat et entreprise, lui accordant trois jours pour reconnaître sa faute et acquitter telle amende qu'il plairait à messieurs du chapitre lui infliger. Le mandement lui fut signifié par le curé de Saint-Sauveur parlant à sa personne. Il en appela au Saint-Siége; pendant son appel, le duc de Normandie, dauphin de Viennois, qui depuis fut le roi Charles VI, adressa des lettres patentes au vicomte de Rouen, par lesquelles, après avoir exposé l'antiquité du privilége, l'affection qu'il lui portait, et le différent d'entre le chapitre et le bailli, il donna charge au vicomte d'informer dudit attentat dont le bailli était accusé, pour être ordonné ce que de raison. Cependant le différent fut accordé entre les parties, moyennant que le bailli se soumit à une réparation de sa faute.

Lorsque pendant la démence de Charles VI, une partie considérable de la France subit le joug de l'étranger, et que la ville de Rouen, après six mois d'une héroïque résistance, eut enfin été contrainte d'ouvrir ses portes à Henri V, qui se faisait appeler roi de France et d'Angleterre, le privilége de la Fierte déplut tout d'abord aux officiers de ce nouveau maître, et le bailli anglais, récemment institué, ignorant « le privilége dont le roi ni lui n'avaient eu connaissance depuis la joyeuse conquête faite par le roi Henri V, de la duché de Normandie et de la réduction de la ville de Rouen, » refusa provisoirement d'en permettre l'exécution ; mais le monarque répondit « que ledit privilége devait être inviolablement gardé » ; et pendant vingt-cinq ans que dura l'occupation, la Fierte fut souvent levée par des Anglais.

Le privilége fut confirmé encore par arrêt de l'échiquier donné à Rouen, l'an de grâce 1485, en présence de Charles VIII, étant archevêque Robert de Croismare (cette confirmation a cela de remarquable, qu'elle étend le privilége aux femmes) ; par Louis XII, l'an 1512, étant archevêque George d'Amboise Ier ; par Henri II, sous l'archevêque Charles de Bourbon ; et aussi par François II, Henri III et Henri IV. Ce dernier roi, en le confirmant, y apporta une notable modification : il exclut de ce bénéfice les meurtriers avec préméditation, les criminels de lèse-majesté, d'hérésie, de fausse monnaie et de viol.

En 1572, le pape Grégoire XIII fit l'honneur au chapitre de lui écrire pour obtenir la grâce d'un nommé Jean du Plessis ; la lettre portait en tête : *A nos bien aimés les chanoines et chapitre de l'Église de Rouen, salut et bénédiction apostolique* ; et à la fin : *donné à Rome, à Saint-Pierre, sous l'anneau du Pécheur, le 23 juillet et l'an neuvième de notre pontificat.*

L'élargissement du prisonnier entraînait celui de ses complices ; il arriva même trois fois que, non-seulement un prisonnier, mais la population entière d'un village eut part au bénéfice de la levée de la Fierte.

Le sieur de Radepont avait au Mesnil une portion de fief; et quelques prairies, sises dans cette paroisse, étaient en litige entre les habitants et lui. Un dimanche, pendant la messe, le sieur de Radepont vint avec quinze ou seize hommes de sa suite, tous armés, pour enlever des troupeaux de « bêtes à cornes et chevalines », qui paissaient dans ces prairies. Ils se saisirent des gardiens et voulurent les mener en prison; mais les habitants arrivèrent aux cris de ceux-ci, et un combat s'ensuivit, dans lequel plusieurs du village furent blessés, un des gens du sieur de Radepont fut tué, deux blessés, les autres mis en fuite. Des procédures rigoureuses furent entamées contre les habitants du village. De cent à cent dix qu'ils étaient, vingt à vingt-deux furent exécutés en effigie sur la place du Vieux-Marché de Rouen. Enfin, la Fierte leur rendit la vie à tous. Ce fait arriva au commencement des troubles religieux qui suivirent la mort de François Ier.

La Ligue venait d'expirer, et ses derniers chefs s'étaient enfin soumis à Henri IV. Mais si la révolte que le duc de Mercœur avait entretenue en Bretagne avait cessé, si les troubles qui avaient eu lieu en Picardie étaient apaisés, les provinces qui leur étaient intermédiaires ne jouissaient pas encore de la tranquillité. Beaucoup de villages du Perche s'étaient armés, à la sollicitation de leurs seigneurs, pour la défense de la religion. Il s'en était suivi plusieurs meurtres. Un sieur Du Plessis-Longuy, gentilhomme du pays, voyait ces rassemblements de mauvais œil; il avait eu des altercations avec quelques-uns de leurs chefs. Un jour, en 1598, il fut arrêté ainsi que son domestique; conduits dans un village, tous deux y furent tués. On fit rechercher les coupables. Ces paysans s'enfuirent de tous côtés; quelques-uns furent arrêtés, d'autres invoquèrent le privilége « de Monsieur saint Romain, en considération du grand nombre de pauvres gens qui étaient en peine depuis neuf ans, ayant abandonné le lieu de leur nativité et demeure et étant réduits en une extrême pauvreté, tellement qu'ils aimaient mieux endurer la mort que vivre plus longuement en telle misère, si messieurs du chapitre n'avaient pitié d'eux. » Ils l'obtinrent, et la faveur fut accordée à tout le village.

Sous la fin du règne de Louis XIII, la guerre avec la Hollande, l'empereur d'Allemagne et l'Espagne, la mort prochaine de Richelieu, les intrigues de cour qui en prenaient plus d'activité, ne permettaient pas au Gouvernement de donner à la situation des provinces l'attention qu'elle exigeait. Les gens de guerre se livraient à des excès tels qu'ils eussent pu en commettre en pays conquis. La paroisse du Tronquai, village de l'élection de Lyons-la-Forêt, ruinée par le passage de guerre, avait obtenu des intendants de Normandie une dispense expresse de loger les troupes qui s'y présenteraient sans un ordre écrit du roi. Un sieur de La Fontaine du Houx, capitaine au régiment de Bretagne, qui connaissait très-bien cette exemption, conçut la malheureuse idée de la braver et de loger au Tronquai lui et sa troupe, sans ordre du roi et malgré les habitants. Un gentilhomme du pays l'avait excité à ce coup de tête. Le 22 avril 1642, le capitaine de La Fontaine, se détournant d'une lieue et demie de la route qu'il suivait, entra dans le village du Tronquai, et, sans avoir égard aux représentations qui lui furent faites, se rendit avec sa compagnie à l'église. Ils enfoncèrent les portes, y commirent une infinité de désordres, escaladèrent le presbytère et le pillèrent. Cependant deux ou trois villageois sonnèrent le tocsin. A ce bruit, les habitants se réunirent avec des armes, des bâtons, des fourches, des haches. Ils demandèrent de nouveau l'ordre du roi; mais les soldats, entraînés par leur capitaine, se ruèrent sur eux l'épée à la main. Quelques villageois périrent, plusieurs soldats furent tués, et, parmi eux, le capitaine de La Fontaine; les autres furent chassés du village. Le père de cet officier avait du crédit et du pouvoir; il était gouverneur de Honfleur et de Pont-l'Évêque, capitaine de cinquante hommes d'armes, gentilhomme de la chambre du roi. Il obtint que la connaissance de cette affaire fût attribuée au conseil. Dix-huit ou vingt habitants furent décrétés de prise de corps, les autres mis en ajournement à comparaître en personne. Ils s'enfuirent et se réfugièrent dans les bois, où ils étaient poursuivis comme des bêtes fauves. Ils passèrent deux ans dans cet état, et enfin résolurent de recourir au privilége de saint Romain. Le chevalier de Fours, père du capitaine, ne cessait, de son côté, de les persécuter. Il sollicita du chapitre de leur refuser la Fierte. Il obtint même, à cet effet, une lettre du jeune roi Louis XIV, qui venait de monter sur le trône. Mais le chapitre, sûr de l'innocence des malheureux habitants du Tronquai, les élut. Le parlement, qui avait la même conviction, n'hésita pas à les lui délivrer, malgré les démarches du chevalier de Fours, malgré le duc Longueville, qui sollicitait pour un gentilhomme qu'il protégeait, malgré une lettre de la reine-mère contre les malheureux habitants du Tronquai. Seize de ceux-ci, qui s'étaient constitués prisonniers, levèrent la Fierte et entraînèrent l'absolution de tous les autres. Les incessantes démarches du chevalier de Fours firent cependant porter l'affaire au conseil, nonobstant l'application faite du privilége; mais un arrêt de 1645 confirma celui du parlement de l'année précédente, qui avait délivré les prisonniers au chapitre de la cathédrale.

Les détails de la cérémonie de la levée de la Fierte, tels qu'ils s'observaient encore avant la Révolution, m'ont paru offrir un vif intérêt.

Je t'ai déjà dit comment, quinze jours avant les Rogations, savoir, le lundi qui suit le dimanche de *Jubilate*, le chapitre insinuait son privilége à l'autorité civile. Après que l'échiquier eut été érigé en parlement, l'insinuation se faisait successivement à la Cour du Parlement, à la Cour des Aides et au Bailliage, par quatre chanoines en surplis et aumusses, assistés chacun de leurs chapelains et précédés de l'huissier, messager du chapitre, portant la verge haute. La formule était celle-ci :

« Messieurs, nous sommes députés par les doyen, chanoines et chapitre de l'Église de Rouen, pour vous supplier d'avoir agréable l'insinuation que nous vous faisons de l'usage du privilége de saint Romain, qui est tel : que nul prisonnier criminel, étant dans les prisons du roi, y sera amené, s'y viendra rendre, ou autrement, ne soit transporté de lieu à autre, molesté, interrogé, questionné, ni exécuté en quelque manière que ce soit, jusqu'à ce que le privilége ait sorti son plein et entier effet. »

Le mot *supplier* ne s'employait qu'avec la Cour du Parlement; à la Cour des Aides et au Bailliage, on disait *pour vous prier*.

Durant les trois jours des Rogations, deux chanoines prêtres, députés à cet effet, accompagnés du greffier du chapitre et de deux chapelains, tous en habits de chœur, allaient, dans les prisons de la ville et des faubourgs, voir les criminels prétendant au bénéfice du privilége, et recevoir leurs confessions et déclarations sur les cas dont ils se trouvaient accusés.

Le jour de l'Ascension venu, les deux mêmes chanoines visitaient de nouveau les prisons, pour voir si elles n'avaient pas reçu quelque nouveau prisonnier; après quoi, on tenait une assemblée, non du chapitre entier, mais seulement des chanoines prêtres. On donnait lecture des confessions des prisonniers, et l'on décidait à la pluralité des voix lequel devait être délivré. On envoyait le nom au Parlement dans un cartel par le chapelain de la confrérie de Saint-Romain.

Le Parlement, assemblé dès le matin au Palais, en robes rouges, y avait entendu une messe en musique. Il procédait, dans la Grand'Chambre, à l'ouverture du cartel, et ordonnait qu'à l'instant le criminel élu fût introduit. On le faisait asseoir sur la sellette, les fers aux pieds; on instruisait son procès, et un arrêt était rendu, portant que, sur les cas confessés par le criminel, ou d'après ce qu'il résultait du procès (qui devait avoir été instruit et jugé en première instance, soit par contumace ou autrement, avant l'insinuation du privilége), ledit criminel jouira du privilége. On le remettait, en conséquence, entre les mains du chapelain du chapitre.

Le chapelain le conduisait à un hôtel qu'on appelait le Hallage, accompagné de la Cinquantaine (compagnie de cinquante bourgeois, en casaques de velours vert, avec fusils ou hallebardes). Les fers qu'il portait aux pieds lui étaient ôtés, et on les lui donnait à porter dans les mains. De là, il était conduit sur la place de la Vieille-Tour, au *monument de Saint-Romain*. C'est une sorte de théâtre en forme de chapelle, faite de pierres de taille et élevé de vingt-cinq pieds.

Cependant le président du chapitre, sur l'annonce que le prisonnier était élargi, faisait sonner en volée les onze cloches de la tour de Saint-Romain. Après quoi, les portes du chapitre ouvertes, il attachait au bout d'une baguette toutes les confessions et dépositions des prisonniers qui avaient prétendu au privilége sans être élus, et les brûlait à un flambeau qui, à cette fin, lui était présenté par le clerc de l'œuvre. La déposition de l'élu était réservée et remise aux mains du pénitencier.

Une magnifique procession se mettait en marche, sortant de l'église cathédrale, et allait quérir le prisonnier au monument de Saint-Romain. Venaient les châsses de saint Blaise, de saint Erbland, de sainte Ursule, de Notre-Dame-de-Pitié, de saint Gervais, de saint Sébastien, de saint Sever, une châsse de tous les saints, et la châsse de sainte Anne.

Un bedeau, vêtu d'une robe violette, portait au bout d'un long bâton la figure d'un serpent horrible et monstrueux, « pour démontrer, dit Farin, que la Vierge, mère de Dieu, a brisé la tête du serpent infernal. » Puis venait la châsse de Notre-Dame, précédée par le clergé de la cathédrale.

Un second bedeau, aussi en robe violette, portait au bout d'un bâton la figure d'un dragon volant, en commémoration de la victoire de saint Romain.

Suivait enfin la Fierte de saint Romain, longue d'environ deux pieds sur quatorze pouces de largeur, et haute de deux pieds. Elle était couverte d'un drap d'or à fond rouge, et bordée tout autour de ses ornements d'une tresse d'or. L'image de saint Romain, exécutée en ronde-bosse, s'élevait au-dessus. La châsse était portée par deux prêtres, vêtus d'aubes, et suivie d'un chapelain et de la notable bourgeoisie, hommes et femmes, ayant en main un bouquet.

Sur la place de la Vieille-Tour, la procession se rangeait en face du monument de Saint-Romain. On y montait la Fierte, qui était posée sur une table parée. Auprès était le criminel, à genoux, la tête nue, et portant ses fers dans les mains. Monseigneur l'archevêque lui adressait une courte exhortation, lui commandait de dire le *Confiteor*; puis, lui imposant les mains sur la tête, et disant les prières qui précèdent l'absolution, il lui faisait avancer ses épaules sous un bout de la Fierte. Le criminel, toujours à genoux, la soulevait quelque peu à trois reprises, et cela aux applaudissements de tout le peuple, qui criait à haute voix : Noël! noël! noël! en signe de réjouissance.

Aussitôt après, une belle jeune fille posait sur la tête du gracié une couronne de roses blanches, et la procession se remettait en marche. Le gracié portait le devant de la Fierte jusque sur le maître-autel de la cathédrale. Ses complices, s'il en avait eus, marchaient derrière lui. On célébrait une grand'messe avec musique et orgues, après laquelle le gracié entendait, en outre, une basse messe dans la chapelle Saint-Romain.

Il allait se reposer au logis du maître en charge de la confrérie de Saint-Romain, où l'attendait un bon souper et une chambre richement meublée.

Le lendemain, cette confrérie le conduisait en procession au chapitre. Le pénitencier, à qui la confession non brûlée avait été remise, s'en servait pour représenter au gracié l'énormité du crime par lui commis, l'exhorter à servir Dieu le reste de ses jours, et à porter un amour singulier à la sainte Vierge et à saint Romain, qui avaient si heureusement intercédé pour la prolongation de sa vie. La confession, rendue au tabellion du chapitre, allait prendre place dans les archives avec les registres et autres papiers.

Le prisonnier, pour dernier acte, s'obligeait, par un serment qu'il faisait sur les saints Évangiles, à servir et aider messieurs du chapitre de ses armes et puissance envers tous et contre tous quand il en serait requis, comme aussi, tant qu'il serait dans le royaume, à assister tous les ans à la procession solennelle du jour de l'Ascension, portant un cierge en main.

Certainement la présence des deux dragons ou gargouilles, portées dans cette procession, n'auront pas manqué de piquer ta curiosité. J'ai consulté à ce sujet un savant et vénérable ecclésiastique, et je te transmets sa réponse.

« Dans la suite des temps, on s'avisa de mêler parmi nos cérémonies si saintes et si touchantes des représentations et des inventions humaines, souvent plus propres à dissiper l'attention des chrétiens qu'à l'entretenir. Le concile de Bâle fut contraint de défendre, sous de grandes peines, les figures et les spectacles ridicules dont on avait coutume de relever les solennités du culte. Durand, évêque de Mende, et tous ceux de ce temps-là, qui ont écrit des divins offices, nous apprennent que toutes les Églises de France avaient introduit, entre autres choses, dans ces processions, l'usage de porter la figure de deux dragons, pour nous représenter (disent ces auteurs) le pouvoir du démon sur les hommes en deux différents temps, l'un avant la loi, l'autre après la loi. Avant la loi, le démon était victorieux, triomphant partout; on lui élevait des autels, on lui bâtissait des temples, on lui offrait des sacrifices : c'est ce que représentait le plus grand de ces deux dragons. Il marchait aux processions, dans les premiers jours, avant la croix, comme pour marquer qu'avant Jésus-Christ le démon étendait partout son empire. Mais comme, après la naissance du Sauveur, le règne du démon avait été entièrement renversé, dans le dernier jour on faisait marcher après la croix la figure de l'autre serpent, dans un état bien différent du premier. C'était, dit Durand, un dragon plus petit, moins furieux, et d'un air plus triste que n'était le premier. Tout le mystère consiste en ce que la plupart des autres villes de France, ayant obéi au règlement du concile de Bâle, qui défend ces sortes de représentations dans nos cérémonies, l'Église de Rouen a pu avoir des raisons particulières pour conserver celle-ci. »

Parmi toutes les levées de la Fierte, la plus brillante, au rapport de M. Floquet, fut celle de l'année 1485. Le roi Charles VIII se trouvait à Rouen; il envoya le bailli prier messieurs du chapitre de donner des ordres pour que la procession sortît de bonne heure de la cathédrale et passât de jour par le château, où il serait avec sa cour. Les chanoines protestèrent tout d'une voix de leur empressement à déférer aux désirs du roi. En quittant la place de la Vieille-Tour, après la Fierte levée, la procession, conduite par l'archevêque Robert de Croismare, au lieu de rentrer tout de suite à Notre-Dame, prit sa marche par la rue Grand-Pont et la rue aux Gantiers; elle entra dans le château par la porte de devant, sortit par celle des champs, et revint à la cathédrale par la

Porte-Bouvreuil, après avoir lentement défilé devant Charles VIII et une cour nombreuse, où l'on remarquait plusieurs princes et princesses, et surtout Anne de France, dame de Beaujeu, sœur du roi. Le gracié de ce jour était un certain Jean, dit Cornelay, coupable de meurtre sur la personne d'un palfrenier de l'amiral, et sur-le-champ condamné à mort par le prévôt de l'hôtel. « Tout en portant la Fierte sur ses épaules, Jean, dit Cornelay, au rapport de la chronique, regardait de travers, chemin faisant dans la cour du château, le prévôt de l'hôtel, comme lui reprochant de s'être tant démené pour l'empêcher d'être de la fête. »

Au sortir de l'église de Saint-Romain, Fulbert me disait : « Que ne sommes-nous au 23 octobre! tu assisterais à une magnifique foire en l'honneur de saint Romain, appelée aussi *Foire du Pardon*. Tout le long des boulevards, à partir de la place Beauvoisine à la place Cauchoise, ce ne sont que baraques alignées de droite et de gauche sous les arbres, boutiques de tailleurs, de marchandes de corsets, de vendeurs de chapeaux, de ferblantiers, de marchands de porcelaines, marchands de gravures et de livres, faiseurs de gauffres et de *norolles* (espèce de brioches), et puis, les faiseurs de tours, les animaux savants et curieux. Sur la place circulaire et sur la chaussée se tient le maquignonnage. Là se rendent les beaux chevaux de voiture, venant de Caen. A ces attelages de luxe se mêlent les chevaux du pays de Caux, que recherchent les cultivateurs et les bons fermiers. Là se débitent les paroles trompeuses et les signes convenus pour amorcer les dupes. Marchands et acheteurs passent bruyamment leurs marchés, en échangeant une bonne claque dans la main et en buvant le petit-verre. Cette affluence dure quinze jours. »

On n'a point une connaissance certaine de l'année où la foire Saint-Romain ou *du Pardon* a été instituée. Un ancien manuscrit dit qu'elle le fut avant l'an 1080 par les premiers ducs de Normandie, et qu'elle tenait seulement deux jours ouvrables. Jean, roi de France, en l'an 1358, fait mention de cette *Foire du Pardon* dans des lettres données au Louvre. Charles VII, dans des lettres datées de Caen, ordonne qu'elle durera neuf jours. Louis XI, dans des lettres datées de Montargis, le 12 septembre 1466, déclare que ladite foire sera franche de toute imposition et subside.

On lit dans l'histoire de Du Souillet : « La place où l'on tient cette foire est hors la ville, et commença à être appelée *Champ-du-Pardon* l'an 1079, lorsque Guillaume Bonne-Ame, archevêque de Rouen, après avoir fait transporter le corps de saint Romain de l'église de Saint-Godard dans la cathédrale, institua, pour dédommager les paroissiens de Saint-Godard, la procession du *Corps Saint*, qui consistait à porter le Saint-Sacrement de la cathédrale à Saint-Godard, où il faisait une station, et demeurait exposé à la piété des fidèles.

« Ce bon prélat, désirant rendre la cérémonie plus sainte et plus célèbre, obtint du pape de grandes indulgences pour ceux qui assisteraient à cette procession ; et l'église de Saint-Godard étant trop petite pour contenir le peuple qui y venait de toutes parts, il fut ordonné qu'on ferait la prédication au milieu du champ qui, pour lors, occupait le grand espace de terre qui est depuis l'église jusqu'au pied de la montagne. Les vieilles chroniques rapportent que Guillaume le Conquérant assista à cette première procession, et que, dès lors, il institua *la foire de Saint-Romain*, pour être tenue au même lieu, le vingt-troisième jour d'octobre. »

Le Champ du Pardon n'était pas exactement le terrain sur lequel se tient encore aujourd'hui la foire; il se trouvait plus haut, en remontant vers la rue d'Ernemont. Ce champ est célèbre dans l'histoire pour avoir été le théâtre d'un assassinat juridique, ordonné par le roi Jean dans l'année 1356. Son gendre, Charles le Mauvais, roi de Navarre et comte d'Évreux, s'était rendu coupable envers lui. Il imagina, pour s'emparer de sa personne, d'envoyer son fils, le dauphin Charles, récemment nommé duc de Normandie, se faire couronner à Rouen en cette qualité. Charles le Mauvais ne pouvait, comme comte d'Évreux, se dispenser d'assister à la cérémonie. Il s'y rendit accompagné des principaux seigneurs de sa cour. Le jeune duc lui fit beaucoup d'accueil, l'invita, avec toute sa suite, à dîner au Vieux-Château. Cependant le roi Jean, informé par le dauphin de ce qui se passait à Rouen, prit si bien ses mesures, qu'il arriva dans la ville au moment où les convives réunis allaient se mettre à table. Escorté d'une centaine d'hommes d'armes et de courtisans dévoués, il s'introduisit par une fausse porte du château, et entra précipitamment dans la salle du festin. Tous les convives se lèvent pour lui faire honneur; mais lui, d'une voix terrible, et lançant sur eux un sombre regard, leur crie : «Que personne ne bouge, sous peine de mort!» S'approchant du roi de Navarre, il le saisit de sa main royale, tandis que ses gardes s'emparent des principaux officiers de ce prince, au nombre de onze. Il ordonne qu'on les enferme dans des appartements séparés, envoie à chacun un prêtre pour le préparer à la mort, et ensuite se met tranquillement à table avec son fils.

Le dîner terminé, Jean, qui avait donné ordre de dresser un échafaud au milieu du Champ-du-Pardon, fait amener devant lui Jean de Harcourt, Mallet de Graville, Maubué de Mainnemarre et Olivier Doublet, quatre des seigneurs arrêtés, les conduit lui-même au lieu du supplice, les fait décapiter en sa présence, et se donne, en outre, le barbare plaisir de faire attacher au gibet, situé sur le mont de la Justice, les corps de ces malheureux, victimes de la plus infâme trahison; leurs têtes furent fichées au bout de quatre lances. Charles le Mauvais fut conduit à Paris et enfermé dans une des tours du Louvre : on le transféra, plus tard, au château d'Arleux, dans le Cambrésis.

Lorsque, après le désastre de Poitiers, le roi Jean fut tombé au pouvoir des Anglais, Charles le Mauvais profita des troubles de la France pour recouvrer sa liberté. Il accourut à Rouen, où son premier soin fut de rechercher et de faire exhumer les corps de ses amis. On les retrouva tous, à l'exception de celui de Jean de Harcourt, que ses parents avaient fait enlever secrètement. Les trois corps furent honnêtement ensevelis par trois béguines, posés dans trois bières différentes, et apportés dans trois chariots couverts de drap noir. Le roi de Navarre, désirant que rien ne manquât à ces obsèques, alla jusqu'au mont de la Justice, accompagné de cent hommes revêtus de drap noir, et portant chacun une torche ardente. Lorsqu'on fut arrivé au milieu du Champ-du-Pardon, le convoi s'arrêta, et l'on chanta solennellement l'office des morts. Ensuite on alla droit en l'église cathédrale, où l'on avait dressé une chapelle ardente très-magnifique. Les trois corps furent inhumés en la cathédrale, dans la chapelle appelée *des Innocents*, où le roi de Navarre fit appendre leurs heaumes, et les déclara innocents des crimes dont ils avaient été accusés.

Nous sommes entrés dans l'église de Saint-Patrice, édifice du seizième siècle, où nous avons fait une longue station devant de superbes vitraux, et entre autres, devant une verrière que tout fait croire avoir été exécutée d'après les dessins du plus grand peintre français de la Renaissance, Jean Cousin. C'est un sujet allégorique, figurant le *Triomphe de la Loi de Grâce*. Dans le compartiment du milieu, le Christ est sur la croix, mais cette croix repose sur un char de triomphe, tiré par plusieurs Vertus mystiques, portant une palme en main; les roues du char écrasent le corps du Prince des Ténèbres; en avant du cortége marchent Moïse et Aaron. Le compartiment inférieur représente Adam et Ève et le Serpent tentateur; derrière Satan on voit la Mort, non point un hideux squelette, mais une femme pâle et souffrante, enveloppée dans un vaste linceul, et auprès d'elle la Chair, sous les traits d'une femme coiffée de perles et couverte de magnifiques habits. Le compartiment d'en-haut montre le Christ rayonnant de gloire et vainqueur du Démon. Toute cette composition, ma chère Élise, à part la brillante exécution et la pureté des formes, te semble passablement prétentieuse, n'est-il pas vrai? mais tu vas voir que le peintre ne faisait que répondre au mauvais goût auquel sacrifiait l'esprit poétique de l'époque.

Dans quelque pays que se trouve un Irlandais, vous le verrez, le 17 mars, jour de la Saint-Patrice, décorer sa boutonnière de la feuille du trèfle, en mémoire de ce qu'un jour, sur les bords de la Shannon, le saint prédicateur se servit d'une feuille de trèfle pour faire comprendre à ses auditeurs le mystère de la sainte Trinité. Il avait l'habitude de faire ses sermons en plein air, et d'emprunter aux champs leurs plantes et leurs fleurs pour démontrer aux rustiques populations, qu'il travaillait à convertir à la foi chrétienne, nos dogmes et nos mystères. Voilà qui sent la poésie, vas-tu me dire. C'est qu'en effet, à en croire les vieilles chroniques, il n'était pas seulement apôtre, mais encore poëte, et, après avoir planté la croix dans le lieu où il prêchait, il prenait aussi la harpe du barde, pour chanter les louanges du Seigneur. Pour honorer sa mémoire comme saint, et surtout comme poëte, la confrérie de la Passion décida, en 1543, qu'une lutte poétique (un *puy*, comme on disait alors, du mot latin *podium*, estrade, parce que les vers étaient lus du haut d'une estrade) aurait lieu, chaque année, en l'église de Saint-Patrice. Les concurrents devaient prendre pour sujet la *Passion de Notre Seigneur*. Le meilleur chant *royal*[*] obtenait le roseau, la *ballade* obtenait la couronne d'épines, le meilleur *sonnet*, l'éponge trempée de fiel et de vinaigre, etc.; car il est bon que tu saches que les prix distribués étaient la représentation de ces attributs des souffrances du Sauveur. La confrérie de la Passion les promenait par la ville, dans une procession solennelle qui avait lieu le jeudi saint. Des adolescents vêtus en archanges, et de petits enfants semblables à des anges et à des chérubins, avec des couronnes de fleurs et de

---

[*] Le *Chant Royal* avait pris son nom de la dignité de ce genre de poëme, dont le sujet devait toujours être noble. Il était ordinairement composé de cinq strophes ou couplets de onze vers, finissant tous par le même vers, et d'un envoi de cinq ou sept vers adressés à quelque puissance, et qui devait commencer par un de ces mots: *Seigneur, Sire, Reine, Prince, Princesse*, etc.

belles ailes d'azur, portaient, celui-ci la croix, celui-là les clous, ce troisième la couronne, et successivement tous les instruments de la Passion.

Le premier *puy* de Saint-Patrice, ou la première séance littéraire de la confrérie, se tint le jeudi saint de l'année 1543, depuis dix heures du matin jusqu'à deux de l'après-midi. On y couronna le chant royal suivant :

INVITATION AUX POÈTES.

Veu que l'eau grosse, humains cœurs plus n'étonne,
Et que Titan, sous qui l'air souvent tonne,
Accourt, pour être au logis du mouton ;
Saint Paul, doux chant dedans ton cor entonne,
Pour assembler en ce temps, loin d'automne,
Facteurs savants, plus que ne fut Platon,
Qui décriront, en gardant rime et ton,
La mort du Christ, qui, par anthiteton (antithèse),
Pour humains morts le chemin de mort coupe :
Mort dessechant les eaux de Phlégeton,
Mort délivrant Adam, premier glouton (gourmand),
Mort détruisant mort de peine et de coulpe (faute.)

    Jésus en croix la mort d'Enfer ordonne
Estre abolie, et à tous il pardonne,
De grace expresse et spécial pardon,
Fay nous montrer que l'ame il abandonne,
Et corps en croix, pour mort endurer donne,
Ce que preschas à Rhodes et Modon.
Tu sçais qu'il a d'insoluble cordon
Lié Sathan, et de gratuit don
Donné son sang dont l'Enfer il estouppe (ferme),
Et des pécheurs se fait nommer guidon,
La mort duquel recouvrons par guerdon (présent) :
Mort détruisant mort de peine et de coulpe.

    Touche humains cœurs qui viendront d'Ulisbonne (Lisbonne ?)
Ou envoirront de Tholose ou Narbonne
Ecrits exempts de scandaleux gergon (jargon choquant),

Entre dedans Paris jusqu'en Sorbonne,
Pour contempler la croix, notre sœur bonne,
Par les docteurs de France et d'Arragon,
Qui la tiendront en détestant Dagon
Respandre sang contre mors de dragon.
Par lequel sang en beuvant pleine coupe,
Trouvons la mort guérissant du Bougon (de l'hérésie),
La mort du Christ, souverain Paragon (modèle) :
Mort détruisant mort de peine et de coulpe.

FORME D'ENVOY.

Saint Jean records du serpent de laton (d'airain),
Joint à saint Paul, sans empescher Triton,
Nous semond (invite) tous pour collander en troupe (chanter en
Christ, contre enfer nostre glaive est bâton,   [chœur),
La mort duquel a fait fondre Pluton (a fait crouler Pluton) :
Mort détruisant mort de peine et de coulpe.

Les maîtres de cette confrérie avaient le singulier droit de nommer, pour en faire les frais, tel bourgeois notable de la ville de Rouen que bon leur semblait.

Je ne sortirai point de Saint-Patrice sans te parler d'une vitre qui représente la vie de l'apôtre d'Irlande. On l'y voit forçant un voleur à confesser, par de longs bêlements, tracés ainsi : *méé! méé!* le crime d'avoir dérobé et mangé la brebis du voisin.

J'ai beaucoup ri en lisant, dans le livre de M. Walsh, qu'il avait entendu des habitants de Rouen lui affirmer que cette verrière représentait une scène de *l'Avocat Patelin*. Ces bonnes gens prenaient ainsi saint Patrice pour M. Guillaume, et le voleur irlandais pour Agnelet.

« Je ne crois pas, me disait Fulbert, que Rouen possède, en monuments anciens, rien de plus complet qu'une petite maison de la rue Étoupée, numéro 4. Elle est en pierre, à deux étages, et porte la date de 1580. A l'appui du premier étage, un bas-relief représente une ville où arrivent deux voyageurs. La singularité et l'exécution naïve de la ville, que la tradition populaire prétend être la cité de Jérusalem, font d'abord sourire, mais les deux figures, surtout celle de droite, dont le manteau, emporté par le vent, est jeté d'une grande manière, sont vraiment dignes de l'attention des artistes.

La petite église Saint-Gervais, qu'il faut aller chercher dans le faubourg Cauchoise, au pied de la côte du Mont-aux-Malades, ressemble tout à fait à une église de campagne. L'édifice actuel est une restauration presque complète de celui qui existait sur cet emplacement, en l'année 1594. Lors des guerres de religion, l'armée royale qui assiégeait les calvinistes, maîtres de la ville, avait fait de cette église un poste militaire, et établi tout auprès une batterie ; à la fin du siége, l'église se trouva à peu près détruite.

Cependant, une partie de l'édifice primitif fut respectée, ou, ce qui est plus probable, se défendit mieux par sa solidité ; ce fut la crypte ou église souterraine. On y descend par un escalier d'une trentaine de marches ; sa longueur est de trente-cinq pieds, sur seize de large et quinze de haut. Un banc de pierre y règne circulairement ; une fenêtre étroite, à barreaux de fer, verse une clarté mystérieuse sur la statue de la Vierge et sur l'antique autel. Quelques débris des statues de saint Pierre et de saint Paul et d'un *Ecce homo,* appliqués droit le long de la muraille, dans ces *ténèbres visibles*, comme dit M. Walsh, d'après Milton, ne ressemblent pas mal à ces cadavres desséchés qui se conservent debout dans les caveaux de certaines églises, notamment à Bordeaux.

Là furent inhumés les deux premiers archevêques de Rouen, saint Mellon et saint Avitien, sous deux arcades qui sont à droite et à gauche, au bas de l'escalier. Le tombeau de saint Mellon est du côté de l'Évangile, c'est-à-dire à gauche en entrant; le corps du saint y est demeuré jusqu'en l'an 1141. L'autre tombeau est du côté de l'Épître; il est également vide. Nous regrettâmes l'absence de deux statues couchées, les mains jointes, et dormant sur ces tombeaux. Chaque année, le mardi des Rogations, de pieuses mères descendent dans la crypte, portent leurs enfants sur les sépultures des deux archevêques, et les y couchent quelques instants, pour les *rendre forts*.

Au rapport des antiquaires, cette crypte est certainement le monument le plus ancien de la ville de Rouen, le seul qui, construit du temps des Romains, soit parvenu jusqu'à nous. Si l'on veut absolument regarder saint Mellon comme le fondateur de la cathédrale et de Saint-Gervais, il est présumable, fait observer un historien, qu'il aura commencé par élever celle de Saint-Gervais, à son arrivée dans la contrée; voyant ensuite que, loin de le persécuter, les habitants souffraient qu'il annonçât publiquement la religion du Christ, il aura jeté aussi les fondements de la cathédrale. Dans cette supposition même, saint Mellon n'aurait fait que la crypte de Saint-Gervais, car l'église fut bâtie par l'archevêque saint Victrice.

En 386, saint Victrice, ayant reçu de saint Ambroise une caisse de reliques, parmi lesquelles se trouvaient celles de saint Gervais, fit construire une église pour y déposer ces vénérables dépouilles. Il nous apprend lui-même, dans un discours à la louange des saints, qu'il y travailla de ses mains, qu'il porta des pierres sur ses épaules. L'église où furent placées les reliques de saint Gervais a dû nécessairement recevoir le nom de ce martyr. Eût-il été naturel qu'on lui en donnât un autre? se demande M. Licquet; et il en conclut que l'église actuelle de Saint-Gervais s'est élevée sur l'emplacement de l'église primitive, bâtie par saint Victrice.

Saint-Gervais fut d'abord abbaye, puis prieuré, et enfin paroisse. Fermée pendant la Révolution, elle ne s'est rouverte que simple succursale. Je t'ai raconté comment Guillaume le Conquérant, blessé lorsqu'il marchait sur Paris, se fit transporter et vint mourir au prieuré de Saint-Gervais. Il avait choisi ce lieu pour *n'ouïr ni le bruit, ni le tintamarre des artisans de la cité.*

Tout près de là, on a trouvé des vestiges de la voie romaine qui conduisait de l'antique *Rothomagus*, en passant par le Mont-aux-Malades, à *Juliobona*.

Le Mont-aux-Malades, aujourd'hui couvert d'élégants pavillons de plaisance, n'est pas non plus sans souvenirs historiques. L'église du séminaire qui le couronne fut un de ces monuments élevés par le roi d'Angleterre Henri II, en expiation du meurtre de Thomas Becquet, archevêque de Canterbury.

En poussant un peu plus loin, nous trouvâmes une guinguette en grande réputation parmi le peuple rouennais. « Je m'afflige, me dit Fulbert, en voyant que notre type normand est aujourd'hui tout à fait effacé, et que les bals publics de ma ville natale ne sont que la reproduction des bals champêtres des barrières de Paris. J'aime l'unité nationale dans les choses sérieuses; mais je ne puis m'empêcher de penser qu'une danse *bien normande*, une de ces rondes du vieux temps irait mieux sur ce sol qu'a foulé en jouant Guillaume de Normandie, dont on montre encore le parc (Bois-Guillaume) à peu de distance, que ces contredanses et ces galops caricaturés d'après les modes folles des jeunes étourdis de la capitale. Imitons Paris, mais seulement dans ce qu'il a de bien. »

CHAPITRE VI.

20 mai.

Aujourd'hui, ma chère Élise, si tu te sens toujours le courage de nous suivre, oriente-toi sur la carte vers la partie nord-est de la ville.

A l'angle formé par la rue de l'Hôpital et celle des Carmes, il existe un délicieux petit monument de la fin du quinzième siècle : c'est la fontaine de *la Crosse*, décorée de sculptures d'une délicatesse et d'une légèreté exquises, et que surmonte noblement une couronne royale. L'eau s'échappe par deux naïfs robinets. Messieurs les étymologistes se sont mis en peine de savoir si ce nom de la *Crosse* ne viendrait pas du mot anglais *cross*, qui signifie *croix*, parce que la fontaine est située à la croix d'un carrefour. Je préfère cette autre explication toute simple : ce nom lui vient de ce qu'elle est située au coin de la maison où pendit longtemps pour enseigne la crosse appartenant aux religieux de Notre-Dame-de-l'Ile-Dieu.

En suivant la rue de l'Hôpital, nous avons débouché sur un vaste terrain de forme irrégulière, vis-à-vis l'abbaye de Saint-Ouen, devenue aujourd'hui l'Hôtel-de-Ville : c'est la place Saint-Ouen. « Il est bien à souhaiter, me disait Fulbert, que les jeunes marronniers plantés sur cette place se hâtent de grandir, et parviennent à cacher ces laides maisons de toute hauteur, de toute couleur, de toute forme, qui bordent deux des côtés. Cette fontaine, reléguée au coin de la Sielle, figurerait beaucoup mieux au centre de ce fer à cheval de verdure. »

L'église de Saint-Ouen, la *merveille* de Rouen, et l'une des *merveilles* du monde catholique, nous présentait sa façade inachevée, avec deux bases de tours commencées, et, pour unique beauté, une magnifique rosace. Je n'ai pu m'empêcher de m'écrier : « Quel dommage que ce majestueux édifice soit demeuré incomplet, et que la tour élégante qui s'élève du milieu de la croix de l'église n'ait point vu grandir à son niveau ses deux sœurs projetées ! »

Le grand bâtiment qui s'étend à la droite de l'église et fait le fond de la place est l'abbaye que les religieux de Saint-Ouen s'étaient bâtie ; là se trouvaient leurs longs dortoirs. On y a appliqué une façade toute moderne, qui se compose de deux pavillons parallèles à chacune des extrémités, et d'un péristyle moins saillant au milieu. Des colonnes d'ordre corinthien soutiennent le

Église Saint-Ouen à Rouen.

Vue prise du côté du jardin.

fronton, où sont sculptées les armes de la ville; elles ont pour support, d'un côté, Mercure, et, de l'autre, Minerve, sous les traits de l'Industrie. Le ciseau de Dantan les a enfantés; M. de Martainville, un ancien maire de Rouen, en a fait les frais.

Je me disposais à entrer immédiatement dans l'église, Fulbert a voulu auparavant m'en faire admirer l'extérieur sous son meilleur aspect. Il m'a conduit dans le jardin Saint-Ouen. Je soupçonnais qu'il cédait instinctivement, et sans s'en rendre compte, à un vif désir de revoir avant tout les ombrages sous lesquels il a passé de si belles journées dans sa joyeuse enfance. Ce jardin, situé derrière l'église et l'abbaye, est ici pour les enfants et les mères ce qu'ont été pour nous et notre mère les Tuileries et le Luxembourg. Je dois même avouer qu'ici les pelouses m'ont paru plus vertes et plus fraîches : la nature, avec moins de majesté, s'y montre aussi moins torturée. C'est le même public que dans nos jardins : des enfants qui jouent, des mères et des bonnes qui regardent; mais on n'y trouve point la foule des promeneurs vaniteux qui viennent seulement pour se faire voir, et j'ai lorgné du coin de l'œil plus d'un asile où l'on doit trouver du silence et du recueillement.

En définitive, Fulbert avait raison. C'est du jardin que la basilique apparaît dans toute sa magnificence. Du milieu de ces beaux arbres qui croissent à sa base, et qu'elle dépasse comme un géant qui serait entouré d'un peuple de nains, son immense corps grisâtre se développe tout hérissé de pinacles et de pointes aiguës, de petites pyramides surmontées de statues de moines. Ses trente-quatre arcs-boutants semblent autant de membres qui viennent s'appuyer sur la terre. Sa tour, dont le front, terminé en couronne, s'élève à deux cent quarante pieds, semble travaillée au tour, tant les filigranes de pierres sont fins et déliés, surtout dans sa partie supérieure. Des galeries, bordées de balustrades à jour, dessinent leur blanche broderie sur le bleu des ardoises, comme de longues bandes de dentelles. M. Walsh a dit à merveille, quand il a comparé la suite de ces hautes fenêtres en ogive, si nombreuses, si rapprochées, à un mur de verre qui régnerait depuis la base jusqu'au toit, et sur lequel la main des fées aurait pris plaisir à appliquer des ornements de pierre.

Le portail du sud se recommande par l'étonnante variété des sculptures qui le décorent; c'est à cela qu'il a dû, parmi le peuple de Rouen, le nom vulgaire de portail des *Marmouzets*. Deux pendentifs, entre autres, sont de l'exécution la plus hardie qui se puisse voir.

Un voyageur anglais, Dibdin, a écrit de l'intérieur une description qui peut t'en donner l'idée. « Nous entrâmes dans la nef par le grand portail du milieu; c'était à l'heure du soleil couchant. Le ciel était pur, les vitraux produisaient un effet enchanteur, et la rosace elle-même, vue de l'extrémité de l'église, se montrait embrasée de mille feux éblouissants. La nef, le chœur et les bas-côtés semblaient éclairés par un flambeau magique. Nous déclarâmes, par un mouvement spontané, qu'il n'était rien d'aussi beau peut-être, et, assurément, rien de plus beau que l'église de Saint-Ouen.»

« Du grand portail, vous apercevez le chœur dans tout son ensemble, dans toute sa beauté. C'est un cercle, ou plutôt un ovale, entouré de hauts piliers formés de colonnes réunies en faisceaux, et dégagé de toute espèce de cloison qui pourrait en masquer la vue. Il est impossible de rien imaginer, sous ce rapport, de plus aérien, de plus séduisant. Le fini, la délicatesse de ces piliers est une chose vraiment merveilleuse. En général, c'est l'absence de tout ornement étranger qui donne à l'intérieur du monument cet air svelte, dégagé, tenant de la féerie, qui n'appartient qu'à lui, et qui produit une sensation que je n'éprouvai jamais dans aucun autre édifice de ce caractère. »

Assurément cette peinture est exacte et fidèle, mais elle ne peut te faire comprendre l'émotion profonde qui vous saisit en entrant dans la nef de Saint-Ouen. Ces faisceaux de colonnettes, qui s'épanouissent à deux reprises en immenses ogives, pour s'aller perdre dans les nervures de la voûte, semblable à la carène d'un vaisseau renversé; ces vitraux éclatants, où, sur un fond de verre incolore qui laisse librement passer le jour, les figures gigantesques des saints semblent flotter dans une atmosphère de lumière qui contraste avec les tons sombres et veloutés des verrières du chœur et les riches reflets de la rose; tout étonne et ravit l'imagination. Cette pureté de lignes, cette harmonie de proportions, cette sobriété d'ornements qui nous charment dans les monuments grecs, se joignent ici, sans l'altérer, au caractère religieux particulier aux édifices chrétiens. Mais il me semble que sous ces voûtes splendides doivent moins retentir les psaumes du recueillement et de la pénitence que les hymnes d'allégresse, le *Te Deum* triomphant, le *Sanctus* angélique et l'éternel *Hosannah!*

Sa hauteur, sous clef de voûte, est de cent pieds; sa longueur dépasse quatre cent seize pieds sur une largeur de soixante-dix-huit.

Lorsqu'il s'était agi de prendre de l'eau bénite, Fulbert

m'avait amené, devant un grand bénitier de marbre qui est à la droite du grand portail. « Regarde au fond, me dit-il. » Par un singulier effet d'optique, j'y vis la voûte de l'église reflétée dans toute son étendue.

Un autre petit bénitier, placé dans le massif d'un pilier, près du portail des Marmousets, mérite d'autant plus d'attirer l'attention, qu'il paraît appartenir au style même de l'église. On y voit sculptées les armes de Saint-Ouen, qui sont trois fleurs de lis d'or en champ d'azur, surmontées d'une crosse avec une clef et une épée (emblèmes de saint Pierre et de saint Paul), passées en sautoir derrière l'écu. Je t'en ai fait un croquis.

Un riche jubé séparait jadis le chœur de la nef: il a disparu à l'époque de la Révolution avec les saints de bronze qu'abritaient les dais de pierre qui décorent chaque pilier de l'église.

Les grandes fenêtres des hautes voûtes représentent, celles de droite, les personnages les plus illustres de l'Ancien Testament, depuis Adam; parmi eux figurent des sibylles; celles de gauche, les douze Apôtres, plusieurs saints évêques des premiers temps du christianisme, et les abbés les plus fameux de l'ordre de Saint-Benoît. Dans le second rang de fenêtres, qui éclaire la galerie circulaire, au-dessus des collatéraux, une sibylle surtout commande l'admiration. On y retrouve aussi l'histoire de saint Romain, vainqueur de la Gargouille, et faisant rentrer la Seine dans son lit. Sous le rapport de l'éclat des couleurs et de l'incroyable richesse des détails, rien de plus ravissant que les dais qui surmontent, du côté du sud, les sujets pieux dont cette partie de l'église est ornée.

Dans la seconde chapelle de gauche, celle de Sainte-Cécile, Fulbert me fit remarquer une tombe plate portant cette inscription : « Ci gist maistre Alexandre de Berneval, maistre des œuvres de machonnerie du roy, nostre sire, du baillage de Rouen et de nostre eglise, qui trepassa l'an de grace mil quatre cent quarante, le cinquieme jour de janvier. Priez Dieu pour l'ame de luy. »
« Les deux figures dessinées sur cette pierre, ajouta-t-il, représentent l'architecte et son élève, chacun armé d'un compas, et traçant, l'un le modèle de la rose du midi, l'autre le plan de l'église. Le dessinateur les a habillés de vêtements doublés de fourrures, et les a coiffés du chaperon rabattu. Il a figuré pour chacun une niche, surmontée d'un joli dais gothique. Il existe à Rouen, sur cet Alexandre Berneval, une tradition effroyable, tradition,

au surplus, que l'on retrouve, dans la plupart des villes, adaptée à quelqu'un des artistes à qui elles doivent leurs plus splendides monuments.

« Alexandre de Berneval était un peintre et un architecte de renom, à la gloire de qui rien ne manquait. Il s'était plu à former un élève; c'était un jeune moine de Saint-Ouen. Il lui confia le soin de concevoir, dessiner, faire et parfaire la grande rose du bout de la croix de l'église, la rose qui regarde le midi, tandis que lui exécuterait celle du septentrion. L'élève, bien qu'habile, était modeste, et voulait prendre les conseils du maître. Celui-ci refusa d'en donner aucun, et voulut même qu'une cloison fût élevée entre eux, et qu'un voile couvrît leur ouvrage à tous deux, jusqu'au jour de la dédicace de l'église. Le grand jour où le public allait donner son opinion, la foule inonda l'édifice; les voiles qui couvraient les deux roses tombèrent à la fois. Tout ce monde s'accorda à donner la préférence à la rose du midi. Le maître, humilié, en conçut un sentiment de haine contre son heureux élève. Le lendemain, un jeune religieux fut trouvé assassiné dans le jardin de l'abbaye; la victime, c'était celui que la foule avait proclamé *vainqueur*, et l'assassin, c'était le *vaincu*. La tradition dit qu'Alexandre de Berneval fut condamné à être pendu, mais que les moines, en considération de ses talents et de ses services, réclamèrent son corps après l'exécution, et lui accordèrent la sépulture dans leur église. »

Je répondis à Fulbert que sa tradition me paraissait un conte inventé à plaisir par quelque esprit bizarre et mal fait. « Ne chérissons-nous pas tous les deux notre maître presque à l'égal de nos parents, et notre maître ne nous aime-t-il pas autant qu'il aimerait des fils? lui dis-je.

J'en appelle à ton cœur, la passion des arts, l'amour de la gloire, peuvent-ils s'accorder avec des sentiments bas et méchants? Alexandre de Berneval ne pouvait être à la fois un grand artiste, comme on le représente, et un vil assassin. Ce n'est pas qu'une secrète jalousie n'ait pu se glisser dans l'âme de quelques artistes; mais cette jalousie aura, si elle n'a redoublé leur énergie pour le travail, dégénéré en souffrance maladive et cachée. Il est impossible de croire qu'elle ait jamais dépravé une noble intelligence jusqu'à la scélératesse. — Tu oublies, reprit Fulbert en souriant tristement, la mort du *Masaccio*, empoisonné par ses rivaux; le *Giorgione* forcé de peindre avec une cuirasse, pour échapper aux poignards; et, ce qui est pis, souvent, les sourdes persécutions qui abrégèrent la vie d'un Lesueur à la joie d'un émule envieux. » Fulbert avait raison; je baissai la tête en silence. Cependant, au bout d'un moment de réflexion, je me dis que nous vivions dans un siècle et dans un pays où l'amour des arts est un peu moins féroce que du temps des *Masaccio* et des *Giorgione;* et quant aux petites persécutions, qui sont de toutes les époques, je me promis de ne pas m'en laisser mourir, si j'en éprouvais, et surtout de n'en faire éprouver à personne, si jamais j'en avais le pouvoir. Ces résolutions, dont je fis part à Fulbert, nous réconfortèrent tous deux, et nous retournâmes à nos explorations.

Dans la chapelle de la Vierge, la pierre d'une tombe d'enfant rappelle un nom illustre parmi les Anglais, et les malheureuses années qui devaient aboutir enfin, pour nous, à des jours de gloire, et à la délivrance de la patrie. « Ci gist noble *homme*, Jean Tallebot, fils du sieur de Tallebot, mareschal de France (un Anglais osait prendre ce beau titre), qui décéda ès ans de puérilité, le quatre janvier mil quatre cent vingt et huit. »

Repose en paix, pauvre enfant étranger, dont la victoire et nos discordes civiles ont respecté la cendre ! mais à côté de cette pierre, combien je regrette de n'avoir pu rencontrer un magnifique tombeau que les calvinistes ont profané et détruit en l'an 1562 ! On y lisait une inscription latine, que je te traduis : « Ci gist le frère Jean Marc-d'Argent, qui avait eu nom Roussel. Il fut abbé de ce monastère. C'est lui qui fit reconstruire l'église actuelle. Il a bâti le chœur, les piliers qui supportent la tour, et une grande partie de la croix. »

« Jean Roussel Marc-d'Argent, né à Quincampoix, village situé à trois lieues de Rouen, dit l'historien de l'abbaye de Saint-Ouen, fit d'assez bonnes études, et entra fort jeune dans l'abbaye de Saint-Ouen, pour s'y consacrer à la retraite. Il y remplit avec distinction plusieurs emplois, et mérita, par ses rares qualités, d'en être nommé le vingt-quatrième abbé, en 1303. Il y rétablit une discipline sévère, augmenta les domaines et les revenus, fit un grand nombre de travaux utiles, et s'immortalisa par la construction de la nouvelle église... Les dépenses extraordinaires qu'il fit portèrent le peuple à supposer qu'il avait trouvé la pierre philosophale et avait connu le secret de faire de l'or. On prétendit même, pendant longtemps, que l'on conservait soigneusement dans l'abbaye le creuset et les alambics dont il s'était servi. »

La première pierre de l'église fut posée le 25 mai 1318. Les libéralités de Charles, comte de Valois, surnommé le Défenseur de l'Église, aidèrent grandement l'actif abbé dans sa pieuse entreprise. Pour concourir à la mener à fin, des rois de France lui abandonnèrent le produit de coupes extraordinaires dans les forêts de leur domaine. Pendant les vingt et un ans qu'il y fit travailler, les dépenses s'élevèrent à 63,000 livres d'alors, qui représenteraient aujourd'hui environ 2,600,000 francs. Après sa mort, les travaux cessèrent d'être poussés vivement. La tour fut terminée avant la fin du quinzième siècle; l'édifice fut amené au point où nous le voyons, au commencement du seizième siècle.

L'édifice actuel remplace une église et un couvent, détruits par un incendie en 1248, et qui, eux-mêmes, n'étaient pas le monument primitif. L'abbaye de Saint-Ouen était la plus ancienne de Rouen et de l'ancienne Neustrie. Fondée en 553, sous le règne de Clotaire Ier et sous l'épiscopat de Flavius, elle porta le nom de monastère des Apôtres, ensuite celui de Saint-Pierre, et enfin celui de Saint-Ouen, l'illustre archevêque de Rouen, qui le choisit pour lieu de sa sépulture. L'an 841, le 14 mai, les Anglais descendent à Rouen, et brûlent l'abbaye le lendemain. Rollon, après son baptême, la fait réparer, et y fait apporter les reliques du saint, que les moines avaient soustraites à la profanation des vainqueurs. Ces reliques étaient en bien grande vénération, puisqu'on voit l'empereur Othon, lorsqu'il assiége Rouen, où règne alors Richard Ier, dit sans Peur, demander un sauf-conduit pour venir faire sa prière à Saint-Ouen. A l'édifice primitif réparé, mais qu'il jugeait trop modeste, Nicolas, fils de Richard III et abbé de Saint-Ouen, sous Guillaume le Conquérant, voulut que succédât un édifice plus somptueux, dont la première pierre fut posée en 1046, mais qui ne fut terminé qu'en 1226; il n'eut que vingt-deux ans de durée dans sa splendeur complète.

Nous étions rentrés dans le jardin pour donner un dernier regard à l'extérieur de la basilique. Mon attention se dirigea sur une vieille construction fort curieuse, en forme de tour, qui se trouve à l'angle nord-est de la croisée septentrionale. J'y reconnus l'architecture du onzième siècle. Elle a conservé le nom de Chambre des Clercs. Bien qu'elle ressemble tout autant à un débris de château-fort qu'à un fragment d'édifice religieux, ce doit être, à n'en pas douter, un reste de l'une des églises qui se sont succédé sur ce terrain.

Je ne regardai pas non plus sans intérêt une œuvre de Paul Slotds, statuaire du siècle dernier. C'est le méridien qui décorait jadis l'ancienne Bourse. A la base d'un obélisque, une femme est assise, qui représente le Commerce. La figure du Temps indique la ligne solaire. Un médaillon offre un beau portrait de Louis XV.

Dans ce grand bâtiment qui sert aujourd'hui d'Hôtel-de-Ville, se trouvait la grande salle de l'abbaye de Saint-Ouen. Là se tint, en l'année 1596, une assemblée des États-Généraux du royaume. Henri IV les avait convoqués à Rouen, Paris étant alors en proie à une maladie épidémique. La session s'ouvrit le 4 novembre par un discours de la *Couronne*, comme on dirait aujourd'hui. Veux-tu savoir comment le monarque absolu s'exprimait? Lis ces belles paroles, que nous a conservées l'historien de Thou :

« Si je faisais gloire de passer pour un excellent orateur, j'aurais apporté ici plus de belles paroles que de bonnes volontés ; mais mon ambition tend à quelque chose de plus haut que de bien parler : j'aspire aux glorieux titres de libérateur et de restaurateur de la France. Déjà, par la faveur du ciel, par les conseils de mes fidèles serviteurs, et par l'épée de ma brave et généreuse noblesse (de laquelle je ne distingue pas mes princes, le titre de gentilhomme étant le plus beau titre que nous possédions), je l'ai tirée de la servitude et de la ruine. Je désire maintenant la remettre en sa première splendeur. Participez, mes sujets, à cette seconde gloire, comme vous avez participé à la première. Je ne vous ai point appelés, comme faisaient mes prédécesseurs, pour vous obliger d'approuver aveuglément mes volontés ; je vous ai fait assembler pour recevoir vos conseils, pour les croire, pour les suivre; en un mot, pour me mettre en tutelle entre vos mains. C'est une envie qui ne prend guère aux rois, aux barbes grises et aux victorieux comme moi ; mais l'amour que je porte à mes sujets, et l'extrême désir que j'ai de conserver mon État, me font trouver tout facile et honorable. »

Je ne dois pourtant pas te cacher ce que l'historien ajoute : qu'une personne de la cour, interrogée par le roi sur ce qu'elle pensait de ce discours, lui avoua qu'elle n'avait jamais entendu mieux dire ; mais qu'elle était étonnée de ce qu'il avait parlé de se mettre en tutèle. « Ventre saint gris ! répondit le roi, il est vrai ; mais je l'entends avec mon épée au côté. »

Au lieu de son maire actuel, avec ses adjoints et son conseil municipal, la ville était autrefois gouvernée par un maire et trente-six pairs, qui étaient comme ses conseillers et ses assesseurs. L'élection du maire se faisait un peu avant Noël. Le maire et les trente-six pairs s'assemblaient au son de la cloche, avec les gardes des paroisses et les plus notables bourgeois. L'assemblée choisissait d'abord six candidats pris parmi les trente-six pairs. Un second vote réduisait à trois ce nombre de six, et le roi choisissait en définitive parmi ces trois derniers candidats.

Le maire, avant d'entrer en fonctions, prêtait serment de fidélité à Dieu, à l'Église et au roi. Il promettait d'employer ses biens et sa vie à garder les droits et priviléges de la ville, de déférer au bon conseil des pairs, et de rendre justice aux pauvres et aux riches selon sa conscience, de garder le secret, de n'accepter, pour rendre justice, aucun don ou récompense de personne. Si le maire était convaincu d'avoir manqué à quelqu'une de ces choses, les pairs pouvaient faire raser la meilleure maison qu'il eût et lui faire son procès, « comme il est amplement déclaré dans des lettres patentes de Philippe V, données à Paris le 12 janvier 1320. »

Les pairs faisaient aussi le serment de fidélité devant le maire nouvellement élu. En l'an 1376, il arriva que Jean le Treflier refusa de prêter serment aux mains du maire Guillaume Alorge, « alléguant sa qualité de noble, et qu'il tenait noblement du roi, à qui il avait rendu foi et hommage, outre qu'il était officier de Sa Majesté et ordonné pour faire les garnisons en la ville de Rouen. » Un arrêt de l'échiquier décida qu'il prêterait ledit serment, attendu que tous les pairs avaient jusqu'alors rendu ledit devoir au maire, et que lui, Jean le Treflier, bien que noble, avait toujours joui, comme bourgeois, des droits, libertés et franchises de la ville.

A l'époque où chaque ville, chaque commune de France, avait ses priviléges, Rouen en possédait de considérables qui remontaient à la plus haute ancienneté. Une charte de Philippe, en 1207, résume à peu près ainsi les principaux.

« Le roi donne aux habitants de Rouen le droit qu'il pourrait prendre sur leurs marchandises par toute la terre que Henri, roi d'Angleterre, a tenue, à l'exception du comté d'Évreux et d'autres lieux qui sont spécifiés dans la même charte.

« *Item.* Il leur donne l'amodiation du vin qu'ils achèteront pour leur provision.

« *Item.* Il leur donne leur commune ou banlieue et leur justice dans les mêmes limites; réservé le droit des seigneurs qui auront des terres en ce lieu.

« *Item.* Il ne contraindra pas les bourgeois de lui payer aucun impôt ou subside, s'ils ne le veulent faire de leur bon gré.

« *Item.* Ils ne paieront aucun barrage.

« *Item.* Ils pourront monter et descendre par la rivière de Seine, sans rien payer pour leurs marchandises.

« *Item.* Ils auront passage et pâturage pour leur bétail aux forêts et aux domaines de Normandie. »

Le 22 octobre 1483, Charles VIII, par des lettres patentes datées de Blois, accorda à la banlieue de Rouen le privilége d'être exempte d'impôts, comme l'était la ville, « attendu qu'elle lui a été unie de temps immémorial, et qu'elle a servi et contribué à faire le guet en temps de guerre, etc. »

Un escalier en pierre, remarquable par son élégance et sa légèreté, occupe le milieu du bâtiment. Sur le premier perron, dans une niche, est une statue de Louis XV tout jeune. Nous eûmes à louer le ciseau habile de Lemoine. Cet escalier conduit au premier étage, que l'on a consacré à la Bibliothèque et au Musée.

Avant de monter, Fulbert me conduisit dans une grande salle du rez-de-chaussée, où se voit une statue très-estimée de Corneille par Cortot.

« Depuis l'année 1809 seulement, m'a dit Fulbert, notre ville de Rouen possède un Musée. Le préfet d'alors, M. Savoye Rollin, et le maire, M. Desmadières, doivent avoir part à notre gratitude pour les soins qu'ils ont mis à former cette riche collection, qui se compose de plus de quatre cents tableaux, parmi lesquels quatre Raphaël, un Van Dick, un Valentin, un Annibal Carrache, un Mignard, un Jouvenet, plusieurs marines de Vernet, etc. Une grande partie a été envoyée de Paris par l'ordre du Gouvernement; le plus grand nombre pourtant provient des églises et des maisons religieuses de notre ville et de son département. »

La Bibliothèque date aussi de 1809; elle a été composée avec les livres de l'Académie et ceux enlevés des différents monastères de la province. Le catalogue porte le nombre à plus de 33,000 volumes, parmi lesquels plus de 1,200 manuscrits; quelques-uns datent du huitième et même du septième siècle. Les érudits et les artistes s'accordent à feuilleter avec une égale vénération le missel de Robert Champart, archevêque de Londres et Canterbury, le bénédictionnaire qui servait au couronnement des rois saxons, et le manuscrit récent (puisqu'il ne date que de la fin du dix-septième siècle) que l'on doit à Daniel d'Aubonne, religieux de l'abbaye de Saint-Ouen. On dit qu'il mit trente ans à l'exécuter. Rien n'égale le fini et la variété des vignettes qui embellissent ces trois précieux manuscrits.

En sa qualité de Rouennais, Fulbert n'hésite pas à mettre à côté d'eux un manuscrit de 1526, que l'on nomme ici le *Livre des Fontaines*. Il s'appela longtemps le *Livre enchaîné*, parce qu'il tenait par une chaîne de fer à la muraille du lieu où l'on conservait les vieilles

Page du Missel

qui servait au couronnement des rois anglo-saxons.

chartes, de manière que chacun pût le consulter à son aise. Ce manuscrit, où sont enregistrées toutes les concessions d'eaux, etc., est accompagné de différents plans et vues de la ville ; et ces *pourtraictures* de la vieille cité se voient, dans toute leur originale naïveté, sur de longues bandes de vélin qui ont jusqu'à quinze et vingt-cinq pieds de longueur. Le donateur, noble homme, Jacques Le Lieur, seigneur de Bresnetot et du Bosc-Bernard, conseiller ancien de la ville de Rouen, s'est fait représenter dans un de ces tableaux, debout, offrant son livre aux magistrats assemblés. La devise de ce digne officier public était : « *Du bien ; faire le bien.* »

Tu n'es pas sans savoir que la langue qu'on parlait en France, depuis que les Gaules eurent été soustraites à la domination romaine jusqu'à des temps assez peu éloignés de nous, n'était point uniforme, mais se divisait en une infinité de dialectes, dont une partie se rapprochait plus ou moins de la langue latine. A l'époque de l'installation du duc Rollon sur les rives de la Seine, ces différents mélanges, désignés sous le nom général de langue romane, se résumaient pour la France en deux langues principales, la langue d'*oïl*, ou d'*ouï*, ou le roman-wallon, et la langue d'*oc*. La première se parlait de ce côté-ci de la Loire, la seconde se parlait au delà. Toutes deux n'étaient encore, pour ainsi dire, qu'au berceau.

L'esprit de vie qu'apportèrent les hommes du Nord, conquérants dans la province de Neustrie, leurs bonnes lois, la bonne administration des premiers ducs, et la détermination qu'ils prirent d'apprendre et de parler la langue des vaincus, formèrent et policèrent plus tôt le roman-wallon dans le duché de Normandie qu'en aucune autre province de France. Guillaume le Conquérant avait tellement attaché son amour-propre et celui de sa nation à la langue romane-wallonne, qu'il l'introduisit en Angleterre, et qu'il s'efforça de la substituer, par des lois rigoureuses, au langage de la nation vaincue, qui était presque le saxon et presque celui de ses ancêtres.

Ce fut de Normandie que sortirent les premiers écrivains et les premiers poëtes dont puisse s'enorgueillir la langue française. Les lois que Guillaume le Conquérant, mort en 1087, donna à l'Angleterre, sont le plus ancien livre écrit en roman-wallon qui nous soit parvenu. Après ce monument diplomatique, les deux premiers ouvrages de littérature qui indiquent un commencement de culture de la langue d'*oui*, sont le *Livre des Bretons* ou *Brut*, histoire fabuleuse des premiers rois d'Angleterre, écrite en vers, en 1155, et le roman du *Chevalier au Lion*, écrit à la même époque, tous deux en Normandie ou par des Normands.

Voici les premiers vers du roman du *Brut* :

> Qui velt ouïr, qui velt savoir
> De roi en roi et d'hoir en hoir,
> Qui cil furent, et dont ils vinrent,
> Qui Engleterre primes tinrent,
> Queus rois y a en ordre eu,
> Qui ainçois et qui puis y fu ;
> Maistre Gasse l'a translaté
> Qui en conte la vérité
> Si que li livres la devisent.

Le romancier reprend ensuite son histoire de bien haut. Il la commence :

Por la venjance de Páris
Qui de Gresse ravit Hélène... etc.

Vient après ces deux ouvrages le *Rou* des Normands, ou livre de Raoul, composé par Gasse, en 1160, pour raconter l'établissement de ces peuples en Normandie.

Il s'écoula peu de temps avant qu'on vît paraître dans la même langue les romans de chevalerie. Le premier de tous fut celui de *Tristan de Léonois*, écrit en prose vers 1150. Quelques années après, on écrivit ceux de *saint Gréal* et de *Lancelot*, et ces romans sortaient également de la Normandie ou de la cour des rois d'Angleterre. Avant l'an 1200, un anonyme traduisit en français la vie de Charlemagne, et, avant l'an 1213, Geoffroy de Ville-Hardouin écrivit aussi en français l'histoire de la conquête de Constantinople.

Ainsi que les troubadours provençaux avaient leurs *cours d'amour*, de même les Français du Nord avaient leurs *puys* et leurs *gieux sous l'ormel*. Tu sais déjà que le premier nom vient d'un mot latin qui signifie estrade. Le second vient de ce qu'au mois de mai on tenait quelquefois le *gieu*, jeu en plein champ sous un ormeau. C'étaient dans ces réunions, ou combats poétiques, que les *trouvères* célébraient la beauté des dames et chantaient leurs amours. Le vainqueur recevait une couronne, ou, comme on disait, un chapel de roses. Les puys d'amour furent remplacés, dans le quinzième siècle, par des exercices littéraires d'une forme plus régulière, qu'on nommait *palinod*; de là vient cette expression proverbiale, *chanter la palinodie*. Ce mot *palinod* vient de deux mots grecs qui signifient *chant réitéré*, parce que le dernier vers de la première strophe devait être ramené à la fin de toutes les strophes suivantes.

Vers l'an 1070, une révélation, suivie d'un miracle, fut cause que la fête de la Conception de la sainte Vierge fut célébrée à Rouen avec un zèle et une piété extraordinaires; et, depuis ce temps, elle a été appelée la *Fête aux Normands*. Voici ce que racontent les légendaires : Guillaume, duc de Normandie, après avoir conquis l'Angleterre, envoya un vénérable abbé, nommé *Helsin* (quelques-uns disent *Elpin*), vers les Danois, pour traiter de la paix avec eux. A son retour par mer, il fut surpris par une violente tempête. Le saint abbé, sans perdre courage, s'adressa à la sainte Vierge, qui est, selon l'expression de l'hymne, la véritable *étoile de la mer*. Il la conjura de l'assister, lui et tous ceux qui se trouvaient sur le vaisseau, lui promettant de leur part et de la sienne une reconnaissance et des obligations éternelles. Sa prière fut écoutée favorablement, et aussitôt on vit sortir de la nue un vieillard tout rayonnant de gloire, qui sauva l'équipage et le vaisseau, sous la condition que l'abbé s'engageât à célébrer tous les ans, et à mettre au nombre des fêtes obligatoires, celle de l'Immaculée Conception, le huitième jour de décembre. A peine débarqué sur les côtes de la Grande-Bretagne, le voyageur, échappé par miracle, s'en vint trouver Guillaume à Londres. Celui-ci assembla tous les prélats du royaume, qui, après avoir ouï la révélation, promirent de faire célébrer cette fête chacun dans son diocèse. Le roi en donna aussitôt avis à tous les évêques de son duché de Normandie, qui se joignirent volontiers à sa pieuse intention, et même surpassèrent les évêques anglais dans les devoirs rendus à la mère de Dieu. Cette fête ne tarda pas à passer dans le reste de la France ; elle ne tarda pas à donner naissance, dans la ville de Rouen, à la fondation d'une confrérie de la Conception de la Vierge.

En l'an 1486, maître Pierre Daré, écuyer, sieur de Châteauroux, conseiller du roi et lieutenant-général à Rouen, ayant été élu prince de la confrérie de la Conception de la Vierge, se sentant échauffé d'un zèle plus ardent que ses prédécesseurs, proposa des prix aux poëtes qui auraient mieux rencontré sur le sujet de la Conception de la sainte Vierge. Le premier palinod fut d'abord tenu en l'église paroissiale de Saint-Jean, et celui qui remporta le prix, pour le meilleur chant royal de cette année, fut un nommé Pierre-Louis Chapperon. Ce chef-d'œuvre est, comme tu vas en juger par ces quatre vers, bien loin de briller par une harmonie régulière :

> Noble Vierge, sur toutes la princesse,
> Origine du sceptre réginal,
> Sur tous anges sublimée en hautesse,
> Métropole sur l'état virginal... etc.

En tête de son œuvre, le poëte avait mis ce petit avertissement, qui tenait du haut style d'alors :

« *Ce présent a été parfait* (achevé) *obstant* (malgré) *les négoces familières et les empêchements domestiques urgents, et interpellant notre poétique étude quotidienne, qui, requérant un esprit libre et tranquille, a été de la turbine du vent de fâcherie, tempête de ménage et ravine de mariage, détourné diverti et empêché.* »

Le prix que recevait le vainqueur était une palme.

Sept ans plus tard, on ajouta un second prix, qui fut une couronne de laurier; puis on ajouta à la palme une potence d'argent doré, et au laurier une clochette d'argent. Plus tard, on ajouta des prix pour le rondeau, la ballade, la stance, le sonnet, l'ode, l'épigramme. Ce furent le lis, la rose, la tour, le miroir, la ruche, etc. Au commencement du dix-huitième siècle, un prix fut fondé d'une croix d'or pour le meilleur discours français devant durer un quart d'heure, sur la Conception de la Vierge. Un règlement d'alors défendit aux candidats qui enverraient une pièce, « de tirer aucune pièce de la fable ou de l'histoire poétique, et enjoignit aux auteurs de prendre leurs sujets dans l'Écriture, dans l'histoire ecclésiastique ou civile, ou dans l'histoire naturelle. »

En quittant l'ancienne abbaye de Saint-Ouen, Fulbert m'a conduit dans le chœur de l'église Saint-Nicaise, morceau estimé qui donne à regretter que la nef n'ait point été achevée. Des vitraux, en partie mutilés, représentant des figures symboliques, offrent des têtes d'un goût exquis et de la plus grande beauté.

L'ancienne église des religieux Minimes est aujourd'hui la propriété d'une communauté de religieuses du Saint-Sacrement. Sur la porte battante du portail, on lit la date de 1610. L'architecture de cette petite église est mixte; c'est le passage du gothique au style renouvelé des Romains.

L'église du collége est réputée à juste titre un des beaux édifices de Rouen. Marie de Médicis posa la première pierre en 1614. Elle fut bâtie par les pères de la compagnie de Jésus, qui, aussi bien traités que les capucins, obtinrent aussi de Louis XIII une part dans les démolitions du Château-Gaillard. Le portail est d'ordre corinthien; on y reconnaît les statues de Charlemagne et de saint Louis. L'édifice présente la figure d'un trèfle, et, ce qui est surprenant, il n'y a que quatre piliers assez menus, qui, étant au milieu de l'édifice, comprennent entre eux un carré parfait. Ils supportent tout ce bel ouvrage. Au-dessus règnent de grands jubés; deux rangs de belles fenêtres éclairent ces deux étages de voûtes bien travaillées.

Deux des galeries du cloître de l'ancien couvent des religieuses de Sainte-Marie renferment le Musée d'Antiquités, dont la conservation est confiée au savant M. Deville. Il n'est commencé que depuis 1833. Les fouilles opérées sur plusieurs points du département, et spécialement au théâtre romain de Lillebonne, ont fourni la majeure partie des objets antiques. Beaucoup d'autres sont dus à la générosité des particuliers.

A quelques pas, dans le même corps de bâtiment, un Cabinet d'Histoire Naturelle présente surtout une collection remarquable de coquilles. Ce cabinet a le mérite d'être le premier qui soit rangé d'après les vues du célèbre naturaliste de Blainville.

La petite église du couvent des religieuses de la Visitation peut passer pour le second Musée de Rouen, tant elle est riche en tableaux, parmi lesquels on remarque un Lesueur, un Jouvenet, et le tableau du maître-autel, qu'il faut se contenter d'admirer, sans pouvoir décider à quel grand maître on doit l'attribuer.

Ce couvent fut construit en l'an 1652, pour recevoir les religieuses de Sainte-Claire, établies depuis huit ans dans la ville. C'étaient des émigrées anglaises qui avaient quitté Gravelines par suite de la terreur que leur inspirait la guerre, sans cesse renaissante, sur la frontière. Cet asile, bâti par une noble dame anglaise, pour ses compatriotes pauvres, humbles et fugitives, n'appartient plus à l'ordre de Sainte-Claire. Fermé en 1789, il a été rouvert sous la Restauration; ce sont aujourd'hui des sœurs françaises de la Visitation qui y prient Dieu et font le bien.

Tu n'es pas sans savoir que l'ordre des religieuses de la Visitation a été fondé par Jeanne-Françoise Frémiot, baronne de Chantal, qui fut canonisée en 1767; elle était grand'mère de madame de Sévigné. Son mari ayant été tué en duel, elle se consacra à la vie religieuse. Elle était sous la direction spirituelle de saint François de Sales, évêque de Genève, et reçut de lui, en 1610, les statuts de son ordre. La fin de cet institut est de visiter les malades, et principalement les pauvres, de les assister, de les consoler et de les aider de tout son pouvoir, tant pour le corps que pour l'esprit. C'est pour cette raison que le sage prélat lui donna le nom de la *Visitation*, « dont la première, disait-il, avait été faite aux montagnes de Judée, lorsque l'ange visita Marie. »

La ville de Rouen s'enorgueillit à bon droit de ses fontaines : excepté la Fontaine des Innocents, Paris n'a rien dans ce genre qui soit comparable à ce qui se rencontre ici. On dit que Rouen est à la France ce que Grenade est à l'Espagne : la ville des ondes et des fontaines.

La fontaine de la Croix-de-Pierre, placée au centre du carrefour Saint-Vivien, est de l'effet le plus gracieux. Elle développe ses trois charmants étages en une sorte de pyramide. Sa forme svelte et élancée est celle d'un petit clocheton gothique portant, sur ses différentes faces et sous de jolis dais, des statuettes de saints et de saintes.

cime est couronnée d'une croix. C'est un monument [de] l'an 1500 ; le cardinal d'Amboise en a partagé les frais [avec] l'administration municipale.

Nous traversions le rond-point du boulevard qui se

Te souvient-il de cette effrayante histoire, si chaudement racontée par M. de Balzac, d'un capitaine de nos armées de l'Empire, enterré vivant, après une bataille, et parvenant à sortir de sa fosse? Eh bien! pareille chose est arrivée sur le lieu même où nous marchons en ce moment. Ce fut lors du siége de Rouen, par Charles IX, contre les calvinistes, en 1562. » Quand nous fûmes rentrés, il me fit lire la relation exacte d'un écrivain du temps.

« Il se passa une chose assez remarquable dans le dernier assaut. Le sieur de Civile, capitaine d'une compagnie de gens de pied, étant sur le rempart pour soutenir les efforts des assaillants, fut blessé au visage d'un coup d'arquebuse, tirée de la porte de Saint-Hilaire, dont les gens du roi s'étaient déjà emparés, et étant tombé à la renverse, quelques pionniers, qui le jugèrent mort, prirent ses dépouilles et l'enterrèrent au pied de la muraille, avec un nommé Le Forestier, droguiste, demeurant devant La Ronde, ne les ayant couverts que de peu de terre, ce qui arriva sur les onze heures du matin. A six heures du soir, quand l'assaut fut fini, et les compagnies retirées chacune en son quartier, le comte de Montgommerry, retournant à l'Archevêché, où il logeait, rencontra une troupe de laquais à la Croix-de-Pierre, qui attendaient leurs maîtres. L'un d'eux, nommé Nicolas de La Barre, natif de Virolet, près de Vernon, et laquais du sieur de Civile, demanda au comte s'il était vrai que son maître fût mort. Il lui répondit que oui; qu'il l'avait fait inhumer au pied de la muraille, et que, s'il voulait avoir le corps pour le mettre dans le tombeau de ses ancêtres, il le lui permettrait volontiers. Il lui donna le capitaine Clerc, lieutenant de ses gardes, pour le conduire et lui montrer la place. Ce laquais, aidé de celui qui le conduisait, tira les deux corps, les étendit sur la terre, les visita l'un après l'autre; mais n'ayant point reconnu celui de son maître, parce qu'il était tout couvert de sang et de boue, il les rejeta tous deux dans la fosse, les couvrit fort légèrement, et remonta à cheval pour s'en retourner. Cependant le sieur de Clere, apercevant un bras qui n'était couvert qu'à demi, le repoussa avec son pied, et vit en même temps le chaton d'un gros diamant qui était à son doigt, ce qui l'engagea à rappeler le laquais et à lui dire qu'il n'avait pas perdu sa peine, et que Dieu l'avait récompensé du bon office qu'il avait voulu rendre au corps de son maître. Le laquais, l'ayant reconnu à son diamant, le retira encore une fois de la fosse, l'essuya et le baigna de ses larmes, et, s'étant approché de sa bouche pour le baiser, il aperçut qu'il n'était pas mort et qu'il avait encore quelque peu de respiration. Ils le portèrent promptement au monastère de Sainte-Claire, où il y avait un nombre de chirurgiens qui avaient ordre de panser les blessés; mais, le croyant hors d'espérance de guérison, ils ne voulurent rien ordonner à son sujet, ce qui obligea ce fidèle domestique de le transporter chez le sieur de Coqueraumont, où il logeait ordinairement. On le mit sur un lit, où il fut cinq jours sans se mouvoir et sans prendre aucune nourriture. Pendant ce temps-là, plusieurs de ses parents et de ses amis le vinrent voir, entre autres, les demoiselles du Verdbois, du Velly, du Val, et autres, qui, voyant le triste état où il était réduit, et lui trouvant encore de la chaleur, firent venir les plus habiles médecins, savoir, Le Gras et Guerente, qui le firent panser par un chirurgien nommé

Jacques Aveaux, et lui firent desserrer les dents pour lui donner quelque nourriture. Le sixième jour, la plaie jeta quantité de pus et de sang meurtri, le malade ouvrit les yeux, et, se réveillant comme d'un profond sommeil, commença à soupirer et à se plaindre, ensuite demanda à boire et à manger, au grand étonnement de ses amis, qui, depuis, l'appelèrent *le mort enterré et ressuscité.* »

Le même historien raconte un autre fait qui ne m'a pas semblé offrir moins d'intérêt.

« Pendant le siége, on prit un gentilhomme manceau qui s'était glissé dans le camp du roi, à dessein d'assassiner le duc de Guise. On l'amena devant ce prince, qui lui demanda quel sujet de mécontentement il avait reçu de lui. Il répondit qu'il n'en avait reçu aucun. « Qui t'a donc porté, reprit le duc, à attenter sur ma vie? — Le zèle que j'ai pour ma religion, répliqua l'assassin ; j'espérais que votre mort m'apporterait un grand honneur. — Si ta religion, dit le duc, t'apprend à assassiner ceux qui ne t'ont jamais offensé, la mienne m'apprend à pardonner à mes ennemis ; va, je te donne la liberté, et apprends une meilleure leçon. »

L'auteur d'*Alzire* a mis en beaux vers cette même réponse dans la bouche d'un chrétien mourant qui s'adresse à son assassin, serviteur des faux dieux :

> Des dieux que nous servons connais la différence :
> Les tiens t'ont commandé le meurtre et la vengeance,
> Et le mien, quand ton bras vient de m'assassiner,
> M'ordonne de te plaindre et de te pardonner.

CHAPITRE VII.

21 mai.

En commençant ce matin notre tournée dans la partie sud-est de la ville, notre première visite a été... devine pour quel édifice?... pour une fontaine. Tu vas t'écrier : Encore une fontaine ! Tu vas trouver que nous ne ressemblons pas mal à deux musulmans qui courent, au sortir du lit, faire leur ablution. Mais que n'étais-tu avec nous ! que n'étais-tu là, à côté de moi, pour jouir de l'aspect curieux de ce qu'on appelle ici la *Fontaine de Lisieux*, monument qui date de 1518 ! Figure-toi un rocher de forme pyramidale. *Apollon* est assis au sommet; au-dessous de lui caracole le coursier ailé, *Pégase*; un peu plus bas est une figure à trois têtes. J'y voulais voir la triple Hécate ; erreur. Le *Livre des Fontaines*, dont je t'ai parlé, affirme que ce personnage est la *Philosophie*, et que ses trois têtes sont la *logique*, la *physique* et la *métaphysique*. Les neuf *Muses* sont distribuées sur les autres parties du massif. Des arbres, des gazons, des moutons sont aussi d'autres accessoires de ce mont Parnasse. De la base au sommet serpente le *chemin glissant et pénible à tenir*, suivant l'expression du poëte.

Pour le service journalier, l'eau jaillissait par deux salamandres en cuivre. Dans les occasions solennelles, l'une des deux chantepleures qui existaient dans le réservoir de la fontaine servait, dit un manuscrit du temps, à lâcher les eaux et faire un triomphe devant quelque personne honnête, et pour une nouveauté, en les faisant courir par les neuf instruments des neuf Muses, les deux mamelles de la Philosophie, et par un gros bouillon d'eau jaillissant de dessous le pied du cheval Pégase.

Si tu me demandes ce que tout cela peut avoir de commun avec le nom de Fontaine de Lisieux, je te répondrai que tout cela est adossé, rue de la Savonnerie, à une maison qui appartenait à l'évêque de Lisieux, et qu'il habitait lorsqu'il était appelé à Rouen.

Nous ne manquâmes pas de nous arrêter, à quelques pas de là, devant une maison en bois à trois étages qui font saillie les uns sur les autres. Cette maison, du quinzième siècle, est très-remarquable par sa vaste étendue, sa disposition pittoresque et les statuettes sculptées sur les poutres en colonnettes qui supportent chaque étage. On l'appelle encore aujourd'hui maison *Carados* ou *Caradas*, du nom d'une famille qui, pendant près de deux siècles, a occupé à Rouen des places dans la magistrature.

Si tu n'as pas trop peur de la foule et du bruit, suis-nous sur la place de la Vieille-Tour, où sont les halles de Rouen, c'est-à-dire les halles les plus importantes de France, à ce qu'on assure ici. Elles se distinguent d'abord par la variété de leur emploi : ainsi nous avons la *Halle-aux-Toiles*, la plus ancienne, qui a deux cent soixante-douze pieds de long sur cinquante de large, et dont la voûte est soutenue par deux rangs de colonnes en pierre ; la *Halle-aux-Cotons*, la *Halle-aux-Draperies*, qui ont chacune deux cents pieds de long. Non loin de là se trouve la *Halle-aux-Blés*, la plus grande de toutes, qui comporte trois cents pieds de long, sur une largeur proportionnée.

L'an 1493, le 5 février, on fit des portes à ces halles pour en interdire l'entrée à plusieurs fainéants, dit un auteur contemporain, qui y passaient leur temps à divers jeux, principalement les dimanches et fêtes. Un voyageur anglais a donné un tableau assez piquant du spectacle qu'elles offrent.

« Il faut, dit-il, se lever de bonne heure un vendredi matin pour jouir d'un spectacle dont on n'a aucune idée en Angleterre, si ce n'est peut-être dans la ville de Leeds. Dès six heures tout le monde est en mouvement. Acheteurs et vendeurs font un bruit de voix confus sans interruption aucune, et inconcevable. Cette scène animée se passe dans plusieurs galeries où sont des tables pour déposer les toiles de coton, de fil, et autres étoffes de toute espèce. L'étalage de ces couleurs diverses, les éloges des vendeurs, le froid assentiment de l'acheteur, l'œil ardent du premier, le sourcil calculateur du second, les marchandises qu'on enlève, celles qu'on apporte, enfin cette succession incessante de colloques et d'actes divers, voilà ce qui étonne la gravité d'un Anglais, étonnement accru encore par l'extrême gaieté qui domine la scène. Vers onze heures tout redevient silencieux, la vente est finie, les marchandises ont disparu, acheteurs et vendeurs sont partis. »

Sur la grande place de la Vieille-Tour, un peu en avant de la Halle-aux-Toiles, existe encore le monument qui a gardé le nom de Saint-Romain, bien qu'aujourd'hui il ne soit plus d'usage d'y lever la Fierte. A défaut d'objets d'art à étudier sur ce terrain, nous nous sommes adressés à des commerçants éclairés, entre autres M. Cortambert, pour recueillir quelques documents sur l'industrie et le commerce de la ville.

Les filés de coton se distinguent rarement par la finesse. La teinture du coton, en fil aussi bien qu'en pièces, a beaucoup progressé, grâce à l'établissement d'une École de Chimie. La teinture de la laine est aujourd'hui peu importante, depuis qu'il s'est établi des teintureries à Elbeuf et à Louviers.

La principale sorte de toiles qui se fabrique ici est ce que l'on connaît sous le nom de *rouennerie*. Ce sont des toiles peintes, rayées et à carreaux, qui servent à l'habillement des femmes, et où dominent certaines couleurs, telles que le rose, le violet, le lilas, mais plus ordinairement le rouge; elles se fabriquent avec des cotons teints. L'extension immense donnée à la fabrication des rouenneries a déterminé successivement une diminution sensible dans les prix. Un plus grand nombre de bras est devenu nécessaire; les fabricants de Rouen sont allés en chercher dans les environs de Péronne, de Cambrai, de Saint-Quentin, d'Arras, où des contre-maîtres font mettre en œuvre les matières premières, qui reçoivent ensuite la dernière main à Rouen.

Un des objets les plus intéressants de la toilerie rouennaise, c'est le nankin. Celui qu'on fabrique ici aujourd'hui a l'odeur, le grain et la teinte de celui d'Asie, de façon à s'y méprendre. On est parvenu à imiter jusqu'au papier qui sert d'enveloppe à celui qu'apportent les vaisseaux.

Depuis quelques années, Rouen fabrique des casimirs en laine et coton qui obtiennent beaucoup de faveur, et sa fabrication de tissus de laine est presque nulle; elle a abandonné à peu près la fabrication des toiles de lin et de chanvre. Celles qui se vendent à la halle de Rouen, soit en écru, soit en blanc, proviennent du nord du département. Les toiles de Fécamp sont les plus renommées. Les blanchisseries des environs donnent un blanc supérieur à celui des blanchisseries mêmes de Paris, de Saint-Denis et de Saint-Quentin. Les plus renommées sont celles du hameau de Lescure. Ajoute à cela des fabriques de bonneterie et de rubannerie, mousselines, dentelles, etc. Rouen fabrique encore des machines à vapeur et des métiers de toute espèce, de la fonte de fer et de cuivre et des produits chimiques. Je te fais grâce de bien d'autres industries pour ne plus te parler que de ce qui tient à l'art du confiseur. Je te garde, à mon retour, certain sucre de pommes, certaines gelées qui te mettront à même de décider si Rouen est resté digne de son ancienne suprématie.

Car le premier citron à Rouen fut confit!!!

Je terminerai par t'apprendre qu'à la gloire de Rouen,

le commerce de cette ville est en possession, depuis longtemps, d'une grande réputation de probité. Les drapiers de Rouen, surtout, partageaient cette réputation avec les orfèvres de Paris, à une époque où des fraudes nombreuses s'étaient introduites dans beaucoup d'industries françaises, au grand détriment de ceux mêmes qui ne rougissaient pas de se livrer à ces fraudes. Lis ce qu'écrivait un conseiller du roi, Laffemas, chargé de faire un rapport sur l'état du commerce français, en 1606.

« Le défaut de nos polices a perverti l'ordre qui s'observait tant à la fabrique des manufactures qu'à l'effet de tout ce qui en dépend, et les ouvriers, façonniers, teinturiers ou enjoliveurs, s'étant licenciés librement d'altérer leurs ouvrages, sous l'espoir de quelques profits, se sont entièrement ruinés, et ont été contraints, pour le mépris qu'on faisait de leur besogne, de quitter la France pour aller aux pays policés exercer plus fidèlement leur industrie, n'y ayant moyen de les retenir et les conserver à leur aise sans les régler tellement qu'ils ne puissent franchir les limites des anciens statuts; car, vivant de leurs malversations pour un temps, ils se ruinent pour jamais. Il aurait été nécessaire que la loyauté se fût gardée en tout ce qui se façonne et fabrique en France, afin que l'étranger n'eût pris cet avantage sur nous de se faire rechercher pour ce que nous pouvons nous-mêmes travailler; car nos artisans, pour s'enrichir en espérance, ne se fussent pas appauvris en effet. C'est donc la fidélité qu'il faut aujourd'hui garder, si nous ne voulons perdre les ouvrages qu'on met tant de peine de rétablir, et la vaisselle d'argent de notre ville de Paris, qu'on recherche par tout le monde pour s'être conservée en son titre, nous en donne témoignage, comme sont *les draps du sceau de Rouen*, qui, pour s'être maintenus en leur bonté, florissent encore autant que jamais. »

Le commerce de Rouen a joui longtemps de grands priviléges, en vertu d'une charte octroyée par Geoffroy Plantagenet, confirmée par la reine Mathilde, sa femme, et par son fils, Henri Plantagenet, laquelle charte se voit encore aujourd'hui dans les archives municipales. Il fallait qualité de bourgeois de Rouen pour avoir le droit de faire le commerce d'Irlande (à l'exception d'un unique vaisseau que Cherbourg pouvait expédier une fois chaque année). Tous les vaisseaux expédiés d'Irlande devaient se rendre à Rouen. Les marchands de la *ghilde* (association) de Rouen étaient exempts de payer aucun droit à Londres et dans les divers ports d'Angleterre. On leur réservait le port de Dunegate, près de Londres. La corporation des *nautes* (navigateurs) de Rouen avait le monopole de la navigation sur Seine, en remontant et descendant le fleuve. Aucun étranger ne pouvait débarquer ses marchandises sur le port de Rouen. Dans le courant du seizième siècle, on voit les commerçants rouennais associés avec les Dieppois pour trafiquer sur le littoral d'Afrique. En 1582, ils construisent le fort de la Mine-d'Or, et d'autres établissements sur la côte de Guinée.

Au commencement du règne de Charles VI, en 1380, un vaisseau du port de 150 tonneaux, ayant nom *la Notre-Dame-de-Bon-Voyage*, partit de Rouen au mois de septembre. Il arriva, vers la fin de décembre, aux atterrages de *la Côte-des-Dents* et de *la Côte-d'Or*. Neuf mois après, il entrait dans le port de Dieppe, rapportant le plus riche chargement en poivre, en ivoire et en poudre d'or. « Ce fut, dit un écrivain ancien, ce qui commença de faire fleurir le commerce de Rouen. »

Henri II accorda au commerce de Rouen un privilége immense. Il fut fait défense, sous les peines les plus graves, d'importer, en temps de paix ou de guerre, aucune épicerie et droguerie, par la mer océane, par autre port que par Rouen. « En quoi voulons et entendons, dit l'ordonnance, être comprises et entendues toutes les sortes d'épiceries et drogueries spécifiées et détaillées en l'édit du 20 avril 1542. » Sur quoi M. de la Quérière fait observer que les articles dénommés en cet édit sont au nombre de *deux cent huit*.

En l'année 1667, un bâtiment du port de 500 tonneaux partit de Rouen, toucha aux Moluques, et ensuite fit voile dans la direction de l'est Ce voyage est remarquable en ce qu'il est le premier exemple connu d'un navire français naviguant dans la mer du sud. Il avait pour capitaine Jean-Baptiste de La Follada (La Feuillade).

La création du port du Havre a modifié les rapports commerciaux de Rouen. Les armateurs de Rouen se contentèrent d'abord d'avoir un comptoir au Havre; ils ont fini par y transporter le siége de leur maison de commerce. Depuis la Restauration, quelques efforts ont eu pour but d'amener directement d'Amérique jusqu'à Rouen les matières premières réclamées par les manufactures. La concurrence du Havre a toujours rendu ces efforts inutiles. Toutefois, le mouvement du port a progressé et est aujourd'hui plus considérable qu'il ne le fut en aucun temps. On compte qu'il entre et sort plus de quatre mille bâtiments de toute espèce, tant français qu'étranger. Les expéditions directes ne s'étendent guère au delà des côtes de l'Europe, depuis Saint-Pétersbourg jusqu'à Marseille et la Sicile; à peine quelques navires sont-ils dirigés sur les colonies.

Quant au commerce de détail, Rouen a aujourd'hui des boutiques aussi brillantes et aussi bien fournies que celles de Paris. La première boutique où se déploya le luxe d'une devanture à grands carreaux de vitres fut une boutique à l'enseigne du *Singe vert*, dans la rue Grand-Pont; c'était à l'époque du Directoire. Quelques marchands imitèrent peu à peu cet exemple. Dix ans après, toutes les boutiques des rues des Carmes et Grand-Pont avaient subi une métamorphose complète, et le soir, le quinquet y avait remplacé la chandelle, entourée d'un verre cylindrique.

Nous nous sommes gardés de quitter la place de la Vieille-Tour sans visiter l'École ou Académie des Arts, de Dessin et de Peinture, dont les salles sont au-dessus de la Halle-aux-Toiles. Descamps, peintre distingué, Cideville, conseiller au Parlement de Normandie, et de La Bourdonnaye, intendant de la généralité de Rouen, la fondèrent en 1740. Plusieurs artistes de mérite en sont déjà sortis. La peinture réclame avec honneur les noms de Bellenger, Court, Lebarbier, Lavallée, Lemoine, etc. Les noms de Lemire, Leveau, Godefroy, Houel, n'honorent pas moins les fastes de la gravure. L'architecture et la sculpture peuvent citer avec éloge les noms de Jadoulle, Groult, et Lebrument.

La rue Martainville est à Rouen celle qui a conservé le plus de la physionomie de la ville aux quatorzième et quinzième siècles.

Les boutiques de cette rue, si longue, si étroite et si

populeuse, ne sont pas suffisantes pour l'étalage des modestes mets qui s'y vendent aux pauvres habitants de ce pauvre quartier. Ce ne sont partout que tréteaux, longues et basses brouettes, rangés à droite et à gauche des maisons, et couverts de petits fromages ou fragments de fromages, de harengs, de pommes de terre bouillies, de morceaux de viande cuite, de pommes et de poires, de *norolles* et de *douillons* (sortes de gâteaux aux pommes ou aux poires).

« Que ne sommes-nous ici dans une nuit de Noël! me disait Fulbert; quel plaisir tu prendrais à entendre retentir sur le pavé de la rue Martainville les sabots des longues troupes d'enfants qui s'en vont en criant joyeusement : Noël! Noël! Dans la nuit qui précède le jour des Rois, tu les verrais mettre au bout d'un long bâton une lumière destinée à figurer l'étoile miraculeuse; et puis, ils courent, portant le bâton d'un air fier et chantant de vieux refrains, pour obtenir qu'on leur donne de chaque gâteau la part du bon Dieu et la part des pauvres. »

Dans cette rue si animée, si bruyante, la vue de l'*attre*, ou cimetière (aujourd'hui hors d'usage) de Saint-Maclou, est d'un grand repos. Une croix, entourée de quelques cyprès, s'élève au milieu de ce sol d'ossements, où l'herbe a poussé vite.

Le cloître, qui règne à l'entour de l'ancien cimetière, a été bâti à diverses reprises : trois côtés furent construits en 1526, l'autre en 1640. Ces galeries sont soutenues par des colonnes en pierre, à chapiteaux arabesques, lesquelles étaient, à la moitié de leur hauteur, enrichies chacune d'un groupe de petites statues, et chaque groupe était une moralité. On n'en voit plus aujourd'hui que des restes; le marteau a exercé ses ravages là

comme ailleurs. Heureusement pour les amis de l'art, un habile crayon, celui de M. Hyacinthe Langlois, a pris soin d'en conserver le souvenir et de reproduire tous les détails de cette *danse macabre*.

Ici c'est un pape coiffé de sa triple tiare, et que, malgré toute sa sainte puissance, la Mort saisit et entraîne; ailleurs, la camarde tire le manteau de pourpre et d'hermine d'un empereur ou d'un roi, ou celui d'une jeune femme parée pour une fête. Elle pose sa main décharnée sur un savant docteur, sur un avare, sur un laboureur robuste, sur un avocat qui reste muet, sur un prêtre, sur un moine, sur une religieuse, sur un soldat qui chante, sur un enfant qui joue. Au-dessus de tous ces piliers, qui prêchent la puissance de la mort, les *filières* sont sculptées d'ossements, de crânes, de cercueils, de suaires, de pioches et de tous les instruments de sépulture. Une lampe et des cierges brûlent nuit et jour devant les statues de la vierge Marie et de l'archange Michel.

L'église de Saint-Maclou, édifice du quinzième siècle, mérite bien, par l'élégance de ses proportions et le fini de ses détails, le surnom qu'elle porta jadis de *fille aînée de monseigneur l'archevêque*. « Tu t'étonnes, me disait Fulbert, de ne voir qu'un triste beffroi dominer ce beau monument? Hélas! l'église Saint-Maclou est aujourd'hui veuve de son merveilleux clocher, comme la cathédrale l'est de sa pyramide. Je te montrerai, dans d'anciennes gravures, ce joli clocher, dont la pointe atteignait à deux cent quarante pieds au-dessus du sol, et travaillé de manière qu'un homme pouvait monter extérieurement sans échelle, jusqu'à la croix. En 1705, il fut ébranlé par un ouragan; trente ans plus tard, il menaçait ruine; on dut le raser à moitié; la Révolution vint, qui retrancha encore de sa taille, et lui enleva sa couverture de plomb pour la fondre en balles. »

Dans les bas-reliefs qui décorent les portes, tant de la grande façade que du côté de la rue Martainville, il est impossible de ne pas reconnaître le génie de Jean Goujon. Le Baptême de Jésus-Christ se voit sur le grand portail, la Mort de la Vierge sur celui de la rue Martainville. Par malheur, ici comme sur presque tous les pieux monuments, de sottes et sacrilèges mutilations ont été commises.

L'église Saint-Maclou avait autrefois l'honneur de garder les saintes huiles, et elle en distribuait à toutes les paroisses du diocèse. Comme insignes de ce glorieux privilège, la croix qui couronnait le grand portail portait un vase à chacune de ses branches.

A l'intérieur, rien de délicat, de joli, comme l'escalier en pierre, taillé en dentelle, qui conduit à l'orgue : les amateurs l'ont défini un véritable bijou gothique. La lanterne qui s'élève entre la nef et le sanctuaire est grandiose. L'Archange et la Gloire qui surmontent l'autel ont une majesté remarquable. Des trophées, composés des objets qui servent au culte, et d'attributs de la religion, croix, crosses, tiares, couronnes, mitres, calices, missels, encensoirs et flambeaux ; des masses de nuages, portant des anges et des saints, sont appliqués aux colonnes du chœur. Tout cela, doré et bruni par le temps, présente un coup d'œil qui n'est pas d'un goût sévère et qui, cependant, est d'un effet imposant. Les vitraux n'ont, pour la plupart, que des figures isolées de saints et de saintes sous des dais à pinacles gothiques. On regrette qu'ils aient trop de places blanches ; ils laissent arriver trop de lumière : l'église gagnerait à être éclairée par un jour plus mystérieux.

Une suite de maisons en pierre, rue du Change, du n° 2 au n° 8, sont chargées de sculptures de la fin du seizième siècle, et ont occupé vivement mon attention.

J'avais regretté l'absence d'un clocher à Saint-Maclou, je trouvai que l'église de Saint-Vivien, qui, du reste, n'a rien de curieux, ne perdrait pas à voir diminuer la taille du disgracieux pain de sucre qui la surmonte.

Le quartier que parcourent les deux petites rivières de Robec et d'Aubette, ou, comme on dit à Rouen, l'eau de Robec et l'eau d'Aubette, présente une physionomie toute particulière.

« Ces eaux, que l'on regarde à peine, a dit un écrivain, tant elles sont noires et troubles, plaisent plus à l'industrie que le plus clair ruisseau, roulant sur un lit de mousse ses ondes de cristal. Toutes les maisons du côté de la rue que suit la rivière ont leur base dans l'eau, et ne sont liées au pavé que par un pont, tantôt de bois, tantôt de pierre, qui sert à chaque demeure. Attenantes à ces ponts, des planches sont fixées au niveau de l'eau, et là-dessus, toute une population, aux mains teintes, gagne sa vie. Comme un homme faible prend tour à tour toutes les opinions des personnes qu'il voit, la maigre rivière change de couleur à chaque manufacture qu'elle traverse. Ici elle roule des ondes brunes; là, comme des flots de sang; plus loin, c'est l'indigo qui la bleuit; plus loin encore, c'est la noix de galle qui rend son onde noire comme celle du Phlégéton. »

Rien n'est donné au luxe. Là, du haut des maisons baignées par la rivière, se projettent, bien avant dans la rue, de longues perches toutes chargées d'étoffes teintes et de torsades de coton. Ces étoffes déroulées et pendantes, ces écheveaux, tantôt d'un rouge éclatant, tantôt d'un bleu foncé, forment, au-dessus des passants, comme un plafond mobile. Penchés sur les ondes brunâtres, des ouvriers dont la couleur de chair ne se voit plus, trempant dans la rivière leurs indiennes et les en retirant avec des mouvements presque cadencés, les garçons de fabrique et de magasin portant, à de longs et étroits chariots couverts, les pièces bonnes à calendrer, animent ces rues de pauvre apparence, assombries, et par les perches chargées d'étoffes, et par la hauteur des vieilles maisons de bois, dont les pignons, inclinés les uns vers les autres, ont l'air de vouloir se baiser à travers la voie publique. Dans ce quartier industriel se trouvent aussi un grand nombre de cheminées en briques qui appartiennent à des usines ; on dirait autant de hauts obélisques poussant sans relâche de gros tourbillons d'une fumée noire et épaisse.

L'an 1272, le roi saint Louis, en cédant à la ville de Rouen les moulins à blé qui existaient de son temps et qui, pour la plupart, existent encore aujourd'hui sur les deux rivières, céda aussi les deux rivières elles-mêmes. Personne ne s'y pouvait attribuer aucun droit, et n'eût osé pêcher aux écluses, ni y mettre du tout la main sans la permission des conseillers de ville.

Les moulins de la ville devaient aux religieux de Saint-Ouen 80 livres de rente ; mais aussi, en échange, ces religieux étaient obligés de donner, tous les ans, à la maison de ville, deux *pains chevaliers* et un *oison bridé*, c'est-à-dire qu'il avait au cou et aux ailes des rubans de soie. « Il marche par la rue, et est conduit par deux hommes et deux violons, depuis l'église de Saint-Ouen jusqu'au grand moulin. Ils les doivent livrer aux fermiers de la ville, avec deux cruches pleines de vin, deux gros poulets, deux plats de beignets, deux pièces de bœuf et autant de lard, le dimanche d'après la fête de la Saint-Barthélemi. »

Il y avait autrefois quatre-vingts maîtres boulangers qui pouvaient moudre, par jour, trois mines de blé à blanc et une à bis. La mine de blé pesait 130 livres compris le sac, étant moulue, 116 livres, et en ôtant le poids du sac, 114. Six maisons, nommées *Franches Aires*, pouvaient, par un privilége très-ancien, tenir boulangerie sans que ceux qui les occupaient fussent passés maîtres. Ils faisaient moudre au moulin de Saint-Ouen, en ne payant pour mouture que *huit deniers* par mine, parce qu'ils étaient obligés de faire leur pain de *deux onces* par livre plus pesant que celui des autres boulangers, aussi bien que ceux des faubourgs.

« Ceux qui, d'eux-mêmes, entreprennent de bâtir sur les deux rivières de Robec et d'Aubette, dit Farin, sont assignés pour faire apparoir de leur droit, faute de quoi voir ordonner que l'ouvrage sera démoli. Cette assignation se fait ordinairement pour comparaître au lieu où se tiennent les plaids de Robec, dans une grande salle de l'hôtel des imprimeurs-libraires, où pendait pour enseigne le Pot-d'Étain.

« Autrefois M. le lieutenant-général y présidait, ou, en son absence, le lieutenant-particulier. L'avocat et le procureur du roi y assistaient avec *Messieurs de la ville*, revêtus de leurs habits d'échevins; mais à présent, depuis le rétablissement de la mairie, en 1692, c'est M. le maire ou, en son absence, le premier échevin qui préside sans qu'aucun officier du bailliage ait lieu de s'y opposer. Les religieux de Saint-Ouen et les fermiers des moulins leur présentent à chacun un bouquet de fleurs. »

En passant le long des murs de la prison de Bicêtre, nous nous sommes sentis saisis d'un sentiment de tristesse où se mêlait une certaine terreur. Nous n'avons pu nous résoudre à demander à la visiter. La vue des visiteurs, d'hommes jouissant de leur liberté, doit être si pénible pour les malheureux qui expient leur faute loin de leur famille! Nous nous sommes contentés de demander quelques détails sur le régime de cette maison, qui, nous a-t-on assuré, pourrait servir de prison modèle. Les prisonniers, en général, mais surtout les plus jeunes, sont soumis à des exercices réguliers. On leur apprend à lire et à écrire. Un prêtre leur fait le catéchisme et leur prodigue ses exhortations. Il y a des ateliers pour les différents âges. Là on tisse de la toile, ici on épluche ou l'on bat le coton, ailleurs on trie la gomme. Les jeunes filles confectionnent des ouvrages à l'aiguille.

Une commission de personnes charitables exerce, conjointement avec le régisseur, une surveillance continuelle sur tout ce qui concerne la salubrité, la discipline, la tenue régulière des registres d'écrou, le travail, la distribution des profits, l'instruction religieuse et la réforme morale des détenus, et aussi la conduite, envers eux, des concierges et gardiens.

L'hospice général n'est point un édifice construit à une seule époque et d'après un plan régulier. S'il en a moins de prix aux yeux de l'ami des arts, il en acquiert plus d'intérêt à ceux de l'ami de l'humanité. En 1602, un homme bienfaisant, Claude Groulart, premier président au Parlement de Normandie, fonda une maison sous le nom de *Bureau des Pauvres valides*, pour retirer tous les pauvres des deux sexes en état de travailler et les empêcher d'aller mendier par les rues. Au bout de quelques années à peine, Claude Groulart étant mort, on vit le moment où l'établissement allait s'anéantir, les revenus ne se trouvant plus en rapport avec le nombre toujours croissant des pauvres qui se présentaient. Un autre homme, non moins généreux, Damiens, conseiller au Parlement, donna de nouveau de l'argent, et fit mieux encore, il donna sa personne. Il se mit à la tête de l'hospice, et son administration sage le fit prospérer. Des masures environnantes furent achetées, puis d'autres encore, et l'hospice alla s'agrandissant toujours. Aujourd'hui donc, ce n'est point une *maison*, c'est une laide et petite ville avec ses rues, ses places, ses irrégularités, sa population, ses femmes, ses enfants, ses vieillards. A tout ce monde souffreteux, qui donne du pain, qui donne des soins, de bons conseils et des consolations? la religion.

Nous avons visité la salle des *Demeurées*. On désigne ainsi de pauvres vieilles paralytiques dont l'âge a raidi les membres, et qui, pour la plupart, ne peuvent pas même porter la main à leur bouche. Ne trouves-tu pas ce mot d'une effrayante énergie? Dans la salle des *Vieilles Ouvrières*, les rouets et les dévidoirs tournaient avec un bourdonnement monotone. Une des joies de ces pauvres femmes, c'est d'obtenir un peu de tabac. Ce qui nous a le plus contristé le cœur, c'est l'aspect de ce qu'on appelle, je crois, le *Rempart*. Figure-toi une longue suite de petites loges, toutes avec d'épaisses portes de bois de chêne, chaque porte ayant son guichet; et dans ces loges, bien moins belles que celles des bêtes de notre Jardin-des-Plantes, à Paris, derrière ces épaisses portes à énormes verroux, des fous et des folles. Une heureuse pensée a placé dans la salle de la *Crèche*, consacrée aux berceaux des enfants trouvés, la statue de la Vierge portant le petit enfant Jésus dans ses bras. Pauvres orphelins, vous n'avez plus qu'eux pour parents, mais eux ne vous abandonneront pas!

Une fois qu'on a passé l'eau de Robec, la pente des boulevards incline fortement vers le Champ-de-Mars. Alors, entre les beaux arbres, encadré entre les deux côtés de l'allée, droit en face de vous, comme une *toile de fond* très-rapprochée, vous avez le mont Sainte-Catherine. Sur cette face de la montagne, toute revêtue d'herbe verdoyante, se présentent trois débris d'un ancien fort. L'effet qu'ils produisent est bizarre et imposant.

Lors de l'entrée de Henri IV dans Rouen, ce fort fut

rasé, sur la demande des habitants, comme plus propre

à attirer des maux sur leur ville qu'à la protéger. C'est à ce propos que le grand roi prononça ces belles paroles : « Je ne veux point d'autres forteresses que dans le cœur de mes sujets. » On supprima et on démolit en même temps la vieille abbaye de la Trinité-du-Mont, qui se trouvait à côté, et qui, disait-on, pouvait servir de refuge aux mécontents. Le souvenir le plus précieux de cette abbaye est une naïve épitaphe, conservée dans les recueils des érudits. Elle ornait la tombe du pieux Gosselin, premier conseiller de Richard III, duc de Normandie, et de la chaste Aimeline, sa noble épouse.

> « Sous ce tombeau gisent deux corps ensemble,
> Unis en vie, et que la mort assemble.
> Après honneurs, en biens mondains passez,
> Gardant amour, tant vifs que trépassez :
> L'un pour mary Gosselin le vicomte,
> Se fait nommer, dont l'histoire raconte
> Que d'Arques fut seigneur et des Dieppois.
> Premier autheur des mesures et poids
> Selon raison, en ce pays Normand.
>   « Ce corps qui gist près son côté, dormant,
> C'est Aimeline, épouse sans diffame,
> Dudit seigneur, sage et notable femme,
> Lesquels ont eu si parfaite amitié,
> Qu'il n'y eut onq entr'eux inimitié ;
> En leur vivant eurent trois beaux enfants
> Bien eslevez, et saintement vivants.
> L'un dit Guillaume, et Hugues et leur sœur,
> Qui nom avait Béatrix, j'en suis seur.
>   « Ce bon seigneur, desirant vie austère,
> Fit et fonda ce noble monastère,
> Où tost après fut fait religieux,
> Sous Isambert, abbé dévotieux :
> La bonne dame en son cœur Dieu aimant,
> Avait fondé, à Rouen, Saint-Amand,

> Nonains léans, avec sa fille unique,
> Pour prier Dieu, qui tous biens communique.
> Lors Robert, fils du grand Richard le Sage,
> En Normandie avait place et passage;
> Et qu'en ce temps, on comptait mil et trente,
> Ledit seigneur dota de biens et rente
> Ce monastère, appelé Trinité;
> Priant mon Dieu rempli de piété,
> Par son amour et sa grande clémence,
> Leur doint ès liens si bonne récompence
> Que l'un et l'autre en son royaume hérite,
> Comme bienfait avant mort le mérite.

L'église actuelle de Saint-Paul, en forme de basilique antique, est d'une date tout à fait récente. Elle est d'un goût pur et simple, et fait honneur à l'architecte M. Du Boullay. L'ancienne église était la seule de Rouen qui offrît les trois absides semi-circulaires qu'on rencontre dans la plupart des monuments du onzième siècle. Ils se trouvent aujourd'hui utilisés comme sacristie de l'église nouvelle. L'abside du milieu est la plus élevée et la plus saillante. Un rang de figures assez bizarres règne dans le pourtour extérieur; quelques-unes portent d'épaisses moustaches. Ces moustaches ont exercé la sagacité des érudits; on prétend y voir une épigramme, dirigée par le sculpteur, contre les gens de race saxonne, qui portaient chevelure et barbe, tandis que les Normands se rasaient soigneusement. Robert Wace nous apprend, en effet, que les Anglais, au moment de livrer la bataille d'Hastings, prirent, à leur mentons ras, l'armée des Normands pour une armée de prêtres.

Le Champ-de-Mars est un quadrilatère à faces inégales, mais vaste et bien planté. Il a le double mérite d'embellir et d'assainir le faubourg dont il fait partie. « On apprécie encore mieux ce bienfait, me disait un vieillard, quand on se rappelle qu'il y a une soixantaine d'années, ce terrain était un marais fangeux, dont les émanations pestilentielles compromettaient la santé publique. »

Une belle caserne qui s'élève en face, derrière une grille que supportent deux guérites en pierre d'assez bon goût, occupe une partie d'un terrain qu'on appelait jadis *le Pré-aux-Loups*, lieu tout inculte, tout hérissé d'arbres et de halliers. Du côté de Martainville, le Pré-aux-Loups était borné par le couvent des *Pères de la Mort*. C'étaient des religieux venus à Rouen, en 1624, pour confesser les pestiférés.

Notre promenade s'est terminée au Jardin-des-Plantes, qui se trouve dans le faubourg Saint-Sever de Rouen. De tous les jardins botaniques de France, il est, assure-t-on, après celui de Paris et celui de Trianon, le plus riche en plantes exotiques. Un médecin distingué, Tiphaine de La Roche, doit être regardé comme le fondateur de cet établissement, bien que le jardin créé par lui l'ait été d'abord sur un autre emplacement. Le jardin actuel compte plus de trois mille espèces de plantes. Il est en correspondance avec le Jardin-des-Plantes de Paris, qui lui a dû plusieurs espèces inconnues jusqu'alors en France. « Que n'êtes-vous venus quelques jours plus tôt, nous disait le complaisant employé qui nous conduisait à travers ces riches parterres bordés de petits écriteaux indiquant, au pied de chaque individu, la classe, le genre, l'espèce, le nom latin et le nom vulgaire! j'aurais pu vous offrir à chacun une branche de notre lilas Varin. C'est une variété toute rouennaise; nous la devons à l'homme laborieux dont elle porte le nom, et qui, pendant trente-deux ans, a rempli les fonctions de directeur de ce jardin. »

CHAPITRE VIII.

22 mai.

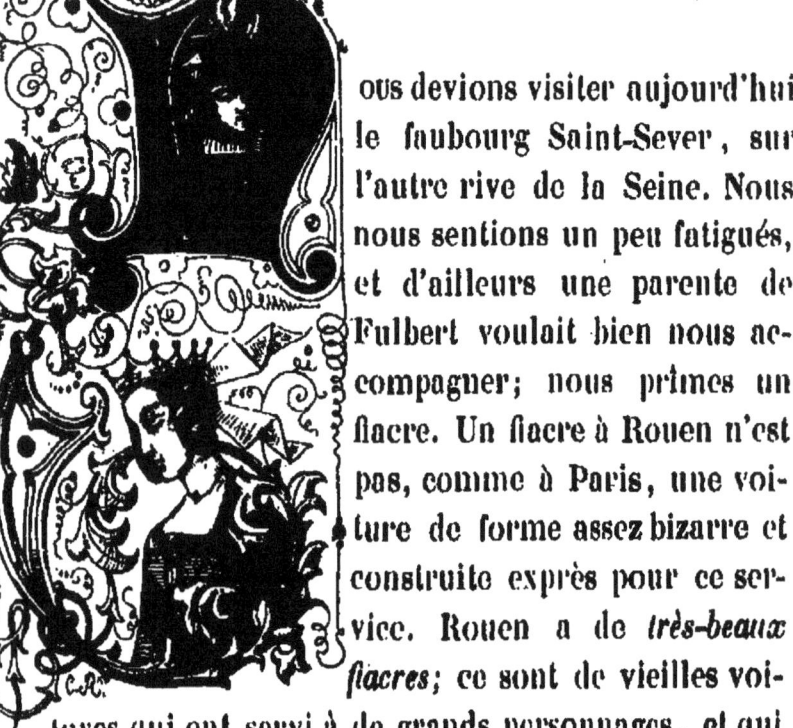

ous devions visiter aujourd'hui le faubourg Saint-Sever, sur l'autre rive de la Seine. Nous nous sentions un peu fatigués, et d'ailleurs une parente de Fulbert voulait bien nous accompagner; nous prîmes un fiacre. Un fiacre à Rouen n'est pas, comme à Paris, une voiture de forme assez bizarre et construite exprès pour ce service. Rouen a de *très-beaux fiacres;* ce sont de vieilles voitures qui ont servi à de grands personnages, et qui sont encore armoriées au blason des plus nobles familles, au blason des Mortemart et des Montmorency. Pour nos trente-six sous, nous sommes montés dans une berline dont l'apparence était restée presque somptueuse. Nous lûmes sur la portière, au-dessus d'une mitre d'archevêque et d'un chapeau de cardinal, cette vieille devise, le cri de guerre des Rohan : *Potius mori quam fœdari. La mort plutôt qu'une tache*. Cette voiture avait appartenu, dit-on, au cardinal de Rohan, archevêque de Besançon.

« Vois-tu, me dit Fulbert, après que nous eûmes passé le pont suspendu, cette grande et belle caserne, la caserne de Saint-Sever, qui se présente à notre droite? Avant l'établissement de la caserne, c'était là que Rouen avait son grenier à sel, bâtiment mal construit et qui ne tarda pas à menacer ruine. Le grenier à sel fut donc transporté ailleurs. Ce même lieu avait été auparavant un enclos, ou chantier fermé, nommé *le Clos-des-Galées* ou *Galères*, parce qu'on y construisait et radoubait les navires. En remontant à une date plus ancienne, nous trouverions, sur le terrain de cette place Saint-Sever, l'existence d'un petit château, nommé *la Barbacane*, destiné à couvrir les abords du pont. Construit dans des temps fort anciens, il avait été rasé et reconstruit, avec plus d'étendue et des améliorations, par le roi anglais Henri V. Un mont factice lui servait comme de piédestal, et il était ceint de fossés remplis par les eaux de la Seine. De tous ces travaux, il ne reste plus une seule pierre : les terres disposées en monticule ont été transportées, les fossés ont été comblés, et notre fiacre roule sur la surface parfaitement unie d'une assez belle place publique. Ainsi va le monde : les monts s'abaissent et les vallées se remplissent! »

Un peu plus loin, nous avons rencontré l'ancien

couvent des *Emmurées*. C'étaient des religieuses de l'ordre de Saint-Dominique. On les appelait les Emmurées, parce que, une fois entrées dans cette retraite fermée de hautes murailles, elles n'en devaient plus sortir jamais. Cette fondation, due à la piété de saint Louis, remontait à l'an 1269.

C'est un triste spectacle que celui de l'église de cet ancien couvent, servant aujourd'hui de magasin à fourrage. Sa construction remonte à l'an 1666, car le couvent fut ruiné plusieurs fois lors des différents sièges que la ville de Rouen eut à soutenir. C'est un édifice étroit et long, dans le style gothique, surmonté d'un clocher pyramidal en bois et ardoise. Sa voûte ogive, aussi en bois, est ornée de culs-de-lampe dorés et peints en cartels et chiffres, sur un fond d'azur semé de fleurs de lis d'or, qui ont survécu aux différentes révolutions.

On a lu pendant long-temps, sur une pierre scellée à l'entrée du portail, ces vieilles rimes qui rappelaient la fondation du monastère :

> L'an mil deux cent soixante et neuf
> Ce monastère fut fait neuf,
> Que l'on dit les sœurs Emmurées,
> Ordre des prêcheurs, cy murées,
> Et lequel, en temps ancien,
> Saint Louis, roi très-chrétien
> Des François, fonda en ce lieu,
> Au titre de saint Mathieu,
> De son règne l'an troisième
> Avecque le quarantième.

Sous le rapport architectural, l'église de Saint-Sever ne mérite aucune attention ; mais l'histoire de sa fondation offre de l'intérêt. Saint Sever était un archevêque d'Avranches, que les populations venaient consulter sans cesse, car sa sagesse égalait sa piété; aussi, ses reliques furent-elles bientôt en grand renom. Sous le règne de Richard Ier, deux ecclésiastiques firent un pèlerinage à son tombeau, qui se trouvait aux environs du mont Saint-Michel, dans une église environnée de bois. Un prêtre habitait seul dans le voisinage. Les deux religieux, par un excès de dévotion, résolurent d'enlever les restes du saint évêque. Le prêtre devina leur dessein, et le fit échouer. Ils reviennent à Rouen, font supplier Richard de vouloir bien autoriser la translation, obtiennent le consentement du prince, et, malgré les larmes et la résistance des habitants, enlèvent les précieuses reliques, qu'ils dirigent sur Rouen.

« Dieu, dit une vieille chronique, qui a promis que la mémoire des saints ne se perdra jamais, fit paraître, par un miracle manifeste, l'honneur qu'il avait préparé de toute éternité au grand saint Sever, puisque en tout lieu où son chaste corps reposa pour y passer la nuit, on trouva le lendemain tant de résistance, qu'il fallut s'obliger par vœu d'y construire autant d'églises à son nom, autrement on n'eût pu le lever de la place. Ce sacré dépôt arriva sur le soir au faubourg d'Émendreville; et, d'autant qu'on se préparait à le recevoir le lendemain avec cérémonie, on le porta au même lieu où est maintenant construite l'église de Saint-Sever, qui n'était pour lors qu'une petite chapelle. »

Pour te donner une idée de la manière dont se réglaient autrefois les donations pieuses pour fondations de messes, je t'envoie ces lignes rimées, qui se lisaient, dans la chapelle Sainte-Suzanne, réparties sur quatre colonnes :

A celle fin que mémoire à jamais
Il soit toujours d'un don fait et délais,
Comment voirrez si lisez cette table
Fait d'un marchand et homme bien notable,
Avons voulu ici l'écrire et mettre,
Ce nonobstant qu'il soit porté par lettre.

Henri Morin et Perrotte sa femme,
Vrais chrétiens, gens de bien et sans blâme,
Mus de l'amour du Sauveur Jésus-Christ,
Ont délaissé, comment il est écrit,
Pour augmenter cette dévote place,
Et acquérir aussi de Dieu la grace,
Dévotement, six acres de bon prez,
En bon endroit, et d'ici assez près :
A dire vrai, ils sont à Sotteville,
Ainsi bornez, comment on a le stile
D'en bien user. Voilà le premier point.
Item. Afin que l'on ne l'oublie point,
Ils ont laissé vingt sols de bonne rente
A recueillir, ainsi est leur intente,
Sur Jean Caron, du Petit-Quevilly,
Que par-devant ont toujours recueilly.
Et par ainsi, moyennant ce délais,
Les trésoriers, gens d'église et gens lays
Se sont submis, eux et leurs successeurs,
A tout jamais, de cela soyez seurs,
Faire dire, par chacune semaine,
Et célébrer, par chapelain idoine,
Dénommément trois messes par trois jours.
En tems d'hiver, que les jours sont fort courts,
On les dira à l'heure de sept heures,
Et en été matines ne autre heure
N'empêcheront qu'on ne les dise à six.
Item. Ainsi, soit debout ou assis,
Le clerc commis, l'heure dite sonnée,
Subitement doit sonner en volée,
Et, sans que nul lui en fasse reproche,
Au bat ou plein de la moyenne cloche,
Comme on mettrait à prononcer et dire
Miserere. Après il faut qu'il tire
Treize cliquets pour le son bien parfaire,

Puis en après pourvoir à son affaire.
Or, pour savoir les jours qu'on les doit dire,
Les gens de bien qui viendront ici lire,
Ils connaîtront que c'est le premier jour
Le dimanche, car sans faire le sourd,
Après avoir dit à sainte Suzanne,
Il ne faudra que le prêtre se tanne
De dire tôt les mots dits et passez.
Et le lundi après des Trépassez ;
Puis, le mardi, sans faire long demeure,
On la dira comme dit est à l'heure,
Et à la fin, le prêtre s'en ira
Où la tombe des fondateurs sera,
En cet endroit dire un *De profundis*,
Priant Jésus qu'il leur doint Paradis.
Fait dès le jour *secondo* de novembre,
L'an mil cinq cents, comme bien me semembre,
En ce tems-là trente-trois on comptoit,
Chacun d'iceux encor régnant étoit.
Priez à Dieu qui les péchés efface,
Ayt pitié d'eux et que pardon leur fasse,
Pater noster et *Ave* en soit dit,
Afin qu'au ciel soient comme il est prédit.

La caserne Bonne-Nouvelle a succédé à un couvent. Quoique occupée souvent par de l'infanterie, elle a été construite comme quartier de cavalerie. Les cuirassiers, les dragons, les hussards sont logés aujourd'hui au lieu où vécurent saintement des religieux, qui, bien qu'appartenant à l'ordre de Saint-Benoît, portaient, par dévotion particulière pour la Vierge, la robe blanche au lieu de la robe noire des autres religieux du même ordre. Et cependant Guillaume le Conquérant, et son épouse Mathilde, en fondant là un prieuré, avaient bien l'intention qu'on y priât à jamais pour eux dans l'éternité. Triste exemple de la vanité des institutions.

Ce prieuré eut pour nom Bonne-Nouvelle, parce que, si l'on en croit la tradition, c'est dans cette maison religieuse, où elle s'était retirée pendant l'absence de son époux, que Matilde reçut la bonne nouvelle de la bataille d'Hastings. « Eh bien! dit-elle, que cette église cesse de s'appeler Notre-Dame-du-Pré, Notre-Dame-d'Émendreville; mais qu'elle prenne à l'avenir pour nom Bonne-Nouvelle, car bonne nouvelle ai reçue ici, dont Dieu doit être loué ainsi que Notre-Dame. »

La tradition cependant était démentie par cette inscription placée sur une grande table de marbre, à l'entrée de l'église du couvent, dans le cours du dix-septième siècle.

« En ce lieu, l'église de Notre-Dame-du-Pré, dite depuis des *Bonnes-Nouvelles*, *à cause du mystère de l'Incarnation qu'elle a pour particulière solennité*, a été premièrement bâtie par Guillaume le Bâtard et Mathilde sa femme, environ l'an 1060, et en l'an 1092, érigée en monastère et prieuré de Saint-Benoît, sous la dépendance du Bec-Hellouin, par Robert, leur fils aîné, duc de Normandie; augmentée, en l'an 1122, par Henri, son frère, roi d'Angleterre, aussi duc de Normandie, duquel lieu tous les bâtiments ayant été entièrement démolis et ruinés, l'an 1592, lors du siége de Rouen, cette église, en l'état où elle est, et les clôtures de ce monastère, furent réédifiées, l'an 1604, par M. Gaillard de Cornac, abbé des Châteliers, étant alors prieur, à la diligence du sieur Nalot, négociant, le temporel dudit prieuré. En l'an 1626, pour restaurer l'ancienne discipline régulière, y a été fait l'établissement des religieux Bénédictins de la congrégation de Saint-Maur, en France, etc., etc. »

Nous avons passé devant les murs de la maison de Saint-Yon, hospice pour les aliénés, sans nous sentir le courage d'y entrer. Le spectacle des souffrances, lorsqu'on ne peut rien pour les soulager, est trop pénible à supporter. Dans un tel lieu, que pourrait notre faible aumône? Quelle parole consolante aurions-nous pu porter? Cependant, les malheureux aliénés admis dans cette maison y sont, nous a-t-on assuré, traités admirablement, tant sous le rapport hygiénique que sous celui d'une bienveillance éclairée. Rien de mieux entendu, nous a-t-on dit, rien de plus agréable même que l'aspect de cette maison. Les souterrains, autrefois obscurs, de l'ancien couvent des frères de Saint-Yon, ont été transformés en cuisines magnifiques et en dépôts pour les provisions de bouche. Le linge des malades est conservé dans de longues galeries, où la propreté le dispute au bon ordre; de vastes dortoirs réunissent jusqu'à trente aliénés, tous couchés isolément dans des lits de fer, dont les draps sont d'une blancheur admirable.

La douceur du traitement, les soins presque affectueux dont ils se voient l'objet, ont produit sur ces aliénés des effets admirables. Ils y sont d'une soumission exemplaire, d'une obéissance de tous les moments. Les hommes tirent de l'eau, portent des fardeaux, et prenent part aux autres travaux de la maison. Les femmes travaillent à l'aiguille, font la lessive, étendent le linge et le plient, et semblent surtout, dans les soins à donner aux plus malades, rivaliser de zèle avec les sœurs, qui, là comme partout ailleurs, prodiguent leurs veilles et leur ardente charité.

La maison de Saint-Yon, fondée en 1748, par le premier président du Parlement de Normandie, Pont-

Carré, était destinée à servir d'une sorte d'école normale pour former des frères des écoles chrétiennes. On les envoyait de là dans les différentes villes du royaume, travailler à l'instruction des enfants du peuple. On y recevait, comme pensionnaires, les jeunes enfants de famille dont les parents voulaient corriger l'inconduite. Ces bons religieux accueillaient, en outre, les infortunés frappés d'aliénation mentale, et la maison avait place pour une trentaine de pensionnaires de cette sorte.

La petite église Saint-Yon, qui est encore la chapelle de la maison actuelle, a cela de particulier qu'elle a été bâtie par les religieux eux-mêmes, sans l'aide d'aucun architecte, sans le secours d'aucun maçon ou manœuvre. Aussi ont-ils inscrit sur le fronton ces simples mots : *Fundavit Altissimus. Elevé par le Très-Haut.* Cette église est assez vaste, et ne manque pas d'une certaine majesté simple. Les bâtiments de l'hospice sont de construction toute récente, et datent de 1822.

Il y a quelques années à peine, en poussant très-peu au delà du territoire de la ville, on pouvait visiter encore avec intérêt la petite église, ou plutôt la chapelle de Saint-Julien, qui autrefois appartenait au prieuré de Saint-Julien, habité par des religieux de l'ordre des Chartreux. Vendue comme domaine national, elle a fini par tomber dans les mains d'un propriétaire qui a jugé à propos de la démembrer intérieurement pour la faire servir aux usages les plus vulgaires ; de telle sorte qu'aujourd'hui les yeux de l'amateur le plus passionné des arts auraient peine à reconnaître quelque vestige de son ancienne splendeur.

Et cependant, à juger par les descriptions qui en ont

été données, c'était le monument le plus complet et le mieux caractérisé de l'architecture semi-circulaire qui se pût voir dans la ville de Rouen ou aux environs! « Elle se compose, dit M. Langlois, d'une seule nef, dont le chœur, en rond-point, présente moins d'élévation et de largeur. La retombée des nervures des voûtes repose sur des colonnes simples engagées dans le mur, et chaque intervalle existant entre ces colonnes est percé d'une fenêtre en plein cintre. Au-dessous règnent d'élégantes arcades supportées par de courtes colonnes, et dont les archivoltes sont principalement ornées d'un bâton rompu ou zigzag, motif si commun dans toutes les constructions de ce temps, normandes et anglaises. Cette décoration, à laquelle un banc de pierre sert de base, occupe régulièrement le pourtour de la nef et du chœur. Les voûtes étaient revêtues de peintures appliquées à l'œuf ou au lait. Quelques-unes paraissent remonter à une époque fort reculée, peut-être même à celle de la construction de l'édifice. Fulbert et moi nous t'avons assez souvent ennuyée de nos causeries sur l'histoire des procédés de la peinture, et tu n'es pas sans savoir que l'encaustique, la peinture à l'œuf, et tous les genres de détrempe, ont été les procédés les plus ordinaires jusqu'à la découverte de la peinture à l'huile, dont Jean Van Eyk fut le premier à se servir à Bruges, vers l'an 1410.

Les antiquaires reconnaissent dans cette ruine la chapelle d'un château, aujourd'hui disparu, que Henri II, roi d'Angleterre et de Normandie, fit bâtir en 1160, et qui fut habité successivement par une communauté de lépreux et par des religieux du prieuré de la Madeleine.

Ce faubourg de Saint-Sever, à côté d'usines et de fabriques, des abattoirs, et de l'usine où se fabrique le gaz, offre quelques hôtels avec de grands jardins, où les fleurs sont cultivées avec beaucoup de succès. En ce moment commencent à s'y épanouir plus de huit cents variétés de roses; on me prédit qu'en automne, tout autant de variétés de dalhias réjouiront l'œil du promeneur. Trianon, le nouveau Jardin-des-Plantes, est un établissement magnifique.

Rentrés en ville, un ami de Fulbert, un homme qui occupe ses loisirs à étudier avec amour les antiquités de sa ville natale, nous a conduits chez M. Lebrument, qui possède un précieux reste de la magnificence du couvent de Saint-Lô ; c'est un livre d'Heures, manuscrit, enrichi, *illustré* (comme on dirait aujourd'hui) de dessins admirables représentant la Passion de Notre Seigneur et les principales fêtes de l'année. Le fini, l'originalité, la naïveté de ces peintures, d'un éclat et d'une conservation extraordinaires, font de ce manuel, de ce livre d'office, une véritable merveille. On assure que M. Lebrument en a refusé 50,000 fr.

De la vieille église de Saint-Lô, autrefois la seconde paroisse de Rouen, et que Farin regardait comme la plus précieuse des antiquités de cette ville, il ne reste plus qu'un pignon qui montre des débris de belle architecture.

Pourquoi tous les hommes aux mains de qui le hasard avait fait tomber quelqu'une de ces merveilles, échappées par miracle à la destruction ou aux ravages du temps, n'ont-ils pas eu pour elles le même culte que M. Lebrument? L'or des Anglais n'eût pas dépouillé Rouen de tant de chefs-d'œuvre. Pour ne parler que des vitraux enlevés à ses églises, voici ce qu'on nous a raconté.

Il y a environ une cinquantaine d'années, deux particuliers, dont un Anglais, vinrent en France dans l'intention de recueillir les peintures sur verre des églises supprimées. Rouen est la ville dont ils en ont le plus emporté et d'où provenait la plus grande partie de leur collection. Ils dépensèrent dans cette entreprise environ vingt mille livres sterling. Ils firent à Londres une exposition publique de ces vitres. Le prix d'entrée était d'environ un schelling, comme moyen d'en faciliter la vente, qui cependant fut difficile. La plupart des acquéreurs étaient des amateurs. Peu de ces vitres furent placées dans les temples.

La tête remplie de tout ce que j'ai vu pendant ces six jours, il m'est arrivé ce soir de dire, devant notre ami l'antiquaire : « Votre ville de Rouen est aujourd'hui plus vaste, plus aérée et plus saine, mieux éclairée, bâtie sur un plus rigoureux alignement, mieux convenablement pavée; elle compte une population plus forte; la fortune y est un peu moins inégalement répartie entre les habitants (ce point même serait peut-être à contester); mais, Monsieur, combien elle a perdu sous le rapport de l'art! Combien sa physionomie actuelle est froide et monotone, comparée à ce qu'elle a dû être dans les différentes époques du passé! Combien je voudrais pouvoir me la représenter avec toutes ses églises, ses couvents et ses châteaux-forts, relevés comme par enchantement, les statues des saints reprenant leur place sur les portails, et les chevaliers derrière les créneaux, et dans les rues une foule vêtue de riches costumes qui servent d'insignes à chaque classe, à chaque profession!

« — La chose est assez difficile, m'a-t-il répondu; cependant, pour vous y aider, permettez-moi de vous mettre sous les yeux quelques récits de chroniqueurs;

votre imagination suppléera, je n'en doute pas, aux détails qui pourront manquer; et pour nous borner à deux exemples, choisissons les deux entrées solennelles de Charles VII, en 1449, et de Henri II, en 1550, à un siècle de distance. »

Mon homme ne s'en est pas tenu, pour Charles VII, à la chronique de Monstrelet, qui a été citée par tous les historiens de Rouen; il m'a donné lecture d'un document extrêmement curieux, découvert assez récemment dans la bibliothèque de Poitiers par le conservateur, M. Mazure, parmi d'autres documents annexés à un vieux manuscrit avec lequel ils n'ont aucun rapport, ce qui explique pourquoi ils étaient restés jusqu'alors inconnus.

« COMMENT CHARLES, VII° DU NOM, FIT SON ENTRÉE EN LA VILLE DE ROUEN, LAQUELLE ENTRÉE FUT MOULT BELLE, ET ÉTAIENT LE ROI ET SES GENS GRANDEMENT APPAREILLÉS ET HABILLÉS.

« Le lundi dixième jour du mois de novembre mil quatre cent quarante-neuf, environ trois heures après midi, le roi fit son entrée à Rouen, qui fut belle et honorable, et était le roi tout armé à blanc, et son cheval couvert d'un drap d'or tout semé de fleurs de lis, et devant lui son chapeau royal, et portait Fontenil son manteau et Poton son épée. Et devant eux, veut le roi que monseigneur le chancelier fût en habit de chancelier et tout son manteau fourré, et devant lui le scel sur une haquenée blanche, que on menait en main, couverte d'un drap d'or pareil de celui du roi, et n'y avait personne dessus; ains y était le scel seulement lié sur une haute selle et la ceinture qui pendait, et entre les armes était le scel. Monseigneur le sénéchal de Poitou, le bailli de Laon, monseigneur de Pruilly, monseigneur de Gaucourt, le bailli de Rouen, et l'argentier, nommé Jacques Cœur, y étaient bien richement habillés sur chevaux couverts à croix blanches ; et, entre les archers et eux, étaient les héraults, trompettes et menestriers.

« Au côté dextre, l'écuyer de l'écurie était monseigneur de Dunois, bien richement habillé, et cheval couvert à grandes croix blanches ; et était prisée seulement la garniture de son épée vingt mille écus.

« Après le roi, chevauchait Avart, qui portait son pennon à trois fleurs de lis, le roi de Sicile, et auprès, messeigneurs du Maine, de Nevers, de Clermont, de Castres, de Saint-Pol, de Tancarville, de Dampmartin et sire de Lorraine. Après iceux venaient les pages du roi, monseigneur le maître d'hôtel, bien richement habillé à grandes écharpes d'or, qui, de son droit, avait le gouvernement de la bataille. Et après lui, Rogelin Blocet, qui portait l'étendard du roi, et de deux à trois cents lances, qui suivaient en bel et grand et honorable habillement.

« Hors de la ville, au-devant du roi, allèrent de trois à quatre cents bourgeois, tous vêtus de bleu et chaperons rouges, lesquels offrirent leurs corps et leurs biens au roi, et lui présentèrent les clefs en la présence de Dunois, son lieutenant et son chancelier ; lesquelles le roi fit recevoir par ledit comte et icelles bâiller audit sénéchal, comme capitaine ; et après allèrent toutes les églises en procession, faire la révérence au roi, aux champs. Et puis s'en retournèrent en bel ordre en la ville, et après eux les archers en belle ordonnance ; et était toute la porte tendue de fleurs de lis, et en haut la livrée du roi.

« A l'entrée de la ville, quatre des bourgeois qui portaient le poêle sur le roi, et quatre écuyers d'écurie soutenaient la couverte de son cheval.

« Et en la ville y avait des personnages : le premier, un mouton qui avait la livrée, qui était bel et grand, et jetait, par les cornes et narines vin, et dessous eau, par dix ou par douze tuyaux. Et après, sur un portail étaient en personnages l'Église, les bourgeois, les nobles et le commun, qui présentaient au roi une femme, qui signifiait la ville, et était à genoux et mains jointes. Et après, avait une bête qui portait le feu roi en livrée, et c'était en un coin de rue. Devant Notre-Dame, sur un échafaud, y avait un grand cerf blanc que deux damoiselles tenaient et le présentaient au roi.

« A la descendue du roi, à l'entrée de l'église, furent au-devant l'archevêque de Rouen, l'évêque de Lisieux, l'évêque d'Évreux et l'évêque de Coutances, tous revêtus, et les mitres à leurs têtes. Et, en ce point, entra le roi dedans l'église Notre-Dame.

« Et le mercredi ensuivant fut, par les gens d'église, faite une très-belle préposition devant le roi par un notable maître en théologie, qui prit son thème : *Béni soit qui nous a fait miséricorde ; il a rempli nos cœurs de joie et donné la paix en ce temps.* Et le divisa bien grandement et notablement. D'autres choses encore y furent faites, lesquelles seraient trop longues à réciter. »

L'entrée de Henri II, le 1ᵉʳ octobre de l'an 1550, se trouve relatée dans un livre extrêmement rare aujourd'hui, et qui fut imprimé, l'année suivante, sous un titre dont je ne te rapporterai, ma chère Élise, que les trois premières lignes, car il occupe à lui seul une page tout entière.

« C'est la déduction du somptueux ordre, plaisants spectacles, et magnifiques théâtres, dressés et exhibés par les citoyens de Rouen, etc., etc. »

Voici un résumé de ce livre, bien précieux pour les artistes, sous le rapport des costumes, et pour les érudits, qui y trouvent toutes les dignités et fonctions dans une grande ville à cette époque.

Le roi partit de l'église Saint-Sever, passa le pont pour se rendre à la cathédrale, et fut ensuite loger à Saint-Ouen.

Les maisons étaient ornées sur le devant de riches tapisseries. On voyait, en divers endroits, des théâtres, des obélisques, des bocages représentés au naturel. Devant l'église Saint-Sever on fit élever un trône, où le roi, s'étant assis sous un dais, reçut le salut des bourgeois, l'obéissance des capitaines et le compliment des principaux officiers. Les archers de monsieur l'amiral marchèrent les premiers, suivis de cinquante hommes, vêtus de satin jaune, envoyés par la ville pour faire ranger le peuple et empêcher le désordre. Ensuite marchaient les religieux des quatre ordres mendiants, suivis de tous les curés, prêtres et autres ecclésiastiques de toutes les églises paroissiales et collégiales, ayant à leur tête le doyen de la chrétienté. Les religieux de Saint-Lô, de la Madeleine et de Saint-Ouen, marchaient après en psalmodiant.

Les vingt-quatre mesureurs de blé suivaient, montés à cheval, et vêtus de casaques de taffetas gris sur un pourpoint de satin violet, avec des bonnets de velours noir, le plumet blanc par-dessus, le haut-de-chausses de velours violet, les bottines fermées d'agrafes d'argent, portant tous en main un gros bâton semé de fleurs de lis d'or en champ d'azur. Suivaient aussi, en même nombre, les courtiers de vin, couverts de casaques de damas noir sur un pourpoint de satin blanc découpé par losanges, le fourreau et la ceinture de velours blanc, et les bouteroles d'épée dorées.

Après eux marchaient les courtiers auneurs de draps, vêtus de satin noir à manches longues et brodées, avec le pourpoint de satin blanc pourfilé d'or, découpé et renoué de boutons d'or, le bonnet de velours noir garni d'un panache blanc, les bottines de velours blanc doublées de satin noir, le haut-de-chausses de velours blanc garni de boutons d'or, le cheval caparaçonné de noir, semé de croissants blancs enrichis de houppes par les pointes et de franges tout autour.

Les vendeurs de poissons et les auneurs de toiles suivaient, au nombre de douze, couverts de manteaux de taffetas noir enrichis de broderies ; la housse et le reste de l'enharnachement de leurs chevaux étaient pareillement brodés ; leurs bottines blanches, doublées de velours noir et enrichies de broderies sous le genou ; le bonnet de velours noir, garni de boutons d'or, avec le bouquet de plumes blanches semées de paillettes d'or.

Un grand nombre d'officiers et de gens de la Monnoye allaient à la suite, vêtus de robes de damas noir fleuronné sur un pourpoint de satin blanc ; le haut-de-chausses de velours blanc, le bonnet et les escarpins de velours noir, la plume blanche semée de paillettes d'or, la ceinture et l'épée garnies d'argent, le fourreau de velours noir, la housse de velours figuré, semée de croissants, suivis chacun de deux laquais vêtus de velours et de satin de leur livrée.

Les deux priseurs, les quatre sergents du vicomte de l'Eau, les quatre Réaux, les priseurs-commissaires, les clercs-siégés, les menus courtiers, les jurés et les visiteurs, marchaient après, au nombre de cinquante, couverts de casaques de satin noir et blanc bordées de passements d'or et d'argent, le bonnet de velours noir avec la plume blanche, les bottines de velours noir doublées de satin blanc, le haut-de-chausses de velours noir, la ceinture et l'épée garnies d'argent, le fourreau de velours noir, la housse de leurs chevaux moitié de satin blanc et moitié de satin noir, enrichie de grosses houppes de soie blanche et noire. Cette compagnie était conduite par le vicomte, le lieutenant et le greffier de la vicomté de l'Eau, qui avaient de longues robes de satin noir, doublées de velours noir, et étaient montés sur des mules avec des housses et des enharnachements de drap noir, enrichis de franges et de houpes de soie perlée.

Les cinquante arbalétriers de la ville suivaient en bel ordre, montés sur des chevaux dont les caparaçons, moitié blancs, moitié noirs, étaient semés de croissants et de chiffres du roi, brodés de fil d'or et d'argent, auxquels pendaient de grosses houppes de fil d'argent tissu de soie perlée. Chaque arbalétrier était couvert d'un hoqueton semé d'écailles d'argent aux armes de la ville, qui sont: un agneau d'argent en champ de gueules, sous trois fleurs de lis d'or, à fond d'azur. Les manches étaient taillées par lambeaux, moitié de velours blanc et moitié de velours noir, semées de mailles d'or et d'argent, et enrichies de broderie sur les extrémités. Le bas du hoqueton à pans de velours noir et blanc, pareillement brodé et semé de croissants relevé d'argent trait. Ils avaient un chapeau de velours noir, bordé d'un galon d'argent, avec un panache blanc et noir, des bottines de velours blanc doublées de velours noir, pourfilées d'argent, des pertuisanes dorées et garnies de velours, ornées de houppes et de franges de fil de soie perlée, et mêlées de fil d'argent. Leur enseigne était de taffetas noir et blanc, aux armes de la ville. Devant eux et au milieu marchaient plusieurs tambours et fifres vêtus de taffetas blanc et noir, six trompettes et deux joueurs de clairon ; les trompettes et les clairons étaient garnis de banderoles de soie avec les armes de la ville. Ils avaient à leur tête le vicomte de Rouen, vêtu d'une robe courte de velours noir doublée de velours rouge, découpée par les manches et attachée de chatons d'or. Ses lieutenants général et particulier marchaient après lui, vêtus de longues robes de satin noir, montés sur des mules enharnachées de velours noir ; ils avaient devant eux six laquais habillés de velours de leur livrée.

Les quarante sergents de la ville suivaient, vêtus de casaquins de velours noir, les manches longues et flottantes ; le casaquin était brodé de fleurons d'or et d'argent, et le vide était chargé de croissants accompagnés de chiffres du roi de fil d'argent en relief ; l'ouverture de devant était fermée à noyaux d'or. Le pourpoint et le haut-de-chausses étaient de velours blanc, les bottines de velours noir, doublées de satin blanc. La tête était couverte d'un chapeau de velours noir, orné d'une médaille d'or où était attaché un panache blanc. Les caparaçons de leurs chevaux étaient semés de croissants de fil d'argent en relief sur champ de velours noir ; la tête du cheval était couverte d'un panache blanc. Quatre tambours et deux fifres de leur livrée marchaient devant ; au milieu était l'enseigne de taffetas noir et blanc, et ils avaient en leur main un court bâton semé de fleurs de lis d'or en champ d'azur.

Ensuite marchaient les deux sergents héréditaires et celui à masse, vêtus de robes de velours parsemées de fleurs de lis d'or, l'un desquels portait une masse d'argent doré, couronnée et semée de fleurs de lis d'or. Les enquêteurs du bailliage suivaient vêtus de robes de taffetas et montés sur des mules. Le lieutenant-général du bailli de Rouen, l'avocat et le procureur du roi, allaient après, avec les six conseillers-échevins nouveaux de la ville, vêtus de robes de velours noir, et par-dessous une saye de satin noir fourrée de peau de loup-cervier. La housse de leurs mules était de drap noir, bordée d'une large bande de velours enrichie de broderie. Trente laquais, vêtus de satin blanc brodé et passementé de fil d'or, découpé et renoué de boutons d'or, marchaient à côté d'eux pour les servir.

Les anciens conseillers venaient après, vêtus d'une robe de satin noir doublée de velours, et par-dessous une saye de velours noir. Avec eux était le procureur de la ville, portant une robe de velours noir, accompagné des quatre quarteniers, du receveur, du greffier, du maître des ouvrages de la ville, vêtus de robes de satin noir doublées de velours, montés sur des mules, ayant chacun deux laquais vêtus de satin gris, brodé, découpé et renoué de boutons d'or. Ils étaient suivis d'une compagnie des plus notables bourgeois de la ville, qui était de deux cents hommes vêtus de robes de damas figuré, les manches découpées et garnies de perles, montés sur de bons chevaux harnachés de velours, ayant à leur suite chacun un ou deux laquais.

Le lieutenant du bailli de Rouen étant arrivé devant le trône où le roi était assis, mit pied à terre et monta à la galerie, où il fit sa harangue.

Les porteurs de sel, de blé, et autres bas-officiers au nombre de six-vingts, suivaient à pied la compagnie des bourgeois, ayant des collets de satin blanc, découpés et renoués d'agrafes d'or, sur un pourpoint de satin noir, les hauts-de-chausses de velours noir, le panache blanc et noir, la pertuisane sur l'épaule, garnie de houppes de soie, devant eux, quatre tambours et deux fifres, et ils marchaient trois par trois. Ils précédaient les jurés-courtiers de cuirs et de laines, les crieurs de vins, les déchargeurs et trieurs de fruits, qui étaient en grand nombre avec des habits pareils. A leur suite marchaient les quêteurs de vins et menues boissons, les clercs-siégés, les officiers de la Romaine au nombre de quarante-huit, vêtus de casaquins de satin noir à manches pendantes avec les lisières de fil d'or, le pourpoint de velours blanc découpé et rattaché de boutons d'or, le haut-de-chausses de velours blanc doublé de taffetas noir, les bottines de velours noir, la plume blanche et noire, le harnais de leurs chevaux tailladé à jour et enrichi de boutons d'argent.

On voyait venir, après les élus, le grainetier et le contrôleur du magasin, accompagnés de leurs greffiers et d'autres officiers de leur juridiction, vêtus de drap de soie enrichi de broderies d'or et de soie, leurs chevaux harnachés de velours, étant suivis de plusieurs laquais vêtus de leurs livrées. Les sergents des élus allaient, rangés devant eux, avec les commissaires du magasin et des aides, vêtus de casaques de satin noir, sur un pourpoint de taffetas rouge; le harnais de leurs chevaux était couvert de velours noir. Le procureur et l'avocat du roi, de la même cour des élus et du magasin, se joignirent à cette troupe, vêtus de longues robes de satin noir, montés sur des mules. Leurs laquais étaient vêtus de satin violet, le bonnet et les escarpins de velours violet, et la plume blanche.

Suivaient Messieurs de la Cour des Aides, leurs deux

huissiers, vêtus d'écarlate brune, précédés des présidents, accompagnés des conseillers-généraux, de l'avocat, du procureur du roi et du greffier de la même cour, tous vêtus de robes d'écarlate rouge doublées de velours noir. A leur suite se rangèrent les avocats, les procureurs des aides et des élus, vêtus magnifiquement et très-bien montés, avec plusieurs laquais portant leurs livrées; puis les sergents, les huissiers, les greffiers, les avocats et les procureurs du roi des juridictions de l'amirauté, des eaux-et-forêts, séants en la Grande Salle du Palais de Rouen, conduits par les lieutenants, tant généraux que particuliers, des mêmes juridictions; couverts d'habits superbes et bien montés.

Marchait ensuite la Cour du Parlement, composée de quatre présidents et quarante conseillers, des deux avocats du roi et du procureur-général, du greffier civil et criminel et des requêtes de la même cour, tous vêtus de leurs robes d'écarlate doublées de velours, le chaperon d'écarlate doublé d'hermine sur l'épaule (les présidents avec une épitoge d'écarlate, pareillement fourrée d'hermine, étendue sur leurs épaules), le bonnet de velours noir, en façon de mortier. Les greffiers portaient un chaperon de drap noir, à bourrelet et longue cornette.

Cette illustre compagnie était précédée de ses huissiers, au nombre de huit, portant des robes d'écarlate brune, le chaperon de drap noir, à longue cornette, et une baguette à la main. Le premier huissier avait la tête couverte de son mortier de drap d'or, fourré d'hermine, au haut duquel était une grosse boutonnière de perles; sa robe était d'écarlate rouge, doublée de velours. Les mules des seigneurs, présidents et conseillers, étaient harnachées de noir, et leurs laquais vêtus de leurs livrées. A la suite de Messieurs du Parlement, marchaient les avocats et les procureurs, richement vêtus et montés sur des mules.

Toutes ces compagnies étant passées, parurent trois cents arquebusiers, marchant sur cinq de front, le morion doré sur la tête, le pourpoint de satin cramoisi, et le haut-de-chausses de velours de la même couleur, à grandes taillades, les bottines de maroquin blanc. Le capitaine était à la tête, le lieutenant au rang de derrière, et l'enseigne au milieu, vêtus d'habits encore plus magnifiques.

A la longueur de deux piques marchaient quinze cents soldats, cinq par cinq, distribués en trois bandes, qu'on avait choisis parmi les artisans de la ville; chaque bande avait son capitaine. Les habits de la première étaient de velours vert brodé et enrichi de perles et d'agrafes d'or; ceux de la seconde, de drap d'or, et ceux de la troisième, de toile d'argent avec des boutons d'or et plusieurs broderies. Ces bandes étant passées, on en vit paraître aussitôt une autre de cinquante capitaines qui marchaient trois de front, couverts de corselets jusqu'à l'étendue des bras et des cuisses, avec le casque en tête. C'était pour représenter ces illustres capitaines normands qui, autrefois, en moins de soixante ans, conquirent par leurs armes les royaumes de Naples, de Sicile, de Calabre, de la Pouille, d'Antioche et d'Angleterre.

Suivaient trois chars de triomphe : le premier était le char de la Renommée, tiré par quatre chevaux blancs, portant des ailes sur le dos, et attelés par de gros cordons de soie et d'argent, avec des courroies richement brodées et frangées d'argent. A la suite de ce char marchaient cinquante-sept hommes armés de harnais complets, dorés et gravés par feuilletages moresques, ayant chacun deux laquais à leurs côtés. Par ce nombre on voulait signifier les cinquante-sept rois qui avaient régné en France depuis Pharamond. Il y eut ensuite une fanfare de trompettes et de clairons embouchés par des hommes de pied, vêtus de toile d'argent taillée à balafres, couronnés de laurier, ayant des bottines blanches.

Le second char était celui de la Religion, tiré par deux licornes, suivi de six compagnies à pied, dont la première portait, sur des demi-piques semées de fleurs de lis d'or, les forts réduits que le roi avait pris depuis peu, au pays boulonnais. La seconde portait sur sa tête de grands vases dorés, pleins de fruits et de fleurs, pour marquer l'abondance de tous biens. La troisième portait en sa main, levée en haut, des festons de lauriers, entrelacés de rubans de fil d'or et de soie verte. La quatrième portait, au bout d'une demi-pique, une bannière de taffetas blanc de forme carrée, semée de fleurs de lis d'or, en laquelle était représenté, en perspective, le paysage des environs de Boulogne, que Sa Majesté avait réduit depuis peu sous sa puissance. La cinquième portait, sur des demi-piques, les dépouilles de toutes sortes d'armes. La sixième était vêtue de tuniques de satin violet, enrichies de broderie d'or; et chacun portait entre ses bras un agneau vivant, à l'imitation de ces anciens triomphateurs qui, pour rendre grâces à Dieu, offraient des victimes.

Ces six compagnies étant passées en cet ordre, il se présenta une troupe de soldats à pied, de cinquante hommes, armés de pied en cap, pour représenter les généreux soldats qui avaient bien servi le roi. Après eux marchaient six grands éléphants portant des tours et d'autres machines de guerre, suivis de plusieurs captifs qui avaient les bras liés, et vêtus de longues robes de façon étrangère, et de diverses couleurs. La déesse Flore, accompagnée de ses nymphes, jetait des fleurs.

Le troisième char était celui de la Fortune, tiré par deux chevaux.

« Devant la Fortune était posée une chaire artificiellement ouvrée et couverte d'un riche drap de velours violet, semé de fleurs de lis, à l'environ de feuilles, fleurons et branchages, le tout de guipure d'or, sur laquelle était assis un beau et élégant personnage, approchant, par le corsage et traicts de visage, à la noble personne du roy notre sire. »

Monseigneur le dauphin suivait à cheval, accompagné de cinquante hommes d'armes, et était suivi de trois cents jeunes hommes à pied, et puis des enfants d'honneur à cheval, qui avaient chacun six laquais vêtus de leurs livrées.

Alors la maison du roi se mit en marche. Les six trompettes de Sa Majesté, vêtus de leurs cottes de velours violet, semées de fleurs de lis d'or, allaient les premiers et précédaient deux cents gentilshommes de la maison du roi. Suivaient plusieurs seigneurs et officiers, les pages d'honneur, le premier écuyer, monseigneur de Boissy, grand écuyer de France, portant en écharpe l'épée royale, le cheval de parade du roi, conduit par quatre laquais richement vêtus, les cent-suisses de la garde; puis monsieur l'amiral, le grand-maître de l'artillerie, le grand-veneur, et le prévôt de l'hôtel du roi.

Les légats du pape, les ambassadeurs d'Espagne, d'Allemagne, de Venise, d'Angleterre, de Portugal et des autres nations étrangères, précédaient les archevêques, les évêques et autres prélats de France, les cardinaux de Ferrare, de Bourbon, de Guise, de Vendôme, de Sombresse, de Châtillon et de Lisieux, qui étaient vêtus de leurs capes de camelot rouge cramoisi, et montés sur des mules.

Le roi marchait ensuite, précédé du duc de Montmorenci, pair et connétable de France, portant l'épée nue en sa main. Sa Majesté était suivie des princes du sang et autres de la cour, savoir : monseigneur le duc d'Aumale, les ducs de Longueville et de Montpensier, le duc de Nemours, le prince de la Roche-sur-Yon et autres, les barons et les grands seigneurs de son royaume. Les archers de sa garde fermaient la marche.

Le long de la chaussée des Emmurées on offrit au roi, dans une prairie, dit le livre, « une représentation du pays et des naturels du Brésil, dans laquelle on introduisit plusieurs *guenons, marmottes, sagouyns*, que les navires des bourgeois de Rouen avaient naguère apportés de ces pays lointains..... Il se démenait, çà et là, jusques au nombre de trois cents hommes, équipés et façonnés en la mode des sauvages de l'Amérique, dont s'apporte le bois de Brésil, du nombre desquels il y en avait bien cinquante naturels sauvages fraîchement apportés du pays. Ils exerçaient une espèce de guerre les uns contre les autres entre les arbres et les broussailles, qui y avaient été plantés pour donner du plaisir au roi. »

A l'entrée du pont était un grand rocher, haut de cent cinquante pieds sur soixante de largeur, sous lequel était Orphée tenant une harpe, et les neuf Muses jouant du violon, avec un concert de voix. Lorsque Sa Majesté fut arrivée sur le pont, Neptune et ses quatre tritons, qui étaient dessus, se jetèrent dans la rivière, où l'on voyait des représentations de dauphins et d'autres poissons, sur le dos desquels étaient assis des tritons. Il y avait aussi des baleines qui vomissaient toutes sortes d'animaux aquatiques, et au-dessous du pont on voyait combattre deux navires avec autant d'ardeur que s'ils eussent été ennemis.

Sur la porte du pont, du côté de la ville, étaient représentées trois sibylles de grandeur plus que naturelle; et, à l'entrée de la porte, les quatre conseillers nouveaux de ville, vêtus de longues robes de velours noir, ayant la tête nue, présentèrent un poêle de drap d'or, sous lequel Sa Majesté fut conduite jusque devant le couvent des Carmes, où les conseillers donnèrent le poêle à porter aux quatre quarteniers de la ville, qui accompagnèrent ainsi le roi le reste du chemin.

Devant l'église cathédrale on avait élevé un théâtre dont le plan était porté par quatre harpies bronzées, et au milieu de ce plan on voyait la figure d'Hector*. Au carrefour de la Crosse, il y avait un autre théâtre où étaient plusieurs figures qui se mouvaient par des machines. Dans la place du pont de Robec était la représentation des Champs-Élysées ; «et la rivière, dit le livre, qui était claire comme de l'eau de roche (les teinturiers ne travaillaient pas ce jour-là), ne contribuait pas peu à relever la beauté de ce spectacle.»

Le lendemain, la reine Catherine de Médicis fit aussi son entrée, et reçut les mêmes honneurs que le roi.

---

* Cette figure faisait apparemment allusion à la tradition poétique qui faisait descendre les Français de *Francus*, fils d'Hector.

CHAPITRE IX.

23 mai

CE matin, au jour naissant, nous avons repris notre léger bagage en sautoir, à peu près comme Figaro porte son inséparable guitare. Avant que le soleil eût échauffé plus que de raison l'atmosphère, nous avions parcouru, de notre pied léger, quatre bonnes lieues sur la route qui conduit de Rouen à Honfleur, et longe à l'est la forêt de Rouvray, et à l'ouest la rive gauche de la Seine.

Moulineaux, où nous avons déjeuné, et dont la paroisse possède des fonts baptismaux que nous avons visités avec intérêt, est un petit village resserré entre la

Seine et la colline escarpée qui la borde, colline agréable par les bois dont elle est revêtue. Ces bois touchent à la forêt de la Londe et semblent en faire partie; or, la forêt de la Londe jouit, dans les annales rouennaises, d'une réputation aussi fâcheuse que, dans les annales parisiennes, la forêt de Bondy. Ne vas pas cependant t'alarmer trop vite, ma chère Élise; cette réputation date de jadis, et ne s'est pas soutenue par le temps qui court. Le service actif de la gendarmerie garantit, sous ces ombrages, sécurité non-seulement aux voyageurs de la grande route, mais même aux promeneurs comme nous, qui s'aventurent volontiers dans les sentiers et les clairières.

Tout en montant cette colline, nous aurions pu croquer des points de vue magnifiques ; nous avons réservé toute notre ardeur de travail pour les ruines du château de *Robert le Diable*, parce que, dit-on, Robert le Diable le fit construire, ou, tout au moins, l'habita.

Tu as fait, ma chère Élise, au Grand-Opéra de Paris, la connaissance de ce terrible personnage, rajeuni par la plume de M. Scribe et les chants de M. Meyerbeer. Assisté de l'érudition de M. Deville, je vais essayer de te le montrer tel que le représentent les vieux manuscrits, dans son naïf costume du Moyen-Age.

Indépendamment de *la Chronique de Normandie*, que les critiques modernes démontrent ne pouvoir avoir été écrite avant la seconde moitié du treizième siècle (en effet, il y est question du rachat de saint Louis, événement postérieur de plus d'un quart de siècle à la mort de Philippe-Auguste), et sans parler de quelques autres ouvrages historiques dans lesquels le nom de Robert le Diable est mentionné, la Bibliothèque Royale, à Paris, possède trois compositions dont le sujet est cette curieuse légende.

1° Le roman de *Robert le Diable*, dont la plus ancienne copie est du treizième siècle.

2° Le *Miracle de Notre-Dame de Robert le Diable, fils du duc de Normandie, à qui il fut enjoint pour ses méfaits qu'il fît le fou sans parler ; et depuis eut notre sire mercy de lui et épousa la fille de l'Empereur*. Ce miracle fait partie d'une collection d'œuvres dramatiques recueillies en 2 volumes grand in-4°, et portant le titre de *Mystères de Notre-Dame*. M. Jubinal en a le premier donné une copie. Ce manuscrit est de la fin du quatorzième ou du commencement du quinzième siècle.

3° Le *Dict de Robert le Diable*, manuscrit du commencement du quinzième siècle.

La Chronique de Normandie fait de ce personnage le fils d'un certain Aubert, « duc et gouverneur de Neustrie sous Pépin, lequel avait un château près de Rouen sur un mont que l'on appelait Turingue (ou Tourinde). Icelui Aubert avait le gouvernement de toute Neustrie, et prenait la tierce partie des revenus dudit pays. Il prit pour mariage Inde, femme débonnaire et de sainte conversation, qui était sœur du duc de Bourgogne. » Ils eurent un fils qu'au baptême ils appelèrent Robert. L'enfant montra de bonne heure un « naturel méchant. » Il criait, il mordait et déchirait ses nourrices. « Mais plus en un seul jour croissait, dit le roman, qu'aucun autre enfant ne faisait en sept jours, et nul enfant ne l'égalait en beauté. Quand il fut à l'âge de sept ans, sa mère le mit pour apprendre les bonnes lettres à l'école, où il profita très-bien ; mais avait son esprit subtil adonné à tout mal. Aux enfants de l'école faisait moult d'outrages, car il les navrait et battait bien souvent. Une fois entre les autres son maître l'en reprit et battit. Quand Robert eut été battu, il épia son maître, pour se ressentir, tant, qu'il le trouva dormant et d'un couteau le tua. De ce fait fut le duc son père moult courroucé, et pensant le châtier par belles paroles, le fit demeurer avec lui dans son palais. Et lui étant au palais de son père, la bonne dame Inde va dire à son seigneur qu'il serait bon que Robert leur fils fût fait chevalier, et que par l'ordre de chevalerie il pourrait changer de mœurs et venir à résipiscence. »

Robert emploie la nuit de la veille des armes à des actes atroces contre les religieuses d'un couvent ; au moment où son père le touche du plat de l'épée avant de lui donner l'accolade, Robert tire sa propre épée, et si les barons ne l'en eussent empêché, il aurait percé son père.

« Lors se partit et vint au château de Turingue, où il assembla plusieurs larrons et meurtriers, et aussi tous les bannis qu'il put trouver, tant qu'il en eut en sa compagnie jusques à trente. » Il se mit à détrousser les passants, les pendre, les brûler, et à piller les couvents. En une abbaye près de Lisieux il tua tous les moines, parce qu'ils lui refusaient de l'argent. « Tantôt après ce fait, un baron du pays avait une très-belle femme ; Robert alla en l'hôtel de ce baron et le tua, puis amena la dame avec lui. » Un autre jour, il trouve le fils du comte de Coutances chassant dans la forêt et lui tranche la tête. Sur les plaintes de toute la contrée, le duc Aubert se décide à faire crier à son de trompe que, quiconque occirait son fils Robert, il lui pardonnait.

Ici le roman offre une scène de l'effet le plus dramatique. Fatigué de son incessante fureur, Robert court au château d'Arques, où habitaient le duc son père et la duchesse. Sa mère seule s'y trouve. Il va droit à sa chambre, l'épée nue à la main. Sa mère tombe à ses pieds :

« Fils, dit-elle, que veux-tu faire ?
Pour quel méfait, pour quelle affaire
Me veux-tu livrer à martyre ? »

Robert lui répond qu'elle mourra, si elle ne lui apprend pas pourquoi il est si méchant.

« Pourquoi je suis si hypocrite
Et si plein de male aventure

> Que voir ne puis créature
> Que à Dieu moult mal ne fasse.

« Gardez-vous de me mentir, ajoute-t-il, car si vous mentez,

> « Cette espée tranchante et belle
> Ferai boire en votre cervelle. »

Sa mère alors lui raconte le secret de sa naissance. Désolée de ne point devenir mère malgré les prières qu'elle adressait à Dieu, elle s'est adressée au diable dans un moment de désespoir, et lui a promis dévotion, si, par son pouvoir, elle avait un enfant. Ce fut alors que naquit Robert ; Dieu n'y a été pour rien ; Robert appartient tout entier au diable.

A cette terrible confidence, Robert s'émeut. Pour se soustraire à la fatale influence qui pèse sur lui, il se rend à Rome et consulte le pape. Le pape l'envoie confesser à un ermite qui lui prescrira une pénitence.

La chronique attribue le repentir de Robert à une autre cause. Le vicomte de Coutances, celui dont il a tué le fils, s'est mis en campagne contre lui. Robert et sa bande sont défaits. « Pour sa vie garantir, Robert fort navré, et dont le cheval est tué, jette ses armes et se met au plus profond du bois, sans tenir chemin. Et vint à un hermitage où il trouva un ancien hermite, et lui dit qui il était, comme il avait vécu, et comme lui était advenu. L'hermite l'admonesta de se retourner à Dieu par contrition et pénitence, et lui donna sa bénédiction, et l'absolut de ses péchés s'il mourait, car il était fort navré, et, s'il réchappait, lui bailla en pénitence qu'il allât au Saint

Père à Rome, Adrien Ier. Quand Robert fut en santé, il prit congé de l'hermite, et voua à Dieu que jamais viande il ne mangerait, s'il ne l'ôtait aux chiens, jusqu'à ce qu'il eût été pardevant notre Saint Père le pape. L'hermite bailla à Robert une cotte et une haire. Tant chemina Robert qu'il vint à Rome, où il se confessa, et le pape lui en chargea en pénitence qu'il ne parlât de sept ans. Robert fit bien sa pénitence, et lui faisaient ceux de Rome moult d'ennuis et dérisions, lui jetant boue au visage : il souffrait tout patiemment pour l'amour de Dieu. La nuit, il gisait sur le degré du palais où se tenait Paul Afflacta, lieutenant de l'empereur Constantin cinquième, lequel lieutenant avait un levrier qui, par la volonté de Dieu, ne délaissa Robert, tant comme il fit sa pénitence. Quand on donnait audit chien à manger, Robert en prenait sa substance, mais jamais avant que le chien y eût touché. Quand ledit lieutenant de l'empereur le sut, il commanda qu'on ne fît aucun mal au fol ni au levrier, et souvent venait le levrier au palais. Et quand ledit lieutenant séait à table, on appelait le levrier et lui baillait-on ce qu'on lui voulait donner, dont Robert en prenait portion pour sa substance. » La chronique ajoute, à la fin du dernier chapitre : « Après qu'il eut été à Rome sept ans sans parler, il alla en Jérusalem, où il fut hermite toute sa vie, et là mourut moult saintement. »

Le roman renferme bien d'autres aventures. Le palais où Robert reçoit asile n'est point celui d'un lieutenant de l'empereur, mais le palais de l'empereur lui-même. Après ses humbles repas, pris en compagnie du levrier, Robert a coutume d'aller se désaltérer à une fontaine qui est au milieu du jardin du palais. Sur ce jardin donne une fenêtre, et, de cette fenêtre, la fille de l'empereur, jeune princesse d'une rare beauté, mais qui a eu le malheur de perdre la parole, prend plaisir à voir passer le fou de son père. Rappelle-toi que nul n'égalait Robert en beauté et en force. « Lorsqu'il eut l'âge de vingt ans, dit le roman, on ne trouva en nul parage si grand homme que Robert n'eût un pied de plus, et nul qui à sa force pût atteindre.

« Deux des plus forts s'il les tenist,
Les portait fors de la maison. »

Cependant les Sarrasins se présentent devant Rome. Qui sauvera cette ville du pillage? Un envoyé céleste apporte à Robert une armure toute blanche; celui-ci la revêt, sort des murs, se précipite sur l'armée ennemie, et décide la victoire. De retour au palais, il ôte son armure, et, après avoir été laver à la fontaine du jardin une blessure qu'il avait reçue dans la mêlée, il reprend sous l'escalier sa place accoutumée. L'empereur demande quel est ce chevalier aux armes blanches qui a mis les Sarrasins en fuite ; sa fille fait comprendre par signes que c'est Robert. L'empereur refuse de la croire.

Les Sarrasins reviennent plus menaçants. Nouvelle intervention de Robert, nouvelle victoire. Troisième et dernière attaque des Sarrasins. Le chevalier aux armes blanches se présente encore, et sauve la ville. Mais, cette fois, un coup de lance l'a percé à la cuisse, et le fer est resté dans la blessure. Robert se dérobe, comme toujours, aux acclamations des soldats, rentre au palais, arrache le fer de lance, panse sa blessure, et revient s'étendre à côté du levrier.

L'empereur, dans un transport de reconnaissance,

fait proclamer à son de trompe qu'il donnera sa fille, et, après lui, l'empire au chevalier qui a trois fois sauvé Rome, et qu'il ait à se faire connaître. Le sénéchal du palais, qui a conçu pour la princesse une passion violente, imagine de se faire une blessure à la cuisse, et de se présenter sous une armure blanche pour recevoir la douce récompense promise par l'empereur. Celui-ci le conduit aussitôt à sa fille, comme l'époux qu'il lui destine. Mais elle, recouvrant la parole par miracle : « Ce n'est pas lui, s'écrie-t-elle; il ment! » Alors, elle raconte à son père tout ce dont elle a été témoin, car aucune des actions de Robert ne lui était échappée. « Reconnaissez, ajouta-t-elle, dans votre fou, le chevalier aux armes blanches. » Et, comme preuve convaincante, elle court chercher le fer de lance à l'endroit où elle le lui avait vu cacher.

Interrogé par l'empereur, Robert, toujours sous le poids de sa pénitence, n'a garde de parler. « Ma fille est à vous, lui dit l'empereur, et l'empire après moi; parlez. » Robert persiste dans son silence, et se retire. Enfin, le pape le relève de son vœu et de sa pénitence, et il instruit l'empereur de sa haute condition. En ce moment se présentent quatre barons de Normandie, annonçant que le duc et la duchesse sont morts, et invitant Robert à venir prendre possession du siége ducal. Robert refuse et se fait ermite.

Dans le miracle, le dénouement est plus mondain. Sur les prières de l'empereur, et sur l'ordre du pape, Robert épouse la princesse.

Maintenant, se demandent messieurs les commentateurs, faut-il voir dans le personnage de cette légende le fils d'un Aubert, duc de Neustrie, dont aucun historien n'a parlé? Tous s'accordent à répondre non, et à regarder cet Aubert comme n'ayant jamais existé. L'opinion la plus accréditée prétend voir Robert le Diable dans le duc Robert, surnommé aussi le Magnifique, mort en 1035, fils de Richard II, et père de Guillaume le Conquérant. M. Deville établit, par une dissertation lumineuse, qu'il serait plus exact de le voir dans le fils de Guillaume, dans ce Robert, plus connu sous le surnom de Courteheuse, et mort un siècle après, en 1134.

Avant de nous coucher, nous avons contemplé, avec une certaine satisfaction, nos albums, enrichis d'une vue prise du village de Labouille, d'une vue des ruines du château de Robert le Diable, et d'une vue de Mouli-

naux. « Que de trésors! nous sommes-nous dit. Hélas! si jamais le public est appelé à les voir reproduits par la gravure, pensera-t-il comme nous? »

24 mai.

Un bateau nous a transportés de la rive gauche à la rive droite de la Seine ; et sous la conduite d'un petit garçon qui avait besoin au château de Canteleu, nous sommes venus par de petits sentiers sauvages et toujours à travers les bois, jusqu'à l'ancienne abbaye de *Saint-Georges de Bocherville*.

Elle datait de 1050 ; Guillaume, qui devait bientôt mériter le surnom de Conquérant, venait d'épouser Matilde. « En ce temps, dit un écrivain contemporain, Guillaume, moine de l'abbaye de Jumièges, les habitants de la Normandie jouissaient des douceurs d'une paix profonde, et tous avaient en très-grand respect les serviteurs de Dieu. Tous les grands travaillaient à l'envi à élever des églises dans leurs domaines, et à enrichir de leurs biens les moines qui devaient prier Dieu pour eux. » De ce nombre était Raoul de Tancarville, fils de Géralde, chambellan du duc Guillaume, et qui avait été son gouverneur. Il existait à Bocherville une petite église sous le vocable de saint Georges ; Raoul la remplaça par une plus vaste, au service de laquelle il attacha un certain nombre de chanoines. Le dépôt des archives de la Seine-Inférieure possède une charte du duc Guillaume, qui rappelle et confirme les donations faites à l'église de Saint-Georges et aux chanoines, par le fondateur et d'autres fidèles, parmi lesquels lui et la duchesse Matilde figurent en première ligne. On y lit :

« Raoul, mon gouverneur et mon grand chambellan, *cameræ meæ princeps* (*le premier de ma chambre*), guidé par la grâce d'en-haut, entreprit de réédifier, à partir des fondations, voulant l'asseoir sur le vrai sol, l'église de Saint-Georges martyr, qui était de peu d'étendue; et, de ses propres deniers, il l'a entièrement achevée, en forme de croix. Il a fait aussi élever les bâtiments nécessaires aux serviteurs de Dieu de ladite église. Bien plus, voulant consacrer ce lieu au Seigneur, il en a fait faire la dédicace; et, dans cette cérémonie, en présence de son épouse et de ses fils, Raoul et Rabel, il a assigné, pour l'entretien de l'église et des chanoines, à savoir : dans le village d'Abetot, l'église avec la dîme entière, etc., etc. »

Soixante ans après la fondation de ce chapitre, le cinquième des fils de Raoul, mécontent des chanoines, demanda et obtint de le changer en abbaye. « L'an de l'incarnation 1114, lisons-nous dans une charte de Guillaume de Tancarville, moi, Guillaume de Tancarville, chambellan du roi, j'ai voulu et demandé à mon seigneur le roi Henri (il s'agit de Henri Ier, roi d'Angleterre et duc de Normandie), que de sa pleine autorité et de celle de Geoffroy, archevêque de Rouen, il m'accordât la permission d'ériger en abbaye la basilique de Saint-Georges de Bocherville, dans laquelle mon père, Raoul le chambellan, avait placé des chanoines, etc. »

Orderic Vital, écrivain contemporain, moine de l'abbaye de Saint-Évroul, au diocèse de Lisieux, raconte que « lorsque, par la décision des supérieurs, on eut expulsé les chanoines, Louis, comme lui moine de Saint-Évroul, fut choisi avec le titre d'abbé, pour conduire dix religieux de ce couvent à l'église de Saint-Georges martyr, et y introduire l'ordre monastique, sous la règle de saint Benoît. »

« L'église avec la Salle Capitulaire, la salle où s'assemblait le chapitre, a survécu aux nombreuses bâtisses qui se sont succédé sur ce lieu à partir du onzième jusqu'au dix-huitième siècle. L'architecture est simple et sévère. Toutes les arches sont dans le système du plein cintre et décorées, la plupart, d'ornements sculptés en forme de dents de scie, de zig-zags, de bâtons rompus, de pointes de diamants; les chapiteaux des colonnes sont presque toujours ornés de bas-reliefs.

La flèche, dont la forme un peu lourde et nue contraste avec l'élégance des petits clochers du portail, s'élève à cent quatre-vingts pieds à partir du pavé de l'église. A ses quatre angles, il existait encore, au dix-septième siècle, quatre clochetons. Il est peu d'églises, non-seulement en Normandie, mais même en France, qui soit plus pure de ces réparations maladroites sous lesquelles disparaît peu à peu le style d'un édifice. Les voyageurs lui ont appliqué à juste titre l'expression anglaise *it is chaste*, elle est chaste. Il en faut dire autant de la Salle Capitulaire. Je ne connais rien de plus naïf et de plus curieux que les bas-reliefs dont ces deux édifices sont ornés. Ils rappellent on ne peut davantage les dessins grossiers que la main d'un enfant aurait charbonnés sur une muraille. A côté de cette sculpture presque barbare on est frappé de cette architecture noble et élégante. La Salle Capitulaire, construite plus tard que l'église, atteste le passage de l'architecture *romane* ou à pleins cintres, à l'architecture *gothique* ou à ogives. Un rang de fenêtres longues et étroites, en forme de lancettes, surmonte les trois arcades de l'entrée, qui sont de forme circulaire. Ces arcades sont portées par des piliers carrés flanqués de petites colonnes.

Nous sommes venus ensuite gagner Duclair. C'est un gros bourg adossé à un coteau escarpé qui domine la Seine. Les roches crénelées dont il se compose présentent des formes bizarres et quelques masses imposantes.

Il en est une qu'on a baptisée *Chaire de Gargantua*, parce qu'elle ressemble à une immense chaire à prêcher. De la fenêtre de l'auberge il me semble voir des tours, des châteaux ruinés, des vieilles fortifications, et dans quelque coin de ce rocher je distingue l'entrée d'une grotte, et cette grotte a des habitants, car Duclair compte aussi une population troglodyte.

25 mai.

La péninsule où se trouvait l'abbaye de Jumièges peut avoir six kilomètres de long du nord au sud, et deux kilomètres de large de l'est à l'ouest. Ce territoire se divise aujourd'hui en trois communes, Jumièges, le Mesnil et Jainville. Si tu es curieuse de savoir l'étymologie de ce nom *Jumièges*, je te renverrai aux deux volumes de MM. Deshayes et Hyacinthe Langlois, qui ont fait preuve tous les deux de laborieuse érudition et saine critique. Tu auras à choisir entre le mot latin *gemitus*, gémissement, parce que, disait-on, les moines y priaient, y gémissaient sans cesse, ou un autre mot latin, *gemma*, pierre précieuse, parce que cette petite contrée était une pierre précieuse devant le Seigneur. De l'un ou l'autre de ces deux mots on aurait fait la corruption *Gemièges*, qui se serait corrompue encore davantage dans le dernier nom venu jusqu'à nous, Jumièges.

Le long de la Seine et sur le bord occidental de la péninsule se trouve un hameau nommé *Conihout*, qui s'étend sur les communes de Jumièges et du Mesnil. Une tradition qui passe pour constante rapporte qu'il y a au plus quatre siècles, tout ce Conihout était détaché de la péninsule et formait une petite île, qu'un bras de la Seine passait là où se trouve aujourd'hui un marais et que l'eau venait battre sous les murs de l'abbaye, dont les ruines sont maintenant à un demi-quart de lieue de la Seine.

Ce qui frappe surtout le voyageur qui vient visiter cette péninsule, ce sont les deux vieilles tours de l'abbaye, que leur élévation fait apercevoir de très-loin. Au moment où nous en approchions, nous découvrîmes, à travers le feuillage de plusieurs massifs d'arbres, l'église paroissiale du bourg de Jumièges, qui, elle aussi, n'est pas indigne de la curiosité des artistes : elle eut d'abord notre visite.

L'extérieur présente une masse sans proportions régulières ; néanmoins les murailles du chœur se distinguent par certaines beautés de détail. A l'intérieur nous vîmes une nef qui date du douzième siècle, et est beaucoup plus étroite que le chœur, qui renferme deux rangs de colonnes de divers ordres et dont la construction ne remonte qu'à 1837. Nous remarquâmes quelques vitraux d'une exécution fort bonne et portant les millésimes de 1570 et de 1576. Le fond de l'autel est formé d'une dépouille de l'abbaye ; c'est un tableau malheureusement noirci par la fumée et qui représente une Assomption. Sur l'autel, deux autres petits tableaux représentent saint Romain, vainqueur de la Gargouille, et saint Valentin, patron de la paroisse, mettant en fuite, par l'effet de sa parole, d'innombrables légions de mulots dévastateurs qui courent se noyer dans la Seine. Le chemin par lequel ces animaux firent ainsi retraite est encore aujourdhui connu dans Jumièges sous le nom de la *rue des Iles*.

Au sortir de l'église paroissiale, nous traversâmes, pour gagner les ruines de l'abbaye, le bourg de Jumièges, c'est-à-dire la réunion d'une quarantaine de maisons tout à fait modestes, et la plupart couvertes en chaume.

Avant sa dévastation, qui eut lieu dans le courant de l'année 1793, l'abbaye se composait d'un mur d'enceinte qui avait un développement immense, et auquel s'adossaient des bâtiments de service de tout genre, des magasins, des granges, des écuries, des hangars, des ateliers d'ouvriers, un pressoir, une plomberie, etc. L'intérieur de cette enceinte ressemblait à une petite ville. L'entrée principale donnait accès dans une cour, où se présentait, à droite, un grand bâtiment nommé le Vieux-Charles VII, parce que ce roi y logea ; c'était là qu'on recevait les visiteurs ; d'un côté se trouvait l'infirmerie, de l'autre, la bibliothèque, et à l'extrême gauche le portail et les deux tours majestueuses de la grande église, placée sous l'invocation de Notre-Dame. Derrière ces bâtiments venaient deux cours et un cloître ; le long des cours régnaient les bâtiments des dortoirs et réfectoires. Venaient ensuite un jardin et une autre église plus petite, nommée l'église Saint-Pierre. En dehors de la grande enceinte, et à l'angle saillant que le mur formait au nord-est, se voyait la maison abbatiale, qui avait son jardin et son entrée à part. Au sud de la grande enceinte s'étendait un vaste enclos.

Aujourd'hui le portail de la grande église existe encore dans son entier, et n'est décoré d'aucun ornement, si ce n'est une corniche au haut de la muraille ; la partie saillante de chaque pierre y est sculptée de petits carrés placés en damier. Des deux côtés du portail s'élèvent deux tours surmontées chacune d'un clocher. On évalue leur hauteur à cent cinquante-cinq pieds. Elles sont carrées toutes deux jusqu'aux deux tiers de cette hauteur, et irrégulières dans le surplus. C'est dans celle du midi qu'étaient les principales cloches de l'abbaye. Les deux clochers sont dans un état de grand délabrement, mais les deux tours qui les supportent sont de consistance à durer encore plusieurs siècles. Elles ont, dit-on, été réservées, comme offrant un point utile de direction aux marins, pour éviter plusieurs dangers que présente la navigation de la Seine, au-dessous de Jumièges, et notamment les roches dites *les Meules*. Pour l'honneur des habitants de la commune, j'espère qu'elles ont été conservées par la seule raison de leur ancienneté et des souvenirs qui s'y rattachent.

Les murailles de la nef subsistent encore dans leur entier. Leur architecture est saxonne, et leur construction remonte au temps de Guillaume le Conquérant. Sur chacune des ailes règne une galerie dont la voûte supérieure est écroulée en plusieurs endroits. Celle du côté septentrional, ornée de demi-colonnes de chaque côté, trouée de distance en distance, et ne laissant, dans certains endroits, que des arceaux dont les pierres sont désunies et ne paraissent tenir à rien, et d'où pendent des guirlandes de verdure, offre un effet de perspective tout à fait pittoresque.

A l'extrémité de la nef il reste un pan de la tour qui s'élevait sur l'entrée du chœur, et que surmonta jadis une pyramide, ou haut clocher en bois revêtu de plomb. Cette pyramide rivalisait avec celle de la cathédrale de Rouen, et passait pour l'une des plus admirables de l'Europe. Le pan de muraille qui subsiste encore aujourd'hui s'élève à une grande hauteur. Il n'est soutenu que par deux colonnes, et il existe dessous un cintre très-hardi, de la largeur de la nef. Une petite tourelle, d'une forme très-déliée, se voit à son extrémité septentrionale, et renferme un escalier tournant qui conduisait sur la tour. L'arc du cintre est on ne peut plus imposant; l'on ne passe dessous qu'avec une sorte de crainte; le débris qui le surmonte est la partie de ces ruines qui produit le plus d'effet. Une immense fresque décorait les murs de cette splendide tour; elle représentait la Résurrection universelle. On distingue encore, sur le pan de mur qui a survécu, les morts sortant de leurs tombeaux, et sur les côtés les quatre anges sonnant de la trompette. M. Langlois est d'avis que ces peintures, ainsi que celles qui décoraient les chapiteaux de la nef, datent de la construction primitive de l'édifice. Le peintre paraît n'avoir employé que le vermillon, le rose, le jaune et le blanc. Le dessein est dans la manière grecque, presque barbare, qui dominait à cette époque

des onzième et douzième siècles. L'architecture marchait alors rarement sans le secours de la peinture. Vers le côté nord était la chapelle de la Vierge, dont il ne reste qu'un vestige de muraille, et où se trouvait le tombeau renfermant le cœur et les entrailles d'Agnès Sorel. Lors de la destruction de l'abbaye, le marbre qui recouvrait ce tombeau fut transporté à Rouen ; on l'a retrouvé engagé en partie dans le mur d'une maison de la rue Saint-Maur, près le Mont-aux-Malades.

En traversant quelques décombres, vers le midi, vis-à-vis le chœur de la grande église, on trouve les ruines de la petite église de Saint-Pierre. Son origine remontait à l'époque de la fondation du monastère ; mais l'édifice avait subi plusieurs changements ; ses ouvertures en ogive attestent qu'elle avait été restaurée depuis l'époque des croisades. Au milieu du chœur de cette église était placé le tombeau que l'on croyait renfermer deux fils de Clovis II, punis de leur révolte contre leur père, par leur mère, la reine Batilde.

En sortant par le portail de Saint-Pierre, à l'occident, nous nous trouvâmes dans l'emplacement que formait le cloître. Un paysan qui nous servait de guide nous attesta qu'il y a peu d'années encore, on voyait sur ces murailles quatre fresques qui avaient dû être peintes vers la fin du seizième siècle (la construction de ce cloître lui-même datait de 1530), et représentaient quatre sujets principaux de l'histoire de l'abbaye.

La première représentait le Supplice des Énervés.

Un vieil écrivain anonyme, que l'on soupçonne avoir été Adrien Langlois, premier prieur après la réforme de Saint-Maur, raconte ainsi cet événement.

« C'est en ce saint lieu où les deux fils aînés de Clovis,

second du nom, et de sainte Batilde, furent destinés du ciel pour faire leur pénitence. L'histoire manuscrite rapporte comme ce Clovis, ayant succédé fort jeune à la couronne de France, après le décès de son père Dagobert, épousa une étrangère, Saxonne de nation, nommée Bauldour ou Batilde, que l'Église a canonisée au nombre des saints, de laquelle Clovis eut cinq fils, encore qu'aucuns chroniqueurs aient tu les deux premiers nés, à cause de leur forfait, qu'ils ont jugés indignes d'être révélés à la postérité pour enfants de roi. Quelques historiens rapportent qu'icelui, mu de piété et dévotion d'aller visiter le Saint-Sépulcre de Notre Seigneur, et autres lieux en la Terre-Sainte, laissa la régence du royaume à sainte Batilde, son épouse, par le conseil et avis de ses princes et seigneurs. Mais aussitôt qu'il eut entrepris son voyage, accompagné de la plus grande partie de sa noblesse, qu'il avait choisie pour l'assister, plusieurs seigneurs, indignés et malcontents de ce que le roi les avait laissés derrière, commencèrent à conspirer contre la reine, et en excitèrent plusieurs à sédition et révolte, disant qu'il n'appartenait pas qu'une femme, et icelle étrangère, commandât en France, voire même trouvèrent moyen de divertir et enlever ses deux fils aînés de son obéissance. La reine, avertie de la conspiration, en donna soudain avis au roi son mari, lequel, ouïe cette nouvelle, tourna bride en toute diligence. Ce qu'ayant entendu, les conspirateurs firent amas de grandes armées sous l'autorité de ses deux fils, pour lui empêcher son retour et prendre le gouvernement du royaume; et, de fait, se présentèrent au champ de bataille contre lui. Mais Clovis, assisté de ses fidèles serviteurs, et se confiant en l'aide du Tout-Puissant, qui ne délaisse jamais les siens, mit en déroute cette multitude de rebelles, une grande partie demeurés sur la place, les autres prenant la fuite, et les deux fils, avec les principaux conspirateurs, pris prisonniers et amenés à Paris, où le roi, étant arrivé, fait assembler tout son conseil, princes et seigneurs, pour donner jugement contre tous ces rebelles, lesquels furent condamnés à divers genres de mort, selon le démérite et qualité d'un chacun. Mais, pour le jugement de leurs princes, supplièrent Sa Majesté, les personnes du conseil, les en vouloir excuser, disant qu'il n'appartenait qu'au roi et à la reine de châtier leurs enfants; que s'il ne lui plaisait les condamner elle-même, elle en donnât le jugement à la reine leur mère, ce que le roi eut pour agréable. Alors la reine Baltide, inspirée par l'esprit de Dieu, qui ne pouvait laisser un tel excès impuni, aimant mieux que ses enfants fussent punis en leurs corps que d'être réservés aux supplices éternels, par une sévérité pitoyable et pour satisfaire aucunement à la justice divine, les déclara inhabiles à succéder à la couronne, et d'autant, que la force et puissance corporelle qui leur avait servi pour s'élever contre leur père *consiste aux nerfs, ordonna qu'ils leur seraient coupés aux bras*, et, ainsi rendus impotents, les fit mettre dans une petite nacelle ou bateau, avec vivres, sur la rivière de Seine, sans gouvernail ni avirons, assistés seulement d'un serviteur pour leur administrer leurs nécessités, remettant le tout à la providence et miséricorde de Dieu, sous la conduite duquel ce bateau dévalla tant sur la rivière de Seine, qu'il parvint en Neustrie (aujourd'hui Normandie), et s'arrêta au rivage d'un monastère, appelé des anciens Gemièges, commencé à fonder par le roi Dagobert, dont saint Philbert (qui en fut le premier abbé) en étant averti, les alla trouver, accompagné de ses religieux, sut quels ils étaient, la cause de un tel événement, et, admirant leur contenance et maintien tout auguste, les reçut gracieusement et les mena en son monastère, où, par ses prières, recouvrèrent leur santé, et furent instruits à la discipline monastique et vie spirituelle. Cependant le roi et la reine, avertis de cet heureux succès, vinrent en toute diligence au monastère de Jumièges, où ils reçurent une grande consolation et contentement, et, rendant actions de grâces à Dieu, consentirent que le saint propos et volonté de leurs enfants fût accompli, croyant fermement que Notre Seigneur les avait destinés pour vivre et mourir dans ce saint lieu, où leur grand-père Dagobert avait déjà consacré son cœur et affection. Et, dès lors, le roi et la reine, ayant été ainsi présents à la vesture de leurs enfants, voyant que leur délit était suffisamment satisfait et effacé par leur entrée en la religion, qui est comme un second baptême, avisèrent à ne les priver du tout de leur héritage et patrimoine, selon la rigueur de leur sentence; mais, au lieu de leur droit et succession, donnèrent à ce monastère de grands priviléges et possessions pour amplifier le bien et l'augmenter de religieux et amis. Finirent ces deux enfants de France heureusement leurs jours en ce monastère, qui, à leur occasion, est appelé, en la chronique de France, *l'Abbaye des Énervés.* »

Ce supplice de l'énervation, que Batilde fit infliger à ses deux fils, est raconté autrement dans une Vie de sainte Batilde, manuscrit conservé à la bibliothèque de Rouen, et qui provient de l'abbaye de Jumièges. Il y est dit : « *Cumque coram patre adducerentur juvenes cernenti-*

bus cunctis, clavis candentibus illis præcepit (Bathildis) decoqui nervos poplitorum. » Ce qui se traduit ainsi : « Et lorsque les jeunes hommes eurent été amenés devant leur père, en présence de tous, elle ordonna qu'on leur brûlât les nerfs des jarrets avec des clous rougis au feu. » Un manuscrit de notre Bibliothèque Royale de Paris, qui paraît, par le style, appartenir au quinzième siècle, et qui n'est guère qu'une traduction du manuscrit latin dont je viens de te parler, s'exprime ainsi : « Le roi Clovis se accorda au jugement de la sainte reine, laquelle tantôt fit amener devant elle ses deux enfants, et leur fit cuire les jarrets devant tous ceux qui étaient là. Les Français qui voyaient ces choses, dirent les uns aux autres, par grande admiration : Hé! que le cœur du roi notre sire est endurci, depuis qu'il se partit de notre pays! Comme peut-il endurer que ses fils soient ainsi punis durement devant lui? Puis en après, fut le roi si redouté en France, que oncques puis nul ne fut si hardi qui de rien osât méprendre vers lui. »

Dans le précieux manuscrit de la Bibliothèque Royale, intitulé *Mystères de Notre-Dame*, dont je t'ai déjà parlé, se trouve un mystère ou drame en vers, qui porte pour titre : « *Cy commence un miracle de Notre-Dame et de sainte Bautheuch (Bathilde), femme du roi Clodoveus, qui, pour la rébellion de ses deux enfants, leur fit cuire les jambes, dont depuis se revertirent et devinrent religieux.* » Au haut de la page est une miniature qui représente le roi et la reine, et les deux enfants, que deux bourreaux brûlent à la cuisse, avec un long fer rouge. Voici, dans ce drame ou miracle, qui semble avoir été écrit vers le milieu du quatorzième siècle, en quels termes le roi donne ses ordres à l'exécuteur.

> A ces deux-ci, pour leur méfait,
> Veuil que d'un fer chaud te déduises,
> Si que tous les jarraiz leur cuises,
> Afin que la force des corps
> Perdent du tout, c'est mes accors
> Et se ne t'y veulz assentir,
> Ci te feray, sans alentir,
>   Coper le chief.

L'abbaye de Jumièges possédait le tombeau des deux énervés. Il disparut sous les décombres, lors de la dévastation de 1793; mais on l'a retrouvé il y a environ une quinzaine d'années.

Les deux énervés sont représentés couchés côte à côte, les mains jointes, la tête appuyée sur un carreau ou coussin, soutenu par deux anges, et les pieds posés sur des lions. Ils sont revêtus d'une tunique semée de fleurs de lis, qui est serrée autour du corps par une ceinture ornée de pierreries, dont le bout pend au-dessous des genoux. A ce vêtement est superposé le manteau ouvert par devant, qui est légèrement retenu sur la poitrine par une chaîne. Une des figures est malheureusement très-mutilée; le bloc de pierre qui supporte les statues, et qui, dans l'origine, était d'un seul morceau, est brisé en plusieurs endroits. Des traces de couleurs d'azur et d'or sont encore visibles sur la tunique. Le costume de ces figures, les accessoires, le style du dessin et de la sculpture, tout dénote un monument de l'époque de saint Louis.

Malgré l'existence du tombeau, plusieurs écrivains, parmi lesquels de savants ecclésiastiques, tels que le père Mabillon, ont mis en doute la vérité de cette histoire. Ils opposent le silence des écrivains contemporains sur cette partie de la vie de Clovis II, prince voluptueux, à demi imbécile, un des plus sédentaires de nos rois fainéants, à qui l'histoire ne reconnaît, de sa femme Bathilde, d'autres fils que Clotaire, Childéric et Thierry, qui tous les trois furent rois après lui. Clovis II ne mit jamais les pieds hors de son royaume. Il mourut âgé, selon les uns, seulement de vingt et un à vingt-deux ans, et tout au plus, selon d'autres, de vingt-six à vingt-sept.

Le père Mabillon prétend que le tombeau qui a donné lieu à toute cette légende était celui de Tassillon, duc de Bavière, et de Théodon son fils, sur lesquels on aurait, après coup, fait mettre des fleurs de lis.

La seconde fresque du cloître représentait la Révélation mystique faite à saint Aycadre. Saint Aycadre, dit une légende, était fort âgé et chargé d'un grand nombre de religieux. Une nuit, après la prière faite, tous les religieux retirés, et lui couché par terre sur un cilice, il vit un ange brillant comme le soleil, et tenant en main une verge ; et de l'autre côté il vit le diable, d'une figure épouvantable, qui disputait avec le bon ange, et se vantait de sa puissance sur les hommes et de la commission qu'il avait de tenter les plus parfaits. Sur quoi le bon ange le reprit de ce qu'il était venu dans ce monastère, rempli de très-bons religieux, lui défendit de leur nuire, et lui commanda de n'en point sortir, afin que, les religieux mourant, l'horreur de sa vue et la terreur de sa présence leur servît de purgatoire. Après avoir ainsi parlé au diable, il parla à saint Aycadre, et lui dit : « Ne craignez point ; Dieu veut appeler à soi tous vos religieux en l'état de sa grâce ; après quoi il en frappa de sa verge quatre cents d'entre eux. De quoi, ajoute l'écrivain du *Brief recueil des antiquités de Jumiège*, ce saint abbé les ayant avertis, et eux s'étant préparés à cet heureux voyage, et pris en l'église, tous saints et allègres, le saint viatique du Saint-Sacrement, ils s'en allèrent tenir chapitre avec leur saint prélat, qui les fit seoir chacun d'eux, au milieu de deux autres des frères, pour honorer et soulager leur tant glorieux trépas. Ces sacrés confesseurs, chantant les divins cantiques avec leurs confrères, commencèrent à prendre le teint et la lueur d'une face angélique, et se tenant en leurs siéges, d'un maintien tout céleste, sans y chanceler ni faire le moindre signe d'aucune douleur, passèrent tous de cette vie en l'autre en un même jour : le premier cent à l'heure de Tierce, le second à Sexte, le troisième à Nonne, et le dernier cent à Vespres. »

La troisième fresque représentait le débarquement des hommes du Nord et l'incendie du monastère, en 840. L'abbaye y figurait, mais non exactement; on y voyait pourtant les deux clochers du portail, et la grande pyramide qui s'élevait au-dessus de l'entrée du chœur. Les religieux fuyaient, chargés des trésors de l'abbaye, l'abbé en tête, et portant un ostensoir. Le feu était aux quatre coins de l'abbaye, dont les flots venaient battre les murs. Les Danois lançaient des brandons sur les édifices ou escaladaient les murs, tandis que les moins alertes de leurs compagnons se jetaient hors de leurs vaisseaux pour arriver au rivage.

La dernière fresque représentait un trait de la vie de Guillaume Longue-Épée. Jumièges, ainsi que tous les autres lieux sur les rives de la Seine, avait été dévastée par les hommes du Nord. Après que Rollon se fut fait chrétien et se fut allié au roi de France, en épousant sa fille Giselle, la tranquillité se rétablit. Deux religieux de Jumièges, qui, dans leur jeunesse, avaient échappé au fer des Danois, revinrent aux ruines de leur ancien couvent; c'étaient Baudouin et Gondouin. Ils découvrirent un autel qu'ils ombragèrent avec des rameaux, et se construisirent tout auprès une petite cabane. Or, Guillaume Longue-Épée, devenu duc après la mort de son père Rollon, chassant un jour dans les bois de Jumièges, visita les décombres de l'abbaye. Il vit les deux vieillards occupés à extirper des broussailles poussées sur les restes du saint édifice. Il écouta le récit du désastre et de leur misère actuelle. Comme il semblait avoir faim, les religieux lui offrirent de leur pain d'orge grossier et noir, pétri de leurs mains, et de l'eau. Le duc répondit par un refus dédaigneux, et se remit en chasse. A peine rentré dans la forêt, il est assailli par un énorme sanglier; il oppose son épieu, le bois se rompt, et l'animal le renverse par terre sans connaissance, et pourtant sans blessure dangereuse. Guillaume, en reprenant ses sens, vit dans cette aventure une punition de la part de Dieu, pour le refus dédaigneux qu'il avait fait aux religieux. Il revint aussitôt les trouver, collationna avec eux, et leur promit de faire rétablir l'ancien monastère. A peine de retour à Rouen, il requit des ouvriers pour aller à Jumièges, leur enjoignant de suivre le plan que donneraient les religieux, et fournit tout l'argent nécessaire pour l'achat des matériaux et le paiement des salaires.

On cherche vainement quelques traces des riches et curieuses sculptures dont l'abbaye de Jumièges fut décorée. Où sont aujourd'hui les plus modernes, celles qui dataient de Louis XIV, dont les plus connues représentaient les symboles des quatre Evangélistes, et se distinguaient par un grand et beau caractère? Il y a quelques années, avant que la propriété de cette splendide ruine passât aux mains d'un homme éclairé qui en comprit la valeur, des Anglais l'ont acquise à vil prix. Ils poussèrent si loin la spoliation, que, si l'autorité supérieure ne s'y fût enfin opposée, on ne trouverait pas aujourd'hui dans Jumièges un seul fleuron de chapiteau. Où sont les statues historiques que les antiquaires venaient étudier dans la grande église, celles de Dagobert I*r*, de Clovis II, de la reine Bathilde, de saint Filbert, de Rollon, de Guillaume Longue-Épée, de Charles VII? Que sont devenues les naïves figurines qui décoraient les clefs de voûte et les assiettes des retombées des arcs de l'église Saint-Pierre, à la structure de laquelle on avait fait des changements considérables sous Philippe de Valois et sous Charles V? Elles se composaient, pour la plupart, de grotesques d'une extrême bouffonnerie ou de sujets puisés dans les légendes. Tels étaient, par exemple, trois bas-reliefs qui ornaient le pendentif de la voûte, et que M. Langlois a reproduits par la gravure. Ils avaient rapport au miracle du loup de sainte Austreberthe.

Une croyance généralement adoptée dans le pays est que sainte Austreberthe, abbesse du couvent de Pavilly, fondé par saint Filbert, blanchissait le linge de la sacristie des moines de Jumièges, et qu'elle avait, pour le porter, un âne qui faisait souvent seul la route du couvent de Pavilly au couvent de Jumièges. Un jour, l'âne fut rencontré dans la forêt par un loup qui l'étrangla. Sainte Austreberthe, étant arrivée dans ce moment, força le loup de remplir l'office de l'âne; ce qu'il continua de faire avec exactitude jusqu'à la fin de sa vie. Une figurine représentait la sainte caressant un loup; ailleurs, on la voyait debout, tenant d'une main une crosse qui se termine par une grappe de raisin, et de l'autre un livre. A ses pieds était un âne chargé d'un sac, et, sur son dos, un loup qui faisait mine de vouloir le dévorer. La troisième figurine représentait saint Filbert lui-même, assis dans son siége épiscopal, à l'ombre d'un pommier, la crosse en main et caressant un loup chargé d'un sac.

Saint Filbert, né à Eauxe, en Guyenne, en 617 ou 618, fut le fondateur de l'abbaye de Jumièges. Son père, premier magistrat, et ensuite devenu évêque de la ville de Vic, le fit entrer fort jeune à la cour de Dagobert, où il obtint la confiance de Saint-Ouen, avec lequel il se lia d'une intime amitié. Dagobert lui offrit des emplois qu'il n'accepta pas, sa vocation le portant vers la vie monastique. A vingt ans, il entra dans le monastère de Resbais, dont il devint bientôt abbé. Son esprit de réforme lui valut le mécontentement de quelques frères, et on se souleva pour le chasser; mais deux des mutins ayant été subitement frappés de la foudre, la sédition s'apaisa devant ce châtiment, que l'on attribua à la vengeance divine. L'abbé quitta ensuite Resbais pour visiter les plus célèbres monastères de l'Italie et de la France, et étudier à fond les principes et les règles d'austérité de l'ordre de Saint-Benoît. A son retour, il se décida à fonder un nouveau monastère. Clovis II et sainte Bathilde lui concédèrent, à cet effet, une petite péninsule, formée par la Seine, et où se trouvaient les ruines d'un château-fort, qui remontait à une très-haute antiquité. On présume qu'il avait servi de poste militaire aux Romains, pour défendre le cours supérieur de la Seine contre les ravages des Saxons. Les rois francs y avaient depuis entretenu garnison, pour protéger leur territoire contre les incursions des peuples de la Grande-Bretagne.

Ce fut le lieu où saint Filbert jeta les fondements de l'abbaye de Jumièges, en 654. Il y fit bâtir en peu de temps trois églises de différentes grandeurs ; la première en forme de croix, sous le vocable de la Vierge, ayant un autel enrichi d'or, d'argent et de pierres précieuses qu'il tenait de la magnificence de la reine Bathilde. Chaque aile eut aussi son autel, l'un dédié à saint Jean-Baptiste et l'autre à saint Colomban. La seconde église s'éleva au nord de la première, sous l'invocation de saint Denis et de saint Germain, et n'eut qu'un autel. La troisième fut dédiée à saint Pierre ; elle avait, du côté du midi, vis-à-vis l'enceinte du chœur, une petite chapelle en l'honneur de saint Martin, au-dessus de laquelle le saint fondateur avait fait pratiquer une chambre pour lui, afin d'être plus à portée de remplir ses devoirs pieux pendant la nuit.

Il fit élever au midi deux dortoirs de chacun deux cent quatre-vingt-dix pieds de long sur cinquante de large, et fit ceindre un espace très-considérable de terrain vers le midi, par des murs flanqués, de distance en distance, de petites tourelles. Il ne reste aujourd'hui aucune trace de ces premiers travaux, sauf quelques parties de l'église Saint-Pierre.

Saint Filbert peupla son abbaye de soixante-dix religieux, tirés des différentes abbayes qu'il avait visitées. La vie de ces pieux cénobites était tellement édifiante, nous disent les vieilles légendes, que beaucoup de grands personnages quittaient le monde pour venir se consacrer à Dieu, sous la direction du saint abbé, après avoir fait don de leurs biens à son monastère. Au bout de dix ans, on y compta huit cents religieux.

Ils se livraient aux travaux de l'agriculture ; à côté des fruits et des légumes, ils cultivaient la vigne. Le vin de Jumièges eut même de la réputation.

Saint Filbert consacrait, en outre, ses soins au rachat des captifs. Le père Mabillon prétend qu'à cet effet, il envoyait ses religieux outre mer, tantôt sur les vaisseaux des marchands, et tantôt sur d'autres que lui-même équipait à ses frais. La plupart de ces captifs rachetés s'attachaient à leurs pieux libérateurs ; les uns embrassaient la vie monastique, les autres s'unissaient à eux pour les aider dans leurs travaux. Saint Filbert vit la population de son monastère s'élever jusqu'à neuf cents moines et quinze cents frères convers.

A côté des travaux manuels se plaçait la culture de l'intelligence. Ces religieux cultivaient les sciences et les arts, et se livraient surtout à l'étude des langues, pour se mettre à portée de connaître les idiomes des peuples lointains, où ils allaient racheter les captifs. Les lettres leur étaient en outre indispensables pour les prédications auxquelles ils se livraient journellement. On consacrait un jour de l'année à prier pour les écrivains : *pro illi qui fecerunt libros*, pour ceux qui ont fait des livres.

Pour retrouver en foule, et encore vivaces, les traditions et les coutumes du Moyen-Age, il suffit de mettre le pied dans la péninsule de Jumièges. Ici l'on croit au *mal* que tel ou tel saint aura jeté à un enfant, et certaines femmes du pays prétendent deviner quel est ce saint ; il leur suffit, pour cela, disent-elles, de mettre des feuilles de lierre tremper dans de l'eau bénite.

Si l'image d'un parent, d'un ami vous apparaît pendant votre sommeil, c'est signe qu'il est dans le Purgatoire et qu'il invoque vos prières. L'usage est alors de déposer, la nuit, un bâton blanc sur la fosse où a été inhumée sa dépouille, et d'aller ensuite à la chapelle de la Vierge.

Pour guérir les bestiaux malades, on leur fait une ceinture d'un lien de paille de seigle qui aura été arrachée dans le champ d'un voisin, le jour de la Saint-Jean-Baptiste, avant le coucher du soleil. La personne qui arrache la paille doit être pieds nus, et ne se laisser voir par personne.

Au Ménil subsiste encore l'usage de la *pelote*. Tous les ans, le jour de Noël, après Vêpres, le dernier marié de la paroisse lance la pelote sur un terrain plat. C'est une boîte ronde en tôle ou en autre matière, dans laquelle celui qui la lance a enfermé une pièce de monnaie. Aussitôt la pelote lancée, c'est à qui, parmi les garçons de la paroisse, cherchera à s'en emparer. Pour en demeurer maître, il faut réussir à la déposer sur sa cheminée, sans avoir été atteint par personne dans sa course. On a vu des garçons, pour la conserver, faire plusieurs lieues. C'est le sujet de luttes quelquefois terribles. Heureux ceux qui s'en tirent avec quelques contusions seulement!

Mais le plus curieux de ces anciens usages est la procession du *Loup vert*, qui se fait encore à Jumièges avec un cérémonial fort bizarre.

Le 23 juin, veille de la Saint-Jean-Baptiste, la confrérie instituée sous l'invocation de ce bienheureux, va prendre, au hameau de Conihout, le nouveau maître de cette pieuse association, qui ne peut être élu ailleurs. Celui-ci, autrement dit le *loup vert*, revêtu d'une vaste houppelande et d'un bonnet de forme conique, très-élevé, sans bords, et de couleur verte ainsi que la robe, se met en marche à la tête des frères. Ils vont en chantant l'hymne de saint Jean, au bruit des pétards et de la mousquetade, la croix et la bannière en tête, attendre, au lieu dit le *Chouquet*, le curé, qui, prévenu par le bruit, vient, entouré de son clergé champêtre, se réunir à eux. De là, il les conduit à son église paroissiale, où les Vêpres sont aussitôt chantées. Un repas tout en maigre, préparé chez le loup, et des danses exécutées devant sa porte, occupent le reste du jour, jusqu'à l'heure où doit s'allumer le feu de la Saint-Jean. Après un *Te Deum*, chanté autour d'un bûcher qu'ont allumé, en cérémonie et au son des clochettes, un jeune garçon et une jeune fille parés de fleurs, un individu entonne, en patois normand, un cantique qui rappelle la prière *Ut queant laxis*. Pendant ce temps, le loup, en costume, ainsi que les frères, le chaperon sur l'épaule, se tenant tous par la main, courent autour du feu, en front de bandière, après celui qu'ils ont désigné pour être loup l'année suivante. On conçoit que de ces singuliers chasseurs, ainsi disposés, il n'y a que celui de la tête et celui de la queue de la file qui aient une main libre; il faut cependant envelopper et saisir trois fois le futur loup, qui, dans sa course, frappe indistinctement toute la file d'une grande baguette dont il est armé. Lorsque les frères s'en sont enfin emparés, ils le portent en triomphe et font semblant de le jeter dans le bûcher. Cette étrange cérémonie terminée, on se rend chez le loup *en fonction*, où l'on soupe encore en maigre. La moindre parole immodeste ou étrangère à la solennité du moment, est signalée par le son bruyant des clochettes déposées près d'un censeur, et ce bruit est l'arrêt qui condamne le contrevenant à réciter debout, à haute voix, le *Pater noster*. A l'apparition du dessert ou à minuit sonnant, la liberté la plus entière succède à la contrainte, les chants bachiques aux hymnes religieuses, et les aigres accords du ménétrier du village peuvent à peine s'entendre à travers les voix détonnantes des joyeux convives. Le lendemain 24, la fête du saint précurseur est célébrée par les mêmes personnages, avec de nouvelles cérémonies. On promène, au bruit de la mousquetade, un énorme pain bénit, à plusieurs étages, surmonté d'une pyramide de verdure ornée de rubans; après quoi, les clochettes déposées sur les degrés de l'autel sont confiées, comme insignes de sa future dignité, à celui qui doit être *loup vert* l'année suivante. La joyeuse ronde qui, pendant ces deux jours de fête, succède aux chants religieux, commence par ce couplet, dont les deux derniers vers servent de refrain pour les couplets suivants :

> Voici la Saint-Jean,
> L'heureuse journe
> Que nos amoureux
> Vont à l'assemblée.
> Marchons, joli cœur.
> La lune est levée, etc., etc.

25 mai.

Nous sommes venus déjeuner sur la rive gauche, sous les magnifiques ombrages du parc de la *Meilleraye*. Il n'y avait personne au château ; le concierge nous a laissés établir notre petit couvert à l'ombre d'un massif, au bord d'une pelouse verdoyante. Après quoi, frais et dispos, nous avons repassé le bac et nous nous sommes dirigés vers les ruines de l'abbaye de Saint-Vandrille.

Saint Vandrille, ou plus exactement saint Vandregisile, avait aussi été élevé à la cour du roi Dagobert, et y avait exercé une charge considérable. Il persuada à sa femme de se consacrer uniquement au Seigneur, et lui, de son côté, embrassa la vie monastique. Après avoir demeuré en divers lieux, il passa en Neustrie, et se rendit auprès de saint Ouen, qui le fit sous-diacre malgré sa répugnance, puis diacre et enfin prêtre. Cependant Vandregisile, cherchant un lieu de retraite, trouva à cinq lieues au-dessus de Rouen un lieu nommé Fontenelle ou *Fontanelle*, la petite fontaine, à cause d'une source en réputation. Ayant obtenu la propriété de ce lieu de la libéralité du roi, il y fonda, vers l'an 648, un monastère qui s'accrut tellement en peu de temps qu'il y vit jusqu'à trois cents moines soumis à la règle de saint Benoît. Il y avait quatre églises dans l'intérieur de l'enceinte et quelques oratoires au dehors. Saint Vandregisile travailla de ses mains, même dans sa vieillesse, pour montrer l'exemple à ses disciples. Il prêchait dans le voisinage, c'est-à-dire dans le pays de Caux, pour la conversion des pêcheurs et des idolâtres, car il s'y en trouvait encore. Il vécut jusqu'à l'âge de quatre-vingt-seize ans. Le monastère changea plus tard son nom de Fontanelle pour celui de Saint-Vandregisile, nom que le peuple abrégea en en faisant Saint-Vandrille. Entre les disciples les plus illustres du saint, il faut citer saint Lambert et saint Ansbert, qui furent tous deux abbés de ce couvent et ensuite archevêques, le premier de Lyon, le second de Rouen; et saint Erembert, qui, ayant été fait évêque de Toulouse, revint douze ans après, cassé de vieillesse, mourir en son monastère.

Dans ces temps de barbarie, l'abbaye de Saint-Vandrille fut, comme celle de Jumièges, un asile pour les âmes souffrantes et pour les esprits distingués qui se sentaient le besoin de cultiver les sciences et les lettres et nous en ont conservé le dépôt. Elle possède le tombeau de Théodoric, fils de Childéric, dernier roi mérovingien.

Je ne puis voir sans éprouver parfois un sentiment de regret presque envieux, les ruines de ces saints monastères, qui, en nous offrant un abri contre les agitations du monde et les soucis de la vie matérielle, permettaient à nos facultés intellectuelles un plus libre et plus paisible développement, et je me prends à désirer d'avoir vécu de cette vie solitaire dans la retraite, le travail et la foi, plutôt que de celle qu'il nous faut mener aujourd'hui. Puis je me dis qu'il n'y a ni temps, ni lieu, pour travailler, croire et prier, je lève les yeux au ciel et je me résigne.

Nous sommes arrivés à Caudebec par une belle rampe en pente douce et en terrasse sur la Seine, tout en jouissant du ravissant spectacle qu'offrent et la majesté toujours croissante du fleuve, et l'abondante verdure de ses rives, et l'immensité de la vallée où il promène lentement ses eaux confondues avec celles de la mer, et que sillonnent de nombreux navires qui descendent ou remontent à pleines voiles. On ne sort des bois que pour entrer à Caudebec. Ils se développent en amphithéâtre au-dessus de la ville, bâtie elle-même en amphithéâtre sur le flanc et au pied de la colline qui borde la Seine.

Si la ville présente à l'œil un tableau splendide, rien ne surpasse en beauté celui dont elle jouit elle-même. Joseph Vernet, le célèbre peintre de marine, le père de Carle et le grand-père d'Horace (car cette heureuse famille a eu le privilége de voir le talent se perpétuer chez elle de génération en génération), reconnaissait le point de vue pris d'un certain endroit du quai comme peut-être le plus beau de France. On a lieu de s'étonner

Clocher de l'Eglise de Caudebec.

qu'il n'ait pas employé ses pinceaux à le reproduire.

Ce quai et l'église Notre-Dame sont tout ce que la ville offre de vraiment digne d'intérêt. Cette église, édifice du quinzième siècle, est d'un gothique tout particulier, où l'on ne retrouve ni la pesanteur de l'architecture saxonne ou lombarde, ni l'extrême légèreté du style moresque. Elle ne s'élève pas à plus de quarante mètres au-dessus du sol; aussi Henri IV la qualifia la plus jolie chapelle du royaume de France et de Navarre. C'est mal à propos qu'on a attribué sa construction aux Anglais. L'architecte était Français; il se nommait Le Tellier et était de Fontaine-le-Pin près Falaise, ainsi que le porte son épitaphe conservée dans la chapelle principale.

La grande porte du portail est scindée; ce n'est pas la porte d'un parvis, mais simplement une porte abbatiale à doubles volants; ce qui indique que l'église fut de tout temps desservie par des moines dépendants de l'abbaye de Saint-Vandrille, et non par le clergé régulier. Ce fait est attesté dans une verrière qui surmonte la première porte latérale de droite. Elle représente une procession de moines de Saint-Vandrille, promenant dans les rues de Caudebec le Saint-Sacrement, qu'ils vont déposer dans l'église nouvellement construite; derrière le dais se trouvent les supérieurs de l'abbaye. Une charte de Charles le Chauve en date du 20 mars 840 avait octroyé à ces moines la propriété de Caudebec avec tous les droits de péage, passage et coutumes. Le frontispice de ce portail et la galerie extérieure sont d'une élégance remarquable. Le clocher, qui s'élance du centre de la nef, est justement vanté pour la délicatesse de ses sculptures. Nous avons également admiré le beau cul-de-lampe qui décore le milieu de la voûte de la chapelle principale, et l'arcade hardie qui porte l'orgue. Une boiserie d'une sculpture délicate, d'un style simple, panneaux à facettes, décore aujourd'hui la sacristie. Sur l'observation que nous hasardâmes, qu'elle nous semblait un luxe étonnant pour le lieu, l'on nous apprit que c'était un débris de l'abbaye de Saint-Vandrille.

Cette église est classée, avec raison, comme le troisième monument antique de Normandie. Elle n'a point de transept; son vaisseau est admirable, quoique la largeur des sous-ailes soit inégale. Elle possédait un jubé avec une pyramide adossée du côté de l'Évangile. La pyramide supportait un Crucifiement, morceau d'une composition étrange. « Ce n'était, dit un manuscrit cité par M. Saulnier, ni la Vierge, ni saint Jean, ni la Madeleine, qui se tenaient au pied de la croix, mais bien le père du genre humain, Adam, vêtu d'une ceinture de feuilles d'arbres, et recevant dans une coupe, qu'il tenait de la main droite, le sang qui coulait des plaies du Seigneur.

Les vitraux se recommandent par l'éclat du coloris et l'intérêt des sujets représentés; par malheur, beaucoup ont été brisés lors de la profanation par les calvinistes. On lit dans une chapelle :

> Par les troubles,
> En l'an cinq cent soixante et deux,
> Douzième de mai, ce me semble,
> Furent détruits nouviaulx et vieulx
> Meubles et verres tout ensemble.
> Mais le bon Dieu qui tout rassemble,
> Ce tant qu'en l'an soixante et six,
> Des deniers ramassés ensemble,
> Du thrésor ont été rassis. 1566.

Caudebec, qui serait certainement un port de mer

sans l'existence de Rouen et du Havre, n'est qu'un mouillage pour les navires. Il a, depuis plusieurs siècles, une réputation pour ses chapelleries. Ce feutre à larges bords, que les seigneurs de la cour ont porté si longtemps, s'appelait un *caudebec*. Les huguenots soldats avaient, les premiers, porté le caudebec noir, que relevait une plume de même couleur; les pages de Marie de Médicis portèrent, non sur la tête, mais sous le bras, le caudebec gris avec la plume verte. Louis XIV, le grand roi, portait gravement son caudebec noir, qu'ombrageait une longue plume blanche flottante. Rappelle-toi, ma chère Élise, ces deux vers de Boileau dans une épître à Lamoignon :

> Et chez le chapelier du coin de notre place,
> Autour d'un caudebec j'en ai lu la préface.

Le gantelet du guerrier et le gant de la haute dame se fabriquaient aussi à Caudebec. L'art du tanneur y était porté à une telle perfection, qu'une coquille de noix était une boîte suffisante pour contenir une paire de gants de chevreau.

Ces prodiges de la ganterie de Caudebec me font souvenir d'une des commissions dont tu m'as chargé avec recommandation expresse : étudier soigneusement le costume des Cauchoises, et t'en rendre un compte exact et détaillé. Je m'empresse donc de passer à l'article modes.

Les cheveux, relevés avec soin sur le sommet de la tête, sont couverts d'une petite toque de drap d'or et d'argent, sur laquelle s'attache un grand voile de mousseline dont les barbes, descendant jusqu'à la ceinture, sont bordées de riches dentelles de Valenciennes et d'Angleterre. Par sa forme et par sa position, ce voile ressemble à la coiffure royale de la fameuse Isabeau de Bavière. Plusieurs rangs de chaînes d'or entourent le cou d'une Cauchoise. Sa taille est retenue dans un élégant corset de drap ou de soie, suivant la saison, lacé par devant, de manière à laisser apercevoir une pièce de drap qui semble former le vêtement de dessous. Ce corset n'a pas de manches ; celles de la chemise sont relevées presque jusqu'au défaut de l'épaule, et de belles manchettes de mousseline recouvrent le bras depuis l'épaule jusqu'au coude, et rejoignent de longs gants glacés. Un court jupon écarlate, un tablier de mousseline des Indes, brodé ou rayé, des bas à coin, de jolis souliers, complètent ce costume coquet, riche et élégant. Il appartient spécialement aux femmes des campagnes. Quelques riches fermières suivent, pour leur habillement, les modes qui viennent de Rouen; mais elles ont le bon goût de conserver la coiffure nationale du pays de Caux.

Veux-tu une anecdote en faveur de l'esprit des habitants de Caudebec? Reporte-toi en brumaire de l'an XI de la République, c'est-à-dire en octobre 1802. Il s'agissait d'obtenir du premier consul Bonaparte l'autorisation nécessaire pour construire une grande route de Caudebec à Rouen et de Caudebec au Havre. Le conseil municipal rédigea la pétition en deux lignes : *Vous qui avez si bien fait votre chemin, aidez-nous à faire le nôtre.* Le laconisme plut au héros, et le chemin fut construit. C'est celui sur lequel nous devons nous remettre en marche demain matin.

Dans la disposition que je me sens pour le sommeil, je m'estime heureux qu'il ne se trouve pas cette nuit, en face de Caudebec, la fameuse bombarde dont les Anglais se servirent pour forcer la place en l'an 1409. « Cette bombarde, dit Froissart, que les Anglais avaient fait ouvrer (fabriquer), était merveilleusement grande. Elle avait cinquante pieds de long, et jetait pierres grosses et pesant merveilleusement, et quand cette bombarde décliquait on l'oyait bien de cinq lieues loin par jour et de dix lieues par nuit, et menant une si grande noise au décliquer qu'il semblait que tous les diables d'enfer fussent en chemin. » Le Caudebois qui m'a cité aujourd'hui ce passage, le recommandait à l'attention de messieurs les commentateurs. Il mériterait bien en effet d'être accompagné d'une longue note dans la première édition qu'on donnera de l'intéressante chronique.

Voici que mon sommeil, qui s'annonçait si bien, a été encore reculé par un petit incident que je veux te faire connaître. Au moment de nous coucher, nous entendîmes un grand bruit de voix, de cris, d'éclats de rire, qui venait du bord de l'eau. Curieux de savoir ce qui le causait, nous y courûmes, Fulbert et moi, et nous vîmes les pêcheurs qui s'amusaient à un jeu singulier. Ils avaient placé sur le dos d'un grand nombre de crabes des bouts de chandelles allumés, et les laissaient courir ainsi chargés de leur petit fanal. Cette procession de lumières mouvantes, qui se dirigeait rapidement vers la rivière, aux joyeuses clameurs d'une foule d'enfants, offrait un spectacle amusant, bizarre, auquel nous prîmes plaisir quelque temps, jusqu'à ce que le sommeil nous avertît de regagner nos lits.

26 mai.

C'est un riche et riant pays que ce pays de Caux. Figure-toi de belles plaines cultivées en froment, en lin, en colza, en fourrages artificiels, et entrecoupées de bosquets, de haies vives, de superbes futaies qui servent comme de remparts à d'innombrables fermes et maisons de campagne. Le plus grand nombre des bâtiments sont couverts en chaume, quelques-uns en tuiles, mais très-peu en ardoises; l'ardoise est réservée pour les châteaux et les belles maisons. Les constructions les plus anciennes, ainsi que les plus ordinaires, sont en terre et en pans de bois; les plus modernes sont en briques. Par malheur, ce charmant pays, entre Caudebec et Lillebonne, est à peu près privé d'eau potable.

Lillebonne est une charmante petite ville, située dans un vallon des plus frais, qu'arrose une rivière des plus limpides, et qu'ombragent de beaux arbres. Deux vénérables ruines se sont disputé tout d'abord notre attention : une ruine romaine, à gauche, à l'entrée de la ville, et une ruine gothique à droite, sur une colline toute voisine. La ruine romaine est un reste de théâtre. Nous nous sommes rappelés que nous étions sur l'emplacement de la ville qu'Antonin appela du nom de *Julia-Bona*, la bonne ville de Jules, où aboutissaient cinq voies romaines. Chaque jour on y découvre des urnes, des lacrymatoires, des médailles, etc. La plus intéressante de ces découvertes a été celle d'une statue de six pieds et demi, en bronze doré, d'un fort bon style antique. Ce devait être la statue de quelque grand personnage du temps. Certains antiquaires de la contrée ont été fort tentés d'y reconnaître Jules César lui-même.

La ruine gothique se compose d'une tour bien conservée et d'un pan de muraille, avec une cour entourée de plusieurs décombres d'anciennes salles. C'est tout ce qui reste du château-fort d'Harcourt, dont les ducs de Normandie firent longtemps une de leurs résidences principales, surtout Guillaume le Conquérant. Un pont-levis, jeté sur un fossé, conduit à l'entrée de cette tour, couverte en partie par le lierre et les ronces, qui en bouchent presque entièrement les fenêtres. On monte jusqu'à la plate-forme par un escalier en limaçon qui conduit à trois étages différents, dont les voûtes en ogives retombent en culs-de-lampe dans le milieu.

Nous eûmes de là une superbe vue sur l'immense bassin de la Seine, et sur la ville et la pointe de Quillebeuf, qui s'avancent jusqu'au milieu de ce bassin, large de près de deux lieues, au-dessus de ce rétrécissement, et de près de trois au-dessous. A deux lieues, au sud-ouest, la vapeur du lointain nous laissait entrevoir à peine quelques parties saillantes des ruines du vieux château des sires de Tancarville, reposant sur le point culminant d'une ligne de collines boisées.

27 mai.

Nous avons déjeuné au hameau de *La Botte*; c'est un singulier nom, et qui vient d'une enseigne d'auberge. Le poëte Regnard lui a consacré une petite boutade :

> Passant, fuyez de La Botte
> Le séjour trop ennuyeux.
> Il est vrai que, dans ces lieux,
> La maîtresse n'est pas sotte ;
> Mais sans pain, sans vin, ni feu,
> Dans un pays plein de crotte,
> L'amour n'a pas trop beau jeu.

Le poëte voyageait, comme tu vois, par un temps froid et humide ; nous qui marchions par une belle journée de printemps, nous avons dû voir la contrée d'un œil plus favorable. C'est un continuel tableau de verdure et de jolies habitations.

Cependant, je t'avouerai que nous conservions à peine assez d'attention pour examiner quoi que ce fût au monde, car nous nous disions que chaque pas nous rapprochait de la mer, de l'Océan, avec qui nous étions impatients de faire connaissance. Nous n'avons donc accordé qu'un coup d'œil dédaigneux à l'avenue d'Ingouville, et à la foule élégante des promeneurs des deux sexes, qui, sous cette double allée d'ormes, venaient respirer le frais, en dehors de l'enceinte du Havre. Et pourtant il y avait là autant de gracieuses et brillantes toilettes que sur le boulevard de Gand, à Paris!

Dix minutes avant la chute du jour, nous avions traversé la ville du Havre dans sa largeur, et, de la jetée du

Nord, au pied de la tour de François Ier, nous contemplions enfin la mer, terme de notre voyage, qui semblait nous répéter, en murmurant, ce que Dieu lui dit à elle-même : Tu n'iras pas plus loin !

28 mai.

Napoléon disait : « Paris, Rouen et le Havre ne font qu'une seule et même ville, dont la Seine est la grande rue. Il est de fait que je suis tenté, dans les rues du Havre, de me croire encore à Paris. C'est le même nombre de voitures, la même élévation des maisons, le même luxe des cafés et des boutiques, à l'exception, toutefois, des monuments, qui manquent complétement, la ville étant une ville toute neuve, et qui ne date vraiment que de la fin du seizième siècle. Pour nous autres artistes, il n'y a rien à voir ici que la mer ; aussi, je me hâte de t'apprendre, si par hasard tu ne le sais déjà, qu'à mon avis, le titre le plus glorieux du Havre, c'est d'avoir donné naissance à mademoiselle de Scudéry, qui, de son vivant, a joui d'une si grande célébrité, et dont cependant tu ne liras ni le *Cyrus* ni la *Clélie*, sous peine de t'ennuyer mortellement, ainsi qu'à madame de La Fayette, dont je t'engage à lire la *Zaïde* et la *Princesse de Clèves*. Notre auteur favori, l'homme qui a raconté l'*Histoire de Paul et Virginie*, Bernardin de Saint-Pierre, est né au Havre. Je viens d'acheter ici cet admirable petit livre, et nous nous proposons, Fulbert et moi, d'aller le lire loin, bien loin de la ville, sur le rivage de la mer ; nous pleurerons encore la mort de Virginie, et, cette fois, ce sera au bruit rauque des flots qui mugiront à nos pieds.

Je demandais ce soir à un honorable commerçant, M. C., quelles avaient été les principales causes de l'accroissement prodigieux et de l'importance que le Havre vient d'acquérir pendant ces vingt dernières années. Il en fit honneur à l'extension qu'avaient prises les affaires dans les villes voisines de ce port, telles que Paris, Rouen, Louviers, Elbeuf; à la facilité et à l'économie des communications qu'offre la Seine avec les principaux foyers de la population française, et pour le transit avec les populations allemandes; « mais surtout, ajouta-t-il, à une circonstance que M. E. Corbière a signalée avec beaucoup de sagacité : à cette simple circonstance que le port du Havre, quoique port de marée, garde son plein d'eau pendant plusieurs heures consécutives, ce qui n'arrive dans aucun des autres ports de la Manche. »

Là-dessus, je te vois ouvrant de grands yeux pour me demander une explication. Le vaisseau qui arrive au Havre trouve d'abord la *grande rade*, formée, ou plutôt faiblement configurée au nord par le cap de la Hève, et au sud par le plateau sur lequel la ville est assise. Les navires caboteurs, qui ont peu de tirant d'eau, se rapprochent davantage de la ville, et viennent chercher un meilleur abri derrière une digue de récifs ; on appelle ce lieu la *petite rade*. Ouverte aux vents d'ouest, de sud-ouest et nord-ouest, la grande rade n'offre un bon mouillage que lorsque les vents viennent de terre.

Comme nous pouvions encore disposer de plusieurs journées, nous en avons profité pour faire une excursion jusqu'à Dieppe, nous proposant de visiter le château d'Arques, qui se trouvait sur notre route. Je vais donc te rendre compte, ma chère Élise, des impressions de ce petit voyage supplémentaire.

Le château d'Arques, célèbre autrefois, n'existe plus aujourd'hui. Il fut démantelé dans le siècle dernier, et il n'en reste plus que des ruines informes, qui dominent encore au loin la vallée. Je n'entrerai pas dans de grands détails sur les diverses versions auxquelles a donné lieu l'origine de ce château. Quelques auteurs la font remonter aux Romains, d'autres aux enfants de Clovis; quelques-uns placent sa construction aux temps de Charles Martel et de Pépin. Ce n'est point ici le lieu d'engager une discussion archéologique, qui d'ailleurs n'aurait pas grand charme pour toi. Il me semble préférable de m'attacher à l'opinion d'un historien moderne*, qui prouve que le château d'Arques ne doit figurer dans les annales de la Normandie que depuis le commencement du onzième siècle. Guillaume le Bâtard, surnommé dans la suite *le Conquérant*, ayant fait don, à son avénement au trône ducal, du territoire d'Arques à son oncle Guillaume, l'un des fils de Richard II, ce fut ce nouveau propriétaire qui fit élever le château, dont les ruines apparaissent encore aujourd'hui si grandes et si imposantes. Il avait été construit sur une langue de terre abrupte et fort étroite. Deux profondes vallées, se prolongeant sur ses flancs, lui servaient naturellement de fossés. Ces immenses excavations pouvaient paraître, sous ce rapport, le moyen de défense le plus complet; cependant, le constructeur ne s'en contenta pas. Il imagina une autre combinaison. Au lieu de placer le mur de ses courtines sur la crête extrême de la colline, il le porta en reculement sur le plateau de la langue de terre, de manière à laisser, de toutes parts, entre cette crête et le mur d'enceinte, un espace vide d'environ quatre-vingts pieds. L'ingénieur semblait renoncer ainsi à l'avantage que lui présentait le choix du terrain, puisqu'il s'éloi-

---

* M. Deville.

gnait volontairement de ses deux grands fossés naturels, c'est-à-dire des deux vallons latéraux, et qu'il laissait à un assiégeant, à partir de la crête de la colline jusqu'au pied des remparts, un espace horizontal parfaitement nu, d'une douzaine de toises, sur lequel l'ennemi pouvait asseoir ses machines de siége et ranger ses bataillons.

Mais le constructeur du château d'Arques était un homme de génie. Dans cet espace laissé vide, il fit creuser une vaste excavation circulaire, qui était, en quelque sorte, une nouvelle ceinture de fossés jetée autour du château pour l'embrasser et le défendre. Une simple banquette de quelques pieds de large fut laissée entre la contrescarpe de ce fossé et l'escarpe du grand fossé naturel formé par les deux vallées latérales; si bien que l'ennemi, après avoir gravi, non sans efforts et sans péril, la pente escarpée de la colline pour attaquer le château, une fois arrivé sur sa crête, se voyait tout à coup arrêté par un vaste fossé, dont il n'avait pas pu même supposer l'existence du fond de la vallée, et n'avait pas le moindre espace pour dresser ses moyens d'attaque; car deux hommes à peine pouvaient se tenir sur cette espèce de lame de couteau laissée entre les deux excavations. Là, placés entre deux abîmes, ils étaient exposés à tous les traits des assiégés.

Ce fossé intermédiaire, si ingénieux, mais, en même temps, si extraordinaire et si caractéristique, se retrouve dans presque toutes les forteresses construites à partir de cette époque jusqu'à la fin du douzième siècle; et, ainsi qu'on l'a très-judicieusement remarqué, le château d'Arques et le Château-Gaillard forment les deux extrémités de la chaîne archéologique : c'est un véritable type d'architecture normande, en tant que fortifications.

L'enceinte principale, qui formait le cœur de la citadelle dans le dernier siècle, et qui composait la citadelle elle-même tout entière lors de sa fondation, n'offre plus aujourd'hui dans le cercle de ses murailles, abstraction faite du donjon et de l'ancienne poterne, qu'un espace arasé, couvert de débris sans caractère et étouffé dans les herbes et les ronces.

Ma chère Élise, je dois te dire que je ne te parle si savamment du château d'Arques que parce que j'ai sous les yeux, au moment même où je t'écris, un plan de cette antique citadelle. Ce plan avait été dressé sur une très-grande échelle, au commencement du dix-huitième siècle, par un ingénieur des armées de Louis XIV. A l'époque où il fut dressé, il existait encore dans l'enceinte principale une suite de bâtiments adossés contre la grande courtine de l'ouest, et qui servaient au logement du gouverneur. En regard de ces constructions, du côté opposé, était un petit bâtiment dont la place est encore apparente, et qui renfermait un puits pour le service de la garnison. L'eau de ce puits était excellente. On voit, à ce qu'on nous a dit, dans d'anciens comptes, qu'il fallait une corde de cinquante brasses pour y puiser l'eau au moyen d'une roue.

Les deux constructions les plus importantes de l'enceinte principale, le donjon et l'ancienne poterne, bien que réduites à l'état de ruines, offrent cependant des restes assez considérables. La poterne, seule entrée de l'ancien château à l'époque de sa création et dans les trois ou quatre siècles qui suivirent, est à l'extrémité nord-ouest de l'enceinte, du côté du bourg d'Arques. Elle se compose de deux murs parallèles de cinq pieds d'épaisseur, qui coupent transversalement la grande muraille circulaire, et qui se projettent intérieurement et extérieurement d'une vingtaine de pieds, de manière à former ce qu'on appelait jadis une barbacane ou poterne. L'arcade de la poterne, regardant l'intérieur de l'enceinte, est en forme de fer à cheval. Cet indice, joint à son peu d'élévation et à l'absence de toute ornementation, appartient à l'architecture du onzième siècle, et doit la faire regarder comme un reste de la forteresse primitive, telle que l'avait construite Guillaume d'Arques. Il en est de même de l'arcade opposée. Cette poterne était surmontée d'un étage qui servait au logement des chevaliers chargés, en temps de guerre, de la garde de la porte du château, à titre de service féodal. Sa plate-forme et ses planchers se sont écroulés; les murs seuls sont en partie restés debout. Les lances et les cuirasses des hommes d'armes, qui les tapissaient autrefois, sont maintenant remplacées par des ronces, par de jeunes pousses d'arbrisseaux et par des branches de lierre qui croissent et rampent capricieusement sur ces gothiques décombres.

Quant au donjon, c'était un fort beau bâtiment d'une forme carrée, séparé en deux à l'intérieur par une muraille épaisse, ayant, dans un des côtés, un grand magasin, une chapelle, une petite chambre, et un escalier pour monter sur la plate-forme. Il y avait, de l'autre côté, un autre magasin de même grandeur que le premier, un puits qui est comblé à quarante toises de profondeur, des petites galeries avec d'autres petites chambres ou prisons pratiquées dans l'épaisseur des murs, et un endroit où était un moulin. Les voûtes de ce donjon étaient fort élevées et faites en ogive; elles portaient une plate-forme assez belle, qui commandait à toutes les hauteurs environnant la forteresse.

Toutes ces constructions ont disparu ; l'aire du vieux donjon est semée de leurs débris. Il ne reste plus de ce donjon que la masse de blocage, à bain de mortier, qui formait le noyau des murailles. Je ne m'arrêterai pas plus longtemps, ma chère Élise, à te faire la description d'un château qui n'existe plus. Pour l'intelligence de tous ces détails, il faudrait que tu eusses sous les yeux un plan de cette antique construction féodale. Toutefois je dois te faire observer que ce château, malgré l'état de dégradation qui pèse sur lui, présente encore dans plusieurs de ses parties, et revêt sous un aspect général, un air de grandeur et de beauté majestueuse. Rien n'égale peut-être le caractère imposant et grandiose de ses fossés ; sous ce rapport, il n'est pas un seul château qui puisse être comparé au château d'Arques. Il est impossible de contempler cette magnifique excavation sans être frappé d'une profonde admiration*.

Des souvenirs militaires se groupent autour des ruines du château d'Arques, qui en fut le théâtre. D'abord, Guillaume d'Arques, le fondateur de cette forteresse, eut à s'y défendre contre son neveu, Guillaume le Conquérant, qui le contraignit à capituler, après l'avoir réduit à la famine.

Ici, ma chère Élise, se retrouve le souvenir d'une tradition que je t'ai déjà rapportée. Il s'agit encore de Robert le Diable, de ce héros si populaire en Normandie. C'est au château d'Arques que les poëtes et les romanciers normands placent l'une des scènes les plus pathétiques de la vie de ce mystérieux personnage : celle où Robert, après s'être livré à toutes les perver-

---

* Deville, *Histoire du château d'Arques*.

sités de son caractère infernal, apprend de la duchesse de Normandie, sa mère, le secret fatal de sa destinée.

Dans le douzième siècle (1118), Baudouin, comte de Flandres, trouva la mort sous les remparts d'Arques.

S'étant porté avec quelques chevaliers seulement sous les murs de cette forteresse, qui contenait une garnison nombreuse, il fut tout à coup enveloppé par des forces supérieures. En vain il se défendit comme un lion, en vain il se débattit longtemps, quoiqu'il fût couvert de sang et de blessures; son casque ayant été brisé, un chevalier normand, Hugues Boterel, lui fendit le crâne, et ses compagnons l'emportèrent mourant.

Le château d'Arques tomba, en 1145, au pouvoir de Geoffroy Plantagenet, qui enleva cette forteresse à Étienne, comte de Boulogne. Toutefois ce ne fut pas sans de grands efforts. Le commandement du château avait été confié par Étienne à un Flamand, nommé Guillaume Lemoine. Ce chevalier défendit vaillamment et avec succès l'importante citadelle qui avait été commise à sa garde. La séduction et la force échouèrent longtemps contre sa constance et son courage. Les troupes de Geoffroy Plantagenet cernaient le château d'Arques depuis une année entière, lorsqu'une flèche lancée au hasard du camp des assiégeants alla frapper à mort, dans une des tours de la place, son intrépide commandant. La mort de Guillaume Lemoine entraîna la reddition de la forteresse, qui rendit Geoffroy Plantagenet maître de toute la Normandie.

Pendant la captivité de Richard Cœur-de-Lion, le château d'Arques fut livré à Philippe-Auguste (1194). Mais la première pensée qui vint à Richard Cœur-de-Lion, au sortir de sa prison, fut celle de reprendre cette forteresse. Il ne pouvait se faire à l'idée de voir ce beau château, le boulevard de la frontière septentrionale de la Normandie, aux mains du roi de France; il partit pour l'investir. Mais le vainqueur de Saladin devait échouer devant la vieille citadelle normande. Il avait déjà tenté plusieurs assauts, lorsque Philippe-Auguste, qui sentait toute l'importance de cette possession, ayant rassemblé en toute hâte ses barons et ses chevaliers, se porta sur Arques à la tête de six cents d'entre eux, fondit sur les lignes des assiégeants et les culbuta. L'affaire fut chaude. Les Normands s'étant mis en retraite, un rude combat s'engagea entre les Français et la cavalerie normande. Dans la mêlée, le fameux comte de Leicester se précipita sur Mathieu de Marly, et lui traversa les cuisses de sa lance. Mathieu, malgré sa blessure et le sang dont il était couvert, frappa son adversaire dans la poitrine d'un coup de son épieu, et l'envoya mesurer la terre de son corps immense. Le comte ne se releva que pour être fait prisonnier. Vingt-cinq chevaliers de marque subirent le même sort. Richard Cœur-de-Lion n'était pas homme à rester sous le coup d'une défaite. Il attendit le roi de France à la sortie de Dieppe, auprès d'Arques, dans le même lieu où il s'était déjà mesuré avec lui. Là il plaça sa troupe en embuscade, tomba sur l'arrière-garde française et la mit dans une déroute complète. Néanmoins ce ne fut pas par la force des armes, mais en vertu d'un traité, que Richard rentra dans le château d'Arques. En conséquence de ce traité, qui fut conclu en 1496, le roi Philippe remit cette forteresse à Richard. Un des chevaliers qui avaient accompagné ce dernier prince à la Terre-Sainte, Gaufred de Sai, fut chargé du soin de planter la bannière de Cœur-de-Lion sur le donjon du château et de l'y maintenir droite et ferme. En confiant à ce brave chevalier le commandement du château d'Arques, Richard l'avait investi en même temps du gouvernement de la vicomté, car l'un ne se séparait pas de l'autre. Quelques années après, le château d'Arques servait de prison à la princesse Aliénor, sœur d'Arthur de Bretagne, qui fut assassiné dans la tour de Rouen, par son oncle, le lâche et infâme Jean sans Terre. Aussitôt après le meurtre d'Arthur, son assassin fit enlever Aliénor du château d'Arques et la fit transporter en Angleterre, où il l'enferma dans le château de Cardiff, dont les sombres voûtes virent sans doute un forfait de plus.

Peu d'années s'écoulèrent avant que le château d'Arques retombât au pouvoir des Français. Après la mort de Richard, Philippe-Auguste se mit en mouvement pour reconquérir sa belle province de Normandie. Déjà il avait brisé les murailles de Château-Gaillard, où l'ombre de Richard Cœur-de-Lion l'avait arrêté une année entière. Déjà Lisieux, Falaise, Domfront, Mont-Saint-Michel, Cantanon, Caen, Bayeux, Rouen, avaient ouvert leurs portes au monarque de France; la vieille bannière normande ne flottait plus que sur un seul point en Normandie; ce point, c'était le donjon du château d'Arques, qui se rendit, par capitulation, le 1er juin de l'année 1204.

On voit, dans l'histoire, que le château d'Arques demeura français jusqu'au commencement du quinzième siècle. A cette époque, les Anglais firent une nouvelle invasion dans nos plus belles provinces de France. Leur domination s'y maintint de 1419 à 1449. Enfin, Charles VII, secondé par l'héroïque Jeanne d'Arc, se fit sacrer à

Reims, regagna, pied à pied, ses États, et chassa les Anglais de la Normandie. Le château d'Arques se rendit à Charles VII le 17 septembre 1449, ou du moins la première enceinte de cette forteresse, qu'on appelait la *Belle*, fut forcée ce jour-là, et la reddition du château suivit de près.

Les annales du château d'Arques n'offrent rien de bien saillant sous les rois qui succédèrent à Charles VII. Il faut noter, cependant, la petite guerre qui éclata entre Dieppe et Arques. Les habitants de cette dernière localité remarquaient depuis longtemps que le voisinage de Dieppe leur était préjudiciable, et ils s'en plaignirent, à tort ou à raison. De cette jalouse rivalité naquirent des collisions, qui devinrent plus d'une fois sanglantes. Si la ville de Dieppe avait effacé, et, pour ainsi dire, annihilé la ville d'Arques, celle-ci se vengeait de son heureuse rivale, en la bridant, dans l'occasion, au moyen de son château. Cette petite guerre, qui n'a rien de commun, assurément, avec les coups de lance des héros normands, prit un caractère plus sérieux lors des troubles de la Ligue. De nouveaux jours de gloire se levèrent pour le château d'Arques.

Tu prévois, ma chère Élise, que je vais te parler de l'illustre Béarnais, du chef illustre de la branche aînée des Bourbons, de Henri IV, enfin,

Le seul roi dont le peuple ait gardé la mémoire;

mais j'ai besoin que tu te transportes un moment sur les lieux pour que tu puisses te rendre compte de la position respective de l'armée royale et de celle des ligueurs, lorsqu'elles en vinrent aux mains, presque sous les murs du château d'Arques.

D'abord, figure-toi une large et profonde vallée, courant du sud-est au nord-ouest, au fond de laquelle coulent, réunies, les petites rivières de Béthune et de la Varenne. Cette vallée-ci descend depuis Arques jusqu'à Dieppe. Une seconde vallée, qui porte les eaux de la rivière d'Eaulne, vient, dans la direction du nord-est, s'embrancher transversalement sur la première, au-dessous de Martin-Église, à sept cents toises environ de la chaussée d'Arques. A partir de ce point, les trois rivières, confondues en une seule, vont se perdre dans la mer à Dieppe. A l'époque de la bataille dont je vais parler, l'espace parcouru par ces rivières formait un large marais, que le reflux de la mer rendait plus impraticable encore. Le même effet se faisait sentir jusqu'au-dessus d'Arques; aussi, les ponts et la chaussée jetés sur ce sol marécageux, à Arques même, étaient-ils, entre Dieppe et ce bourg, le seul moyen de communication d'un côté de la vallée à l'autre. L'espace qui s'étend sur la rive droite de la rivière d'Arques peut avoir sept cents toises de long, sur une largeur moyenne de trois cent cinquante toises, à mesurer jusqu'à la lisière de la forêt qui couronne et défend la vallée au nord-est. Le terrain, à partir de la rivière jusqu'à la forêt, s'élève presque insensiblement d'abord, puis se dresse, par une pente assez rapide, jusqu'au bois.

Ce fut cet étroit espace qui servit de champ de bataille à Henri IV et à Mayenne. Ce dernier ne pouvait y déployer son armée, ni profiter, par conséquent, de ses forces supérieures. Il ne pouvait tout au plus y engager que des têtes de colonnes, contre lesquelles la petite armée de son habile adversaire pouvait donner à peu près tout entière. De plus, le canon du château d'Arques plongeait sur ce champ de bataille. Mais Mayenne, comptant sur l'avantage du nombre, et partageant le fanatisme enthousiaste de son parti, croyait écraser en quelques instants son ennemi. Cependant le Béarnais, toujours à cheval, allait de Dieppe à Arques, d'Arques à Dieppe, donnant partout des ordres avec une présence d'esprit admirable. Le maréchal de Biron le secondait merveilleusement. Le roi, pour défendre le passage des ponts et de la chaussée d'Arques, avait fait élever des retranchements sur la rive droite de la rivière, à son débouché. Il fit ouvrir, à huit cents pas environ en avant de cette redoute, en regardant Martin-Église, une tranchée de huit pieds de profondeur, sur dix de large, s'appuyant, à gauche, à la Maladrerie de Saint-Étienne, à droite, à la forêt d'Arques, pour couvrir une partie de son front. Deux couleuvrines furent pointées à l'extrémité supérieure de cette tranchée, pour répondre au feu de l'ennemi.

Mais que t'importent, ma chère Élise, tous ces détails stratégiques dont je flanque ma relation? Je sens que j'allais m'oublier un peu trop en te parlant de ce beau fait d'armes qui m'intéresse vivement, et à la description duquel tu préférerais, je n'en doute pas, celle d'un costume pittoresque ou d'une amusante soirée. Mais je te sais trop bonne sœur, et surtout trop bonne française, pour douter de ton indulgence en cette occasion.

Cependant comme je ne veux pas en abuser, je vais courir de toutes mes forces à l'événement. Ainsi je ne te dirai rien ni du jeune comte d'Auvergne, ni de Montgommery, ni de Caumont La Force, ni de Bacqueville, ni de tant d'autres héros qui figuraient dans cette mémorable journée. Il ne sera question ni de l'aile gauche, ni de la droite, ni du centre. Qu'il me suffise de dire que les troupes du roi firent vaillamment leur devoir, ainsi que les braves Dieppois, qui s'étaient joints à elles, en criant à Henri IV : « Nous venons mourir avec vous. » Les lansquenets et les autres troupes de Mayenne furent enfoncés. Le sol était jonché de leurs morts ; beaucoup d'entre eux furent précipités dans le fossé du retranchement.

Cependant le duc de Mayenne croyait bien tenir la victoire, parce que sa cavalerie venait de ramener celle de l'armée royale. Mais il se vit arrêté tout court par un brave régiment suisse qui soutint, comme un mur d'airain, le choc des ligueurs sans s'ébranler.

Alors le canon de la redoute d'Archelles et les arquebusiers postés en flanc le long de la haie d'un chemin creux firent une décharge sur les lances de Mayenne, qui commencèrent à se mettre en désordre. Henri IV, ralliant à son panache blanc sa vaillante noblesse, la ramena au combat, se précipita sur Mayenne, et porta la mort dans ses rangs. Un grand nombre de cavaliers, pour échapper aux lances royales, se jetèrent dans le marais, s'y embourbèrent et y périrent. Dans le même moment, le brouillard, qui avait voilé l'horizon toute la matinée, se dissipa, et la compagnie des canonniers de Dieppe, qui attendait impatiemment, du haut du château d'Arques, l'instant de prendre une part active à l'action, découvrit enfin vers midi le champ de bataille, mit le feu à ses pièces et envoya quatre volées, qui, fouettant en plein dans les rangs serrés de la cavalerie de Mayenne, y firent quatre belles rues, suivant la pittoresque expression de Sully, qui ajoute dans ses *Mémoires* : « Et enfin trois ou quatre autres volées suivantes qui faisaient de merveilleux effets, les firent désordonner, et peu à peu se retirer tout derrière le tournant du vallon, et finalement dans leurs quartiers. »

En même temps deux couleuvrines, placées au retranchement de la Maladrerie, se mirent à jouer sur les lansquenets et les reîtres, et achevèrent la déroute des ligueurs. Leur armée, qui n'était plus qu'une cohue, repassa précipitamment la rivière d'Eaulne, et se retira honteusement derrière ses retranchements, laissant Henri IV maître du champ de bataille.

Ce fait d'armes était un glorieux début pour les armes du Béarnais. Avec sept ou huit mille hommes seulement il venait de résister à trente mille, et de les forcer de battre en retraite. Ce succès eut un immense retentissement, qui porta une rude atteinte aux coupables espérances de la Ligne. Le soir même de la bataille d'Arques, Henri IV écrivit à Crillon ce billet devenu fameux :
« Pends-toi, brave Crillon; nous avons combattu à Arques, et tu n'y étais pas! »

Depuis cette célèbre journée, le rôle historique du château d'Arques fut à peu près nul. Louis XIV, âgé de neuf ans, et sa mère, la reine régente, Anne d'Autriche, visitèrent le champ de bataille et le château en 1647 ; mais déjà cette forteresse n'avait plus de soldats; deux invalides étaient chargés de fermer et d'ouvrir sa première et sa seconde porte; c'était là tout le personnel de la garnison. Le château avait toujours son gouverneur en titre, mais c'était simplement pour la forme et comme simple souvenir. Les jours de gloire étaient passés pour le château d'Arques; bientôt arrivèrent les jours d'abandon et de ruine.

Vers la fin du règne du grand roi, cette forteresse,

si longtemps formidable, était déserte et croulait de toutes parts. Dès lors elle avait été jugée *impropre au service du roi*. Vers le milieu du siècle dernier, on tomba sur le château d'Arques comme sur une proie. Ce fut d'abord un sieur de Clieu qui se fit autoriser à en arracher des matériaux pour bâtir son château de Derchigny, auprès de Dieppe; puis d'autres particuliers y vinrent voler des pierres; enfin tous les habitants d'Arques furent admis à venir puiser dans cette immense carrière. En 1793 on mit aux enchères publiques, comme bien national, « trente acres ou environ, en côte et pâtés, y compris l'emplacement et les ruines du vieux château ayant appartenu à l'état-major de Dieppe. » On adjugea le tout à un sieur Reins, d'Arques, pour la somme de 8,300 livres. En 1814, les ruines du château d'Arques échurent au sieur Larchevêque, qui prélevait un impôt de 20 sous par tête sur les visiteurs. A la mort de cet *archer-portier, aux droictz et proffictz*, ses héritiers mirent de nouveau ce monument en vente. C'était en 1836. La bande noire se préparait à fondre sur le château d'Arques pour en arracher et pour en vendre jusqu'à la dernière pierre, lorsque madame Reiset, veuve d'un ancien receveur-général du département de la Seine-Inférieure, en fit l'acquisition pour une somme considérable, « s'estimant heureuse, dit un historien [*], de pouvoir conserver à la France ce monument historique. »

Telle est, bien en raccourci, l'histoire du château d'Arques, histoire qui te paraîtrait bien plus intéressante, ma chère Élise, s'il m'avait été possible de ramasser dans ma

---

[*] M. Deville, ouvrage déjà cité.

relation une foule de détails que nous tenons de la bouche même de plusieurs savants antiquaires. Fulbert et moi, nous avons visité avec une sorte de vénération les majestueux débris de ce fameux château; car on serait dans une grande erreur si l'on s'imaginait que ces imposantes constructions ont disparu du sol. Nous avons vu la vaste ceinture des murailles de la citadelle, ses immenses fossés, les piles de ses ponts, la place et la naissance de ses tours, sa poterne, son donjon, et jusqu'à son *Bel* ou avant-cour; tout cela subsiste, décharné, dépouillé, découronné, amoindri, mais toujours grand et imposant. En contemplant ces vénérables décombres, il nous semblait voir errer au milieu de ces antiques fortifications les grandes ombres de Guillaume le Conquérant, de Philippe-Auguste, de Richard Cœur-de-Lion, de Robert le Diable, et de cet autre *Diable à Quatre, ce roi vaillant* dont nous chérissons à jamais la mémoire, qui fit trembler les ennemis de la France,

Et fut de ses sujets le vainqueur et le père.

Nous n'avons pas voulu nous éloigner du bourg d'Arques, qui fut autrefois une ville importante, sans aller visiter son église, qui est une construction du seizième siècle. Le vaisseau offre de beaux détails d'architecture sarrasine; il est soutenu par des contre-forts liés à l'édifice par des arcs volants sculptés à jour avec infiniment de goût et de richesse. En entrant, on remarque dans cette église un élégant jubé d'architecture grecque, d'une belle conservation; l'escalier en spirale qui y conduit est d'une extrême légèreté. Le chœur et les chapelles latérales ont été dépouillés des jolis vitraux qui les décoraient autrefois. La chapelle, située à gauche, offre seule encore quelques vitraux de couleur assez remarquables, malgré l'état de mutilation où ils se trouvent.

De là, nous sommes allés à Dieppe, car nous n'avions qu'un court trajet à faire. Ma chère Élise, tu ne connais sans doute la ville de Dieppe que par cette spirituelle et bouffonne comédie dans laquelle un honnête bourgeois du Marais se munit d'une boussole, de cartes marines, et des *Voyages du capitaine Cook*, pour aller manger des huîtres fraîches au port de Saint-Nicolas, à Paris, se croyant bien fermement dans le port de la ville de Dieppe. Je sais bien que tu n'es pas d'une crédulité assez robuste pour devenir la victime d'une pareille mystification ; aussi, n'est-ce pas pour te prémunir contre un danger de cette espèce que je vais tâcher de te donner une idée de la ville de Dieppe. Je ne veux, en écrivant pour toi cette relation nouvelle, que te prouver, par mon exactitude, que je veux, autant que cela est en mon pouvoir, te faire partager les agréments et les fruits de notre voyage.

La ville de Dieppe n'a une existence véritablement historique qu'à partir du douzième siècle. Richard Cœur-de-Lion, dans ses guerres avec Philippe-Auguste, la détruisit de fond en comble. Avant cette époque, il n'y avait en cet endroit qu'une bourgade. Une charte, portant la date de 1030, atteste qu'il y existait également un port ; et cela devait être ainsi, puisqu'il est dit dans l'histoire que Guillaume le Conquérant fit mouiller ses vaisseaux dans cette baie : il fallait donc bien qu'il y existât une espèce de port d'échouage et quelques commencements d'ouvrages, soit en bois, soit en grossier cailloutis, pour protéger les navires et les retenir à la marée descendante (*).

Voyons maintenant quelles furent les vicissitudes les plus mémorables de la ville de Dieppe. Sous Charles VII, elle tombe au pouvoir des Anglais; mais, en 1433, elle est surprise par une nuit très-sombre, et retourne à ses anciens maîtres. Puis, elle subit un siége de neuf mois, dans lequel échouent la vaillance et l'habileté de Talbot. Au seizième siècle, lors des guerres de religion, Dieppe se distingua par la conduite de son gouverneur. C'était René de Beauxoncle, sieur de Sigognes. Quand cet homme de bien reçut, comme tous les autres gouververneurs, l'ordre de faire massacrer les protestants, il eut le courage de rassembler les habitants de toutes les croyances, et, leur ayant communiqué l'ordre de la cour, il s'écria : « Ce mandat ne concerne que les calvinistes rebelles et séditieux, et, j'en rends grâce au ciel, il n'y en a pas parmi vous. » C'est ainsi que la ville de Dieppe fut préservée des horreurs de la Saint-Barthélemi.

Elle ne fut pas aussi heureuse dans la guerre maritime que la France soutint contre les Anglais à la fin du dix-septième siècle. Le 17 juillet 1694, l'ennemi bombarda la ville de Dieppe et la réduisit en cendres ; rues, maisons, édifices publics et religieux, tout fut en grande partie ruiné et brûlé. Trois monuments échappèrent seuls au bombardement, le château, l'église Saint-Jacques et celle de Saint-Remy.

On ne peut nier que la ville de Dieppe ne soit avantageusement située pour le commerce. Sa situation, au

---

* M. L. Vitet, *Histoire de Dieppe.*

fond d'un petit golfe, sur la Manche, à l'embouchure de l'Arques, grossie des eaux de l'Eaulne et de la Béthune, est très-favorable. Son port, formé par deux belles jetées, et défendu par un château-fort et par une bonne citadelle, est excellent; il est entouré de quais revêtus de murs en maçonnerie, et peut recevoir 200 bâtiments de 60 à 600 tonneaux, et autant de bateaux pêcheurs. Quant au château, qui s'élève de terrasse en terrasse jusqu'à la crête de la falaise de l'ouest, il est avantageusement assis, entouré de hautes murailles, flanqué de tours et de bastions. Il domine tout à la fois la vallée, la ville et la mer. Ce château a été construit sur un plan singulier; il est d'un style bizarre, qui offre dans l'élévation de ses tours, dans les profils de ses murailles, dans l'austérité imposante de son entrée, dans sa vue étendue sur la mer, une variété étrange de scènes sévères qui rappellent tout à la fois des souvenirs de servitude et de gloire; car ce château, comme tant d'autres forteresses élevées par la main des hommes, a servi indistinctement à les défendre et à les opprimer.

Voyons maintenant les deux églises qui échappèrent au bombardement dont j'ai parlé tout à l'heure. C'est d'abord l'église de Saint-Remy, laquelle fut fondée au commencement du seizième siècle. Elle offre un mélange de l'architecture sarrasine, alors bien déchue, et du goût antique, qui ne refleurissait pas encore. On voit dans la chapelle de la Vierge le tombeau du gouverneur René de Sigognes. L'église Saint-Jacques est plus belle, quoique le caractère de son architecture n'offre pas plus d'unité. Sa fondation remonte au treizième siècle; mais elle fut bâtie avec lenteur, au milieu des guerres qui désolaient alors la France, et se ressent, par conséquent, des révolutions dont elle fut contemporaine. On y voit de beaux morceaux d'architecture sarrasine. On peut surtout admirer l'élégante légèreté des sculptures de la chapelle de la Vierge, tant à l'intérieur qu'à l'extérieur, et celles de la façade du Trésor. La tour de cette église a une ressemblance frappante avec celle de Saint-Jacques-la-Boucherie, de Paris. Du haut de sa plate-forme on jouit d'un coup d'œil magnifique, la vue de la mer à Dieppe étant, au témoignage de tous les voyageurs, une des plus belles que les côtes de France puissent offrir.

Il a été question plus haut, ma chère Élise, du bombardement de Dieppe par les Anglais; je crois qu'il est aussi convenable de dire quelque chose de la reconstruction de cette ville.

Figure-toi qu'après ce désastre, personne ne pouvait reconnaître l'emplacement de sa maison; le tracé même des rues n'était plus visible. Deux mois après, le roi donna l'ordre de nettoyer les rues et de jeter les décombres sur les ruines des maisons, afin qu'on pût circuler dans la ville. Ce fut alors seulement que le feu, qui avait couvé jusque-là sous les cendres, fut complètement éteint. Perronel, ingénieur du roi, fut chargé d'aller tracer le plan d'une nouvelle ville. Celui-ci voulut construire la cité future dans une vaste prairie qui s'étend derrière les remparts. Toutes les rues devaient être tirées au cordeau. L'ingénieur se proposait de bâtir une ville grande au moins comme Rouen; mais les échevins, au nom de la population, protestèrent contre le plan de Perronel. Un long débat s'engagea; près de huit mois s'écoulèrent avant qu'il fût jugé. Pendant ce temps, le commerce et l'industrie émigrèrent. Avec la moitié des habitants s'en allèrent les trois quarts des richesses. Ce coup avait été funeste à la splendeur de Dieppe. Quelque prompte qu'eût été la reconstruction des maisons, la plupart des habitants se dispersèrent et allèrent s'établir ailleurs avec leurs familles : ce fut le signal de la décadence complète de Dieppe, décadence qui avait commencé avec l'invasion de la réforme. Ainsi, l'ancienne métropole du commerce français dans les deux mondes n'allait plus être à l'avenir que le premier port de pêche du royaume.

Cependant le roi avait pris à cœur la résurrection de la ville de Dieppe. On ne négligea rien pour faire disparaître au plus vite les traces de l'incendie. Les maisons furent reconstruites sur les dessins d'un ingénieur, nommé M. de Ventabren. L'extérieur de ces maisons est lourd et manque de grâce; mais, en outre, il y a dans la distribution intérieure la plus étrange maladresse : fausse coupe, différence de niveau d'une pièce à l'autre, rien n'y manque. Enfin, par une incroyable distraction, l'ingénieur avait oublié dans ses maisons la place de l'escalier; aussi, excepté dans les maisons toutes modernes, ne trouve-t-on encore aujourd'hui à Dieppe que des escaliers aussi étroits et aussi escarpés qu'une échelle.

On nous a raconté que le célèbre Vauban, étant venu inspecter les travaux lorsque la ville était déjà presque à moitié rebâtie, ne put cacher à l'ingénieur le peu de cas qu'il faisait de ses œuvres : « Monsieur, lui dit-il, vous pouviez faire beaucoup mieux, mais vous ne pouviez jamais faire plus mal. »

La ville de Dieppe ne fut presque entièrement rebâtie que vers 1720. On y comptait, d'après les mémoires du temps, deux mille cinquante maisons; ce qui n'était guère que la moitié de celles qui avaient été détruites par le bombardement. Parmi les autres causes de la détresse de cette ville, il faut compter en première ligne l'encombrement de son port par des galets. On donne ce nom à des cailloux de silex arrondis par le frottement des vagues, et que la mer de Normandie jette incessamment sur la côte, ou qu'elle amasse dans les baies, particulièrement depuis Fécamp jusqu'à l'embouchure de la Somme. Déjà depuis longtemps, le chenal, ou la passe du port de Dieppe, était menacé d'être obstrué. On avait fait, à plusieurs reprises, des travaux considérables pour briser la vague et l'empêcher d'entasser, à l'entrée du port, des montagnes de galets. Mais, après la paix de 1763, lorsqu'on voulut tenter quelques essais de commerce et de grande pêche, lorsque le chenal dut recevoir des vaisseaux marchands de fort tonnage, on reconnut combien le mal s'était accru pendant sept années de guerre. On avait tellement négligé toutes les mesures de précaution, qu'une grosse mer d'équinoxe réduisit tout à coup la passe à des dimensions qu'on ne lui avait pas encore vues. Les plus petits vaisseaux touchaient de la quille, dès qu'ils manquaient l'heure précise de la haute mer. Une barre de galets s'élevait entre les deux jetées ; et comme à chaque marée elle changeait de place, les pilotes les plus habiles ne pouvaient l'éviter ; tous les jours c'étaient de nouvelles avaries, de nouveaux malheurs. Des ingénieurs furent envoyés sur les lieux. Le grand Colbert lui-même voulut s'y transporter et se rendre compte des choses par ses propres yeux. Accompagné du corps municipal de Dieppe, il visita le port, fit de longues promenades sur les jetées, sur les quais, jusqu'à l'endroit où les eaux de la rivière se jettent dans l'arrière-port ;

puis, étant revenu se placer vis-à-vis du collége, il se tourna vers les échevins, et rompant le silence qu'il avait gardé jusque-là :

« Il paraît, Messieurs, leur dit-il, que vous n'avez jamais connu le don que vous a fait la nature. Si vous pratiquiez un passage d'eau dans le terrain où je viens de marcher, et une écluse où je suis, dont l'explosion nettoierait et creuserait une entrée directe, vous auriez un des plus beaux ports du royaume et un bassin sûr et tranquille. Je trouve votre situation si avantageuse que je puis vous assurer, de la part de Sa Majesté, le paiement de la moitié des fonds nécessaires pour ce travail, si vous voulez y contribuer pour l'autre moitié. »

Malheureusement, la ville de Dieppe n'était pas en état de faire une pareille dépense. Le beau projet de Colbert fut mis en délibération à plusieurs époques, mais toujours l'intérêt privé mit en avant des motifs mesquins pour repousser un plan qui seul pouvait rendre à la ville son ancienne prospérité. Vainement les ingénieurs s'épuisaient à prouver que déblayer le vieux chenal serait un travail interminable et ruineux, tandis qu'il y aurait certitude de succès à en creuser un nouveau, conformément au projet de Colbert. Les partisans de l'ancien port ne voulaient se rendre à aucune de ces raisons. Ce ne fut que lorsque l'État se chargea de tous les frais, que l'on consentit enfin à céder à ses ingénieurs le droit de diriger les travaux, et qu'on se mit à l'œuvre pour creuser un nouveau chenal. Les écluses et le vaste bassin qui leur sert de réservoir furent terminés vers 1780. Neuf années plus tard, on s'occupait activement de l'ouverture de la nouvelle passe; les vœux de Colbert étaient au moment de se réaliser. On avait même commencé à construire la tête du canal qui devait aller rejoindre Pontoise, lorsque la révolution vint interrompre les travaux et renverser toutes les espérances. Plus tard, Napoléon Bonaparte, alors premier consul, fit remettre en activité les anciens travaux et reconstruire à neuf les écluses de chasse. Il voulait faire de Dieppe un port considérable, mais les événements de la guerre en décidèrent autrement. Pendant dix ou douze ans, les travaux furent abandonnés de nouveau. Ce ne fut que dans les dernières années de la Restauration et sur les instances pressantes de madame la duchesse de Berri que l'on voulut bien consentir à consacrer quelques fonds à l'achèvement du bassin et de l'arrière-port. Ces ouvrages font partie du grand projet de rénovation du port, mais ils n'en sont, pour ainsi dire, que les conséquences accessoires. Combien il serait heureux pour Dieppe que le gouvernement pût conduire à bonne fin le projet lui-même, c'est-à-dire l'ouverture de cette nouvelle passe, qui seule pourrait rendre au port sa première profondeur, et rouvrir au commerce de cette ville ses anciennes sources de richesses*!

Mais, ma chère Élise, en voilà bien assez sur le malheureux port de Dieppe. Comme nous avons parcouru la ville dans tous les sens et à plusieurs reprises, je puis t'entretenir de ses habitants, surtout de ceux qu'on nomme Poletais, parce qu'ils forment la population du Pollet, faubourg très-intéressant qui communique à la ville par un pont en bois, suspendu sur bateaux, placé à l'entrée de l'arrière-port.

---

* M. L. Vitet, *Histoire de Dieppe*.

Le Pollet forme à lui seul le tiers de la ville ; il n'est habité que par des marins, des pêcheurs et des gens qui préparent et confectionnent des filets. Les Poletais vivent entre eux comme une population à part ; mais ils conservent encore toute la pureté et la bonhomie des mœurs anciennes ; et dans la crainte de se laisser corrompre par le luxe, ils n'ont jamais voulu rien changer au costume qu'ils portaient même avant le temps de Louis XIV. Une large croix d'or est tout l'ornement des femmes pour les jours de fête. Du reste, le Poletais est un modèle d'austérité et de bonne foi ; il réprouve toute action indélicate et déshonnête, et suit dans tous les actes de sa vie l'impulsion de son cœur et de sa conscience. On en a vu une preuve bien frappante lors du terrible fléau qui, de nos jours, a passé sur le monde entier. Si le choléra frappait les chefs d'une famille, les orphelins entraient dans une autre famille et en faisaient partie, de telle sorte qu'aujourd'hui il n'existe plus aucune distinction entre ces enfants adoptifs et les autres ; ils sont tous confondus dans l'amour et la tendresse de la famille.

En général, les Dieppois ont des mœurs très-simples et très-douces ; ils sont bons, généreux, bienfaisants. Ils ont un grand respect pour les choses saintes et pour la mémoire des grands hommes. On n'entre pas dans l'habitation d'un marin sans voir, dans le lieu le plus en évidence, l'image de Dieu et celle de la sainte vierge, et non loin de là une statuette en plâtre de l'Empereur ; il n'est pas rare non plus d'y trouver les portraits de Charlemagne, de saint Louis, de François Ier, de Henri IV, de Louis XIV et de quelques autres de nos rois qui ont également honoré de leur présence la ville de Dieppe.

Les Dieppois n'ont pas encore élevé de statues ni de monuments publics aux grands hommes nés dans leurs murs; mais la plupart de leurs rues portent les noms de leurs plus célèbres concitoyens. D'ailleurs les illustrations ne leur manquent pas, et c'est à bon droit qu'ils en sont fiers.

On peut compter parmi ces Dieppois illustres Jean de Béthancourt, et Robin ou Robert de Braquemont, son parent, qui firent la conquête des îles Canaries; Descalliers, que les chroniques dieppoises citent comme le père et l'inventeur de la science hydrographique; le capitaine Cousin, habile et hardi navigateur, à qui ses compatriotes ont attribué les deux grandes découvertes qui ont immortalisé Christophe Colomb et Vasco de Gama, c'est-à-dire celles de l'Amérique et du cap de Bonne-Espérance; le capitaine Jean Parmentier, excellent hydrographe et bon marin, qui conduisit plusieurs fois ses vaisseaux aux Grandes-Indes et à la Chine, dès les premières années du seizième siècle, et dont il nous reste un journal fort curieux, constatant un fait qui démontre que Dieppe, aussi bien que le Portugal, avait déjà vu, au commencement de cette période séculaire si remarquable, quelques-uns de ses enfants revenir de l'Archipel Indien. Je citerai encore, parmi ces intrépides marins, le capitaine Jean Ribault, le conquérant de la Floride, qui termina sa glorieuse carrière par une horrible catastrophe[*]; le pilote Diel d'Énambuc, homme de résolution, d'honneur et d'expérience, qui fonda la colonie de Saint-Chris-

---

[*] Pedro Menezès, à la tête d'une flotte espagnole, dispersa la petite escadre du capitaine Ribault, égorgea tous les Français et les fit pendre. Mais pour distinguer leur chef, il le fit écorcher vif; on assure que la peau du brave Ribault fut envoyée en Espagne.

tophe et de la Martinique, notre premier établissement aux îles Sous-le-Vent ; de Clieu, ce généreux lieutenant du roi à la Martinique, à qui cette colonie est redevable du caféier, ce précieux arbuste qui fait aujourd'hui sa principale richesse ; enfin, l'immortel Duquesne, l'un de nos plus grands hommes de mer. Fils d'un des meilleurs capitaines du port de Dieppe, ce fut sur le vaisseau de son père que Duquesne apprit l'art de la navigation. Il se félicita toute sa vie de cet apprentissage dans la marine marchande. « Je ne connais pas, disait-il, de meilleure école pour former des amiraux. » On sait combien il sut profiter à cette école ; on sait combien de fois la Manche, les côtes d'Espagne, la mer de Sicile, le virent foudroyer les ennemis du pavillon français ; on sait enfin qu'il fut le vainqueur de Ruyter, le premier marin de la Hollande.

D'autres noms méritent de figurer, à divers titres, dans cette sorte de galerie dieppoise : ceux des Richer et des Houard, célèbres jurisconsultes ; celui de Bruzen de la Martinière, savant géographe ; celui de Gouic, l'homme peut-être le plus extraordinaire dans la connaissance des langues orientales et étrangères ; ainsi que ceux de plusieurs poëtes et historiens plus ou moins habiles.

Les pêches occupent habituellement plus des deux tiers de la population de Dieppe. On appelle communément *pêches littorales* celles qui donnent les plus forts bénéfices ; elles fournissent en tout temps une grande quantité de poissons frais, que des chasse-marées conduisent à l'intérieur. Les plus renommés de ces poissons sont le saumon, la truite saumonnée, le turbot, le cabillaud, la barbue, l'alose, le rouget, le mulet, la sole, la raie, la limande, la plie, le hareng et le maquereau. Ces deux dernières espèces sont d'un très-grand produit; on les sale par tonneaux, et on en fait des envois considérables dans tous les pays. Il en est de même de la pêche de la morue, pour laquelle les Dieppois arment de gros navires. Ils s'occupent aussi avec beaucoup de succès, depuis quelques années, de la pêche de la baleine au Groënland.

A l'occasion de ces pêches, il se passe chaque année, à Dieppe, deux scènes très-dignes de remarque, et qui tiennent presque toute la population de la ville en émoi: l'une, au printemps, lors du départ des gros navires pour la pêche de la morue et de la baleine; l'autre, en octobre, à l'approche du banc des harengs. La première est précédée de réjouissances de famille, de pèlerinages, de prières publiques et de cérémonies religieuses. Quand le jour du départ est arrivé, tout le peuple se répand autour de la ville, sur les hauteurs, et la flotte se dispose à quitter le rivage en hissant ses voiles et ses pavillons. Ce n'est point un spectacle sans attrait que celui de ces touchants adieux. Ici, c'est un père ou un fils, un époux ou un ami, qui tend, pour la dernière fois peut-être, la main à sa famille ou à son bienfaiteur; là, un équipage tout entier se lève pour saluer la grande croix des marins, leur unique ressource dans la tempête; d'un côté, des groupes de jeunes filles et de femmes en pleurs, priant en jetant un dernier regard sur le frêle bâtiment qui glisse à l'horizon; enfin, d'un autre côté, des vieillards assemblés, et dans un profond silence, en qui se réveillent tous les souvenirs des périls d'une longue navigation.

Quant à la seconde de ces scènes, tout le temps que

dure le passage des harengs, il règne une grande confusion sur les quais, dans la ville, à la Douane, dans les ateliers de tonnellerie et de salaison, et dans le mouvement des bateaux-pêcheurs, qui sont en très-grand nombre, et dont les mâtures font l'effet d'une forêt flottante[*].

Une industrie particulière aux Dieppois, et qui est très-renommée en Europe et même au delà des mers, c'est celle qui résulte de la sculpture en ivoire; elle est poussée chez eux à un tel point de perfectionnement, que les ouvrages les plus délicats et les plus difficiles ne sauraient être au-dessus de l'intelligence et de l'habileté des ouvriers. Il n'est point de chef-d'œuvre, en effet, qu'ils ne sachent imiter. Cet art est très-ancien chez les Dieppois. Leurs premiers essais en ce genre datent certainement de la fin du quatorzième siècle; dans le quinzième et dans le seizième, ils étaient passés maîtres et célèbres dans le monde entier, aussi bien comme ivoiriers que comme marins. Malheureusement, leurs ouvrages de cette époque ne nous sont connus que par la renommée; aucun vestige n'en est venu jusqu'à nous. Ces bijoux délicats échappent bien difficilement à la destruction; les églises seules pouvaient nous en conserver quelques-uns; mais le pillage des autels, au seizième siècle, a fait tout disparaître. Les plus anciens ouvrages de ce genre que l'on puisse trouver maintenant à Dieppe, ont été faits au dix-septième siècle; encore sont-ils d'une extrême rareté.

Le bombardement dont je t'ai parlé plus haut, ma chère Elise, avait porté un coup fatal à l'industrie des ivoiriers; ce n'est que depuis la Restauration que cette

---

[*] *Dictionnaire de la Conversation*, article *Dieppe*.

branche de commerce a repris faveur. Il ne restait à Dieppe qu'un fort petit nombre d'ivoiriers, derniers débris de cette antique profession, lorsqu'un jour ils virent, à leur grande et joyeuse surprise, les Anglais nouvellement débarqués se jeter d'un œil curieux, et les guinées à la main, sur leurs petites merveilles depuis si longtemps dédaignées. Bientôt les baigneurs se joignirent aux Anglais, et il n'y eut plus à Dieppe assez de sculpteurs en ivoire pour satisfaire aux demandes de ces amateurs. Mais aujourd'hui cette branche d'industrie occupe un grand nombre de bras, et devient de plus en plus florissante. Sous le rapport du goût et du dessin, les nouveaux ivoiriers font chaque jour des progrès. Il y a dix ou douze ans, les formes de leurs sculptures étaient encore lourdes; mais, grâce aux visites annuelles de tout ce que Paris possède de plus élégant et de plus recherché, les sujets sont devenus mieux choisis et plus gracieux, à mesure que l'exécution acquérait plus de facilité et de délicatesse.

Toutefois, il faut en convenir, on a perdu les anciennes traditions des célèbres ivoiriers d'autrefois. On sculpte encore très-bien l'ivoire aujourd'hui, mais ce n'est plus l'ancien travail dieppois. Pour tous les ouvrages de fantaisie, on y travaillait d'une manière admirable. Il y a un peu plus d'un siècle, on y faisait des navettes, des bonbonnières et autres bagatelles sculptées à jour qui charmaient l'œil par leur délicatesse. On ne possède plus le secret de travailler ainsi, et l'on découpe cependant encore l'ivoire avec une finesse incroyable; mais aujourd'hui les ouvrages du même genre auraient quelque chose de plus régulier, de plus raide, de plus mécanique, si je puis m'exprimer ainsi. Néanmoins on reconnaît sans peine qu'il y a dans cette population les germes d'une race de sculpteurs.

Parler de Dieppe sans dire un mot de l'établissement de ses *bains de mer* serait tout à fait indigne de pardon. Cet établissement se divise en deux parties distinctes : l'une à l'extérieur et l'autre à l'intérieur de la ville. La première comprend les constructions sur la plage, destinées à recevoir les personnes qui prennent les bains à la lame ; la seconde comprend les dépendances d'un vaste hôtel situé sur la place du Spectacle, et destiné particulièrement aux personnes malades, impotentes ou infirmes, qui font usage des bains chauds, des douches et des frictions. Le plus fréquenté de ces deux bains est celui qui est sur la plage ; il est aussi le plus pittoresque et le plus agréable.

Une autre construction moderne attire aussi l'intérêt des étrangers ; c'est la maison Bouzard, située sur la jetée de l'ouest, entre la place et la Grande-Croix-des-Marins. Elle porte pour devise l'inscription suivante :

Napoléon le Grand,
Récompense nationale.
a Jean-André Bouzard pour ses services maritimes.

On sait que cet intrépide marin, la providence des malheureux naufragés, arracha, dans maintes circonstances, une foule d'infortunés à la fureur des flots. Dans la nuit du 31 août 1777, il sauva dix-sept personnes. Son fils et son petit-fils ont hérité de son zèle charitable et de son courage. C'est ce dernier qui est chargé aujourd'hui de la direction de la jetée de l'ouest, et qui facilite par son expérience l'entrée et la sortie du port aux navires. Il est décoré d'une médaille d'argent, d'une médaille d'or et de la croix de la Légion-d'Honneur, pour avoir retiré des flots beaucoup de victimes qui allaient y périr.

La maison Bouzard est tournée vers l'orient, à l'instar des anciens temples; car elle aussi est un temple, un temple élevé à la reconnaissance. Louis XVI est le premier fondateur de cet édifice; il en avait du moins conçu la pensée pour récompenser, dans la personne de Bouzard, les nombreuses preuves de dévouement à l'humanité que ce digne marin avait données en bravant la mort pour sauver dix marins naufragés. C'est Napoléon qui a rempli le vœu de son infortuné prédécesseur.

Nous avons vu le Bouzard qui est actuellement le gardien du phare. On ne saurait donner une idée de son incroyable activité. Survient-il un gros temps, il prend son porte-voix, s'attache, pour n'être pas emporté par la mer, à un gros poteau de bronze planté sur le parapet, et de là, malgré les vagues qui le fouettent et le couvrent d'écume, il essaie de se faire entendre des navires que le vent pousse à la côte, et leur signale le chemin qu'ils doivent suivre pour se sauver. Il y a maintenant plus de cent ans que de père en fils les Bouzard sont gardiens du phare, toujours debout, toujours l'œil sur la mer, la nuit et le jour, l'hiver comme l'été, au fort de la tempête comme par les beaux temps. Le Bouzard d'aujourd'hui est un marin de bonne mine, pilote habile et vénéré dans le port. Il parle à la poletaise; sa physionomie, quoique défigurée par ses blessures, est agréable à force de bonté. Son costume est original : il porte, comme beaucoup de matelots dieppois, des boucles d'oreilles d'or longues de deux pouces; jamais, à son humeur, on ne devinerait la rude vie qu'il mène; il est aussi gai qu'intrépide*.

Avant de quitter Dieppe, nous n'avons pas manqué d'aller voir Varangeville-sur-mer, regardé comme le plus beau village de Normandie. Ce qui est bien certain, c'est qu'aux environs de Dieppe il n'en est pas un qui l'égale en richesse et en fertilité; ses rues sont des allées plantées d'arbres magnifiques, aussi bien entretenues que les avenues d'un parc, aussi mystérieuses que les sentiers d'un bois. Varangeville est le type de ces villages-bosquets qui sont l'ornement du pays de Caux.

Varangeville possède aussi le manoir du célèbre armateur Ango, qui avait acquis d'immenses richesses comme Jacques Cœur, qui, comme lui aussi, hébergeait et festoyait royalement le roi de France (François Ier), et finit par mourir ruiné, dans l'isolement et dans la tristesse, en 1551. Son manoir de Varangeville ressemble, au premier aspect, à un vaste corps de ferme dont les granges et les bergeries ont un certain air d'élégance et de majesté. Des monceaux de fumier, des nuées de volaille, des bestiaux comme à la foire, tout cela annonce une véritable ferme. Mais si on regarde les murailles, quel luxe! quelle délicatesse! Ces fenêtres encadrées de festons et d'arabesques, ces médaillons sculptés, cette galerie à jour, ces colonnettes gracieusement ornées, ces charmantes petites fenêtres, effacent bien vite l'idée de la ferme pour appeler celle d'une habitation princière de la plus grande somptuosité et du meilleur goût. Ces sculp-

---

* M. Vitet, *Histoire de Dieppe*.

tures sont des plus belles années de la Renaissance; elles auraient été dignes d'Anet ou de Chantilly, et furent exécutées pour l'armateur Ango. *Vanitas vanitatum !*

Notre excursion terminée, nous sommes revenus au Havre, d'où nous ne tarderons pas à prendre notre volée vers les tours de Notre-Dame. Je vais terminer maintenant ma relation.

Le port est un port de *marée*, c'est-à-dire qu'à chaque marée, ou à peu près toutes les douze heures, l'eau se retire, et le port *assèche*. Son étroite entrée, formée par deux longues jetées qui s'étendent de l'est à l'ouest, est pratiquée entre deux bancs de sable et de galets, que l'on est obligé de déblayer sans cesse pour conserver la seule issue ouverte aux navires. Or, grâce à la position du port par rapport au cours de la Seine, il résulte que la marée, après y avoir atteint son maximum d'élévation, a de la peine à s'écouler et à redescendre, contrariée qu'elle est par la masse d'eau courante qui afflue de la Seine et forme une barre à l'étroite entrée du port. Le port demeure plein pendant trois heures de suite, tandis que sur les autres parties du rivage environnant la marée commence à descendre presque aussitôt qu'elle a cessé de monter. Cette exception à la loi générale des marées, en faveur du port du Havre, a pour effet de donner aux navires entrants et sortants le temps d'eau nécessaire à la durée de leurs mouvements. Je crois t'avoir déjà dit, d'après M. Édouard Corbières, que les personnes qui ont attribué à une préférence capricieuse le choix que le commerce maritime semble avoir fait du port du Havre, plutôt que des autres ports de la Manche, en apparence aussi bien situés que lui, ne se sont pas attachées à se rendre compte du véritable motif de cette prédilection très-rationnelle.

Le port du Havre emploie chaque année pour la navigation au long cours (le cabotage est trop considérable pour le calculer ici) de 320 à 330 grands navires français, et il reçoit annuellement, en outre, une centaine de grands navires étrangers de toutes nations. En mettant que chacun de ces vaisseaux fasse deux voyages par an, on a un total de plus de six cents voyages qui occupent environ 8,000 navires. Il y a quinze ans, les armements pour la pêche de la baleine étaient, pour ainsi dire, nuls. Le Havre envoie aujourd'hui à cette pêche une cinquantaine de navires de 400 à 600 tonneaux, montés par plus de 1500 marins d'élite.

Si les aventuriers du Nord, à qui leur courage a valu de fonder un établissement dans l'ancienne Neustrie, se montrèrent de hardis navigateurs, leurs descendants n'ont pas dégénéré. A toutes les époques, la Normandie a donné à la France des marins intrépides et expérimentés. Elle y joint l'honneur d'avoir produit les cosmographes les plus anciens et les plus éclairés, les géographes les plus érudits. Je te citerai avec M. Estancelin, l'auteur d'un excellent livre sur les navigateurs normands, et Normand lui-même, les noms de *Denis*, né à Honfleur; de *Vallard* (je t'ai déjà nommé *Descalliers* et *Bruzen de La Martinière*); il faut y joindre *d'après de Mannevillette*, né au Havre, l'auteur du *Neptune oriental*, ou Instructions pour la navigation dans la mer des Indes, ouvrage dont le temps et l'expérience ont augmenté le mérite. L'abbé *Dicquemare*, *de Gaule*, né à Honfleur, *Noël de La Morinière*, et, encore aujourd'hui, M. *Eyriès*, ont rendu d'immenses services aux sciences géographiques. Il serait impossible de citer tous les marins illustres que la Normandie a produits; mais nous rendrons hommage à tous les genres de mérite en nommant notre compatriote, M. *Dumont-Durville*, à qui il fut réservé d'ajouter à des découvertes et à des observations du plus haut intérêt, l'honneur d'inscrire aux funestes parages de *l'ani-Koro* l'hommage de la France à la mémoire de Lapeyrouse et de ses compagnons, le 14 mars 1828. Cet intrépide et laborieux marin ne devait pas s'attendre à périr par un accident pareil à celui qui lui a coûté la vie, ainsi qu'à sa femme et à son jeune fils qui donnait déjà de si brillantes espérances! L'événement du chemin de fer de Versailles n'a laissé de cette famille infortunée que quelques débris à demi consumés, le souvenir d'un petit nombre d'amis, et un nom honorablement inscrit dans les annales de la marine française.

A côté de la décadence progressive dont la ville de Dieppe est frappée depuis longtemps, la Normandie doit trouver une consolation dans la prospérité désormais impérissable du Havre, appelé à devenir la métropole du commerce du nord, du centre de la France, de celui de la Suisse et du midi de l'Allemagne. Le génie de la navigation ne peut mourir chez les Normands, à moins que la mer ne cesse d'être libre.

Et à propos de cette liberté des mers, permets-moi, ma chère Élise, de terminer par une citation : « La mer, aussi bien que l'air, est chose libre et commune à tous, et une nation en particulier n'y peut prétendre droit, à l'exclusion des autres, sans violer les droits de la nature et de l'usage public. » Voilà un sage principe, n'est-il pas vrai, d'une immuable vérité? Eh bien! ma chère Élise, devine quel est le peuple qui l'a proclamé le premier;

l'Angleterre! C'est la réponse que fit la reine Élisabeth à une insolente sommation qui lui était adressée par Philippe II, le puissant monarque des Espagnes et des Indes, à la tête de la plus belle flotte de l'Europe, l'*Armada*, qu'il avait qualifiée *l'Invincible*. *L'Armada* ne tarda pas à périr sur les écueils d'Écosse, et la mer demeura libre. Dieu réserve un châtiment et une humiliation à tous les orgueils!

TABLE

ET SOMMAIRES DES CHAPITRES.

Pages

Exposition. 1

CHAPITRE I.

Départ sur le bateau à vapeur *La Dorade*. — Le château de Maisons. — Poissy. — Meulan et l'Ile-Belle; anecdote. — Mante la Jolie. — Rosny et la chambre de Sully. — Sur l'origine des Normands. — Leurs tentatives contre Paris. — Mœurs des anciens Normands; leur chef Roll ou Rollon. — Dialogue d'Hasting et de Roll. — Victoire de ce dernier sur le duc de France. — Établissement des Normands sur les rives de France. — Ducs de la race normande. — Robert le Magnifique ou Robert-le-Diable. — Histoire de Guillaume le Conquérant. — Retour de la Normandie à la domination française. — Charte Normande. 2 à 40

CHAPITRE II.

Château-Gaillard. — Les Andelys; fortifications élevées sur deux points par Richard Cœur-de-Lion. — Anciennes troupes françaises. — Prise de Château-Gaillard par le roi Philippe-Auguste, en 1204. — Église gothique du Grand-Andely. — Le Poussin. — Le mécanicien et aéronaute Blanchard. — Église collégiale d'Écouis. — Histoire d'Enguerrand de Marigny. — Verclives. — Laneuville-Chant-d'Oisel. — Le de prieuré la Côte-des-Deux-Amans — Anecdote. — Pont-de-L'Arche. — Ingouville. — Le Roc Saint-Adrien. — Notre-Dame-de-Bon-Secours. 51 à 114

CHAPITRE III.

Rouen; histoire de cette ville. — Les *Terres-Neuves*; origine curieuse de ce nom. — Description de la Cathédrale de Rouen. — Histoire de Pierre de Brézé, grand-sénéchal d'Anjou et de Normandie. — Sépultures diverses que renferme la vieille Basilique normande. — Navigation de Rouen. — Son pont de bateaux. — Mœurs rouennaises. — La Promenade Boïeldieu. 145 à 144

CHAPITRE IV.

Rouen. — Maison de Jean Jouvenel. — Le Palais-de-Justice. — Maison de Boïeldieu. — L'église de Saint-Vincent-de-Paul. — Épitaphe de Jeanne d'Arc; quelques-unes des circonstances de sa mort. — Comment fut conservée sa statue pendant la Révolution. — Bas-relief représentant le *Camp du Drap d'Or*. — Hôtel du Bourgtheroulde. — Maison paternelle de Pierre Corneille. — L'Hôtel-Dieu. — Petite église de la Madeleine. — Mouvement du commerce de Rouen; exportations et importations. 145 à 178

CHAPITRE V.

Rouen. — Église Saint-Godard; beauté de ses vitraux. — Tour du donjon du Vieux-Château. — L'église Saint-Romain. — Histoire de la procession de la Fierte. — La foire du Pardon. — Église de Saint-Patrice. — Chant royal couronné dans la première séance littéraire de la Confrérie de Saint-Patrice. — Bas-relief de la rue Étoupée. — Église de Saint-Gervais. 179 — 212

CHAPITRE VI.

Rouen. — Fontaine de la Crosse. — L'église Saint-Ouen. — Alexandre de Berneval. — Jean Roussel. — Marc d'Argent; abbé de Saint-Ouen. — Bâtiment qui sert aujourd'hui d'Hôtel-de-Ville. — Le roman du *Brut*. — Origine de la fête de la Conception de la Sainte-Vierge. — L'église de Saint-Nicaise et l'église du Collége. — Fontaine-de-la-Croix-de-Pierre. — Épisodes du siège de Rouen en 1562. 213 à 240

CHAPITRE VII.

Rouen. — Fontaine-de-Lizieux. — Les Halles. — Fabriques et manufactures. — Détails sur le commerce de Rouen. — Rue Martainville. — Ancien cimetière de Saint-Maclou ; la danse Macabre. — Église de Saint-Maclou. — Moulins à blé. — L'Hospice-Général. — Le couvent Sainte-Catherine. Épitaphe du pieux Gosselin et de la chaste Aimeline, sa noble épouse. — Église de Saint-Paul. — Jardin-des-Plantes.   244 à 263

CHAPITRE VIII.

Rouen. — Caserne de Saint-Sever ; origine de l'ancienne église qu'elle occupe. — La caserne Bonne-Nouvelle. — Entrée solennelle de Charles VII à Rouen, en 1449. — Relation de l'entrée de Henri II, en 1550.   263 à 293

CHAPITRE IX.

Détails sur Robert-le-Diable. — Ancienne abbaye de Saint-Georges-de-Bocherville. — Abbaye de Jumièges ; ses ruines. — Supplice de l'énervation. — Légende du temps de sainte Austreberthe. — Occupation des religieux de Jumiège. — Procession du *Loup-Vert*. — Ruines de l'abbaye de Saint-Vandrille — Caudebec et son église Notre-Dame. — Industries et mœurs de Caudebec. — Excursion dans le pays de Caux. — Arrivée au Havre. — Célébrités littéraires de cette ville. — Le château d'Arques ; son histoire. — Bataille d'Arques gagnée sur la Ligue par Henri IV. — Dieppe ; détails sur le bombardement et les travaux de son port. — les Poletais. — Célèbres Dieppois. — Pêches. — Travaux en ivoire. — Bains de mer. — La Maison. — Bouzard. — Le manoir de l'armateur Ango. — Le port du Havre. — Hommage à la mémoire de Dumont-d'Urville. — Conclusion.   294 à 372

TABLE
EXPLICATIVE DES ORNEMENTS.

Chap. I. — Tête de page. — Titre. — Costumes et scènes militaires. Lettre C. Portrait de Guillaume le Conquérant, d'après son tombeau. — Cul-de-lampe. — Trophée composé avec des armes normandes.

Chap. II. Tête de page. — Combat de deux chevaliers normands. — Costume de paysans. — Lettre J. Trophée d'armes. — Cul-de-lampe allégorique. — Un génie tenant un flambeau renversé.

Chap. III. — Tête de page. — Armoiries des ducs de Normandie, surmontées d'un génie qui écrit leur histoire dans un rinceau de feuillage. — Lettre J. Un fauconnier; une des statues de la cathédrale de Rouen.

Chap. IV. Tête de page. — Allégorie du supplice de Jeanne d'Arc. — Lettre C. Style du XV° siècle.

Chap. V. — Tête de page. — Allégorie du miracle de la Gargouille. — Une tourterelle se défendant contre un serpent. — Lettre N. Un bedeau portant une gargouille (sous la forme d'un dragon ailé) au bout d'un bâton.

Chap. VI. — Allégorie composée avec les armoiries de Saint-Ouen. — Lettre A. La sibylle Samnia. — Costume tiré d'une des Verrières de Saint-Ouen.

Chap. VII. — Tête de page. — L'un des marteaux en bronze d'une des portes de Saint-Maclou. — Lettre E tirée d'un des manuscrits du XI° siècle, conservé à la Bibliothèque de Rouen.

Chap. VIII. — Tête de page. — Allégorie de l'entrée de Henri II dans Rouen. — Lettre N composée dans le style du XV° siècle.

Chap. IX. — Tête de page. — Allégorie du mystère qui entoure la vie et la mort de Robert le Diable. — Lettre C. tirée d'un des manuscrits conservés à la Bibliothèque de Rouen.

Cul-de-lampe. — Un écusson sur lequel se détachent un A et un T entrelacés. Il est accosté de deux Amours soutenant un écusson couronné de fleurs, et sur lequel on lit le mot FIN.

ERRATUM.

A la page 89, au lieu de : *dispose sait à se défendre*; lisez : *se disposait à se défendre*.

www.ingramcontent.com/pod-product-compliance
Lightning Source LLC
Chambersburg PA
CBHW060551170426
43201CB00009B/740